グローバル時代の貿易と投資

板垣文夫・岩田勝雄・瀬戸岡紘 ｜ 編

桜井書店

はしがき

　グローバル，グローバリゼーション，グローバリズム，1980年代後半からこれらの用語はちまたにあふれるようになった。経済学の分野でも同様で，「グローバル」の題名がついた専門書は数多く出版されている。ちなみにインターネットを通じて検索すれば「グローバル」の名のついた出版物は無数に近い状況がある。本書もご多分に漏れず「グローバル」を書名につけている。本書は紛れもなく「グローバル」を解明する経済学の専門書だからである。

　本書での「グローバル」という用語の使い方についてである。グローバルは翻訳するのが難しい言葉で，中国語では「全球化」と訳されている。日本語では「全球化」といってもピンとこないであろうし，また地球化・世界化という訳語でも正確ではないであろう。そこで本書は「グローバル」という英語をそのまま使用している。

　「グローバルまたはグローバリゼーション」は，国際政治学，社会学さらに経済学の分野でそれぞれ異なった意味で使われている。たとえば国際関係論は，政治学，経済学，社会学などの領域を総合的に捉えようとする学問であることからグローバルの用語も多義的に使われている。国際関係論では，グローバルの典型を，国境を超えた大気汚染などの環境破壊，インターネットのような情報・通信網，さらにはミサイルのような軍事兵器が国境を超えて使用される可能性など，広い範囲で捉えている。

　それでは経済学の領域における「グローバル」は何を意味するのであろうか。経済学にはグローバルに対応する概念として世界経済あるいは世界市場がある。各国民経済の総体を世界経済あるいは世界市場と呼んでいる。しかし今日のグローバル化は，世界経済・世界市場よりも狭い範囲で用いられている。たとえばEU（European Union）はグローバル化の一側面と捉えることができるし，WTO（World Trade Organization）は貿易と投資に関するグローバル化の象徴と見ることもできる。さらにアメリカによる国際政治・経済・軍事での覇権維持をグローバル展開と見ることもできる。アメリカのグローバル展開は，別の表

現をもってすれば帝国主義という用語がぴったりあてはまる。

　このように経済学の領域においても「グローバル」という概念は多義的である。そこで本書は「グローバル」を貿易と投資の側面から明らかにしようとする目的をもって構成してある。貿易と投資は国際経済関係を形成する主要な契機だからである。その貿易と投資が「冷戦体制」以降の新しい国際経済関係を形成する契機となっている。とりわけ今日の貿易と投資の主要な担い手は多国籍企業であり，そのグローバル展開を補完するのがWTOである。したがって多国籍企業の活動およびWTOは，まさに今日のグローバル化の代表的な経済現象といえる。そこでグローバル化の主体をアメリカの帝国主義世界戦略および多国籍企業とWTOに定めて，その周辺の国際経済現象を明らかにしようとするのが本書のテーマである。

　本書の第1章は，貿易と投資の歴史および現代の特徴を概括的に示している。グローバル化は資本主義が確立する以前から貿易によって，また資本主義が確立してからは投資によって世界市場の網の目が形成されてきたが，その主体はかつてはイギリスであり，ロンドンを中心とした国際金融市場であった。今日ではアメリカがドルを中心とした国際金融システムを形成したことによって，貿易と投資の中心国，覇権国として位置している。

　第2章は，グローバル・システム分析の基礎的視角を明らかにしている。とくに貿易の原因は何か，貿易による国民経済的利益とは何か，貿易拡大の要因は何かを分析し，さらに貿易に関する学説史を素描している。アダム・スミス，D. リカード，J. S. ミルの古典派経済学，ドイツ歴史学派のF. リスト，新古典派経済学のオリーン，ケインズ経済学のハロッドの貿易理論を概説し，マルクス主義経済学の考え方との対比を行っている。

　第3章は，グローバル化を推進するシステムとしてのWTOを取り上げる。WTOは，多国籍企業をはじめとした企業の地球規模での自由な行動のための機関である。そのWTOの設立経緯を明らかにするとともに，WTOはあらゆる企業が経済活動と交易の発展を目的として設立されたのではなく，力の論理すなわちアメリカを中心とした先進資本主義国の論理がはたらくシステムとして機能していることを明らかにする。

第4章は，グローバル・システムの主体としての多国籍企業の特徴の分析である。多国籍企業は直接投資を通じて巨大な規模での経済力を集中し，さらに世界的な生産のネットワークを形成している。多国籍企業に関しては，巨大なゆえにまた世界的な活動ゆえに，その企業活動に懸念が高まっている。本章はこうした多国籍企業の直接投資の要因，貿易，国際分業構造の再編の主体としての意義・役割を分析するとともに，多国籍企業の投資ルールの設定の必要性を提起する。

　第5章は，貿易・投資を補完する国際通貨・金融問題の現状分析である。今日の外国為替変動相場制のもとで世界市場はどのように拡大してきたのか，貿易・投資システムと国際通貨体制との関連およびアメリカ・ドル流通の内容を明らかにする。さらにアメリカ・ドル体制は，WTO体制とどのような関係があるか，発展途上国の債務累積とのかかわり，アジア通貨危機への影響などを分析し，21世紀に向かっての新しい国際通貨制度構築の必要性を提起する。

　第6章は，今日の発展途上諸国の苦悩はどのような要因によって生じたのか，また現状はどのようになっているのかを明らかにする。とくに世界の貿易・投資システムはIMF（国際通貨基金），世界銀行およびWTOの政策にもとづいて運営されていること，さらに比較優位の貿易理論が適用されている問題点を指摘する。

　第7章は，WTO体制のもとでの食料・環境問題を分析の対象としている。今日のWTO自由貿易システムは，これまでの生活を破壊するような不合理な貿易が行われ，さらに環境悪化もまねいている。したがってグローバル・システムとしてのWTOを改組する必要性とともにリージョナル，ローカルを主体とした貿易システムの構築の必要性があることを明らかにする。

　第8章は，アメリカの貿易と投資の分析である。アメリカは1970年代後半から多額の貿易赤字を続けてきた。このアメリカの貿易システムは，自由貿易の推進と，他面では保護主義の台頭という，局面によって二重の状況をつくりだしてきた。さらにアメリカの貿易に影響を及ぼしてきたのは多国籍企業である。アメリカ企業による海外進出の拡大とともに，アメリカは世界最大の投資市場として各国の多国籍企業を受け入れてきた。その結果はアメリカの貿易構造に大きな変化をもたらしたのであった。こうしたアメリカの通商政策の変化

および種々な課題を分析する。

　第9章は，ヨーロッパの貿易と投資を扱っている。ヨーロッパではリージョナルな経済統合が進展しており，貿易・投資の形態にも大きな変化が現れている。とくに今日の経済統合の象徴であるEUに焦点をあて，その仕組み，共通政策の目的，とりわけ農業政策の意義を明らかにする。

　第10章は，新興工業諸国における貿易と投資を対象としている。ブラジル，メキシコ，韓国，台湾などの新興工業国は，その発展過程のなかでいずれも通貨・金融危機にみまわれた。新興工業諸国のもつ経済的な弱点は何か，ラテン・アメリカと東アジア経済との経済発展の相違は何か，輸入代替政策から輸出指向型経済への転換の意義は何か，さらにWTO体制のもとでの自由化・市場開放政策の問題点とは何かを分析する。

　第11章は，2001年にWTOに加盟した中国経済の特徴および課題を分析している。高度成長を続ける中国がグローバル・システムに移行することによって，世界市場およびアジア経済にどのような影響を及ぼすのか，その課題は何かを明らかにする。また中国経済のたどった軌跡および中国における経済改革の意義は何かを分析する。

　第12章は，日本の貿易と投資である。近年，日本の国際経済関係は大きく変化してきた。とくに1985年のプラザ合意以降は日本企業の海外進出が拡大し，貿易構造は製品を輸出し製品を輸入する構造へと転換してきた。そこで日本のとってきた国際関係の特徴を分析するとともに，WTO自由化条項に最も忠実に従う日本の対外政策の問題点およびその内容を明らかにする。

　第13章は，20世紀の国際経済関係の諸特徴の分析から今日のグローバル・システムはどのように構築されたのか，どのような問題があるかを明らかにする。ここではグローバル・システムの重要な特徴の一つである覇権システムに焦点をあて，アメリカによる覇権システム，多国籍企業による覇権への挑戦，さらにはEUによるアメリカ・システムに対する挑戦の状況を分析し，21世紀の新しい貿易・投資システムの構築の展望を考察する。またグローバル・システムに対しては，各国による規制が重要であることを指摘するとともに，多国籍企業の活動に対しても規制の必要性を提起する。

　以上，本書各章の内容を簡単に列記した。本書は貿易と投資をメインテーマ

にしているが，全体の構成は世界経済論，国際経済論あるいは広義の意味での外国貿易論・貿易システム論である。書名に「貿易と投資」をつけたのは世界経済，国際経済を形成する主要な契機がこの二つにあるからである。WTOあるいはグローバル・システムは，別の側面から見れば貿易・投資の環境設定である。したがって貿易と投資の状況を分析することは，広い意味での世界経済論，国際経済論になると思われる。

　本書は大学での世界経済論，国際経済論，外国貿易論・貿易システム論のテキストとして構成してある。半期の講義でも年間講義でもどちらも使用可能である。本書は全体に平易な叙述を心がけているので，学生には容易に理解できるであろうし，さらに研究を進めたいならば各章末の参考文献を手がかりとすることを薦める。また統計資料は必要最低限のものしか掲げていないので，貿易および投資の最新の統計資料にあたることがテーマの理解を深めることにつながるであろう。

　本書の執筆者は，明治大学で毎月開催している国際経済に関する研究会——ちなみに研究会は40年近く続いており，経済学の研究会としては最も長い歴史をもっていると自負しているが，研究会の名称は未だ定めていない。なお研究会活動の歴史は，共同著作である『21世紀の国際経済』（岩田勝雄編，新評論，1997年）の「はしがき」に記したので参照願いたい——のメンバーである。本書は3年前に計画され，研究会を通じて各自の問題意識・執筆内容の検討を行ってきた。この過程では，今回執筆されなかった宮崎犀一，辻忠夫，角田収，白石義樹も報告し，討論を重ねてきた。研究会のメンバーは出身大学，勤務先，年齢さらには経済学の方法論・考え方も異なっている。いわばメンバーそれぞれが独立した経済学をもっているが，各章はそれぞれの執筆者が最も関心をもち，あるいは専門的に研究している領域である。こうした経過から明らかなように，本書が完成したのは研究会活動を支えてこられた先人の努力と，執筆はしなかったが，上記の方々の貴重な意見があったからでもある。また本書は，板垣，瀬戸岡，岩田が編者になっているが，瀬戸岡，岩田がそれぞれ3章ずつ分担したこと，板垣は本書の構成を最初に提示したことからである。したがって，本書は執筆者全員の共同研究の成果であるとともに研究会活動の成果でも

ある。

　本書の出版にあたっては桜井書店の桜井香氏に大変お世話になった。本書の出版は2003年の初めを予定したのであるが，執筆の過程の諸困難によって半年あまり延びてしまった。この間も桜井氏は辛抱強く待ってくださった。あらためて感謝を申し上げたい。

2003年8月20日　編　者

目　次

はしがき　3

第1章　貿易・投資システムの歴史と現代……………………17
　　　　——グローバリゼーションの史的構造——

1-1　はじめに……………………………………………………17

1-2　決済システムの発展………………………………………19
　　1-2-1　世界貨幣金の節約　19
　　1-2-2　商業信用から銀行信用へ　19
　　1-2-3　金融商品の登場　20
　　1-2-4　覇権国イギリスの役割　21
　　1-2-5　投資システムとしてのロンドン金融市場　22

1-3　国際分業の発展と国民経済………………………………23
　　1-3-1　イギリスにおける工業の役割　23
　　1-3-2　工業諸国の不均等発展　25
　　1-3-3　国際的分業としての農業・鉱業　26
　　1-3-4　国民経済と国家の役割　28

1-4　現代資本主義とグローバリゼーション…………………29
　　1-4-1　アメリカ中心のIMF・GATT体制　29
　　1-4-2　多国籍企業の展開　30
　　1-4-3　IT革命とWTO　31
　　1-4-4　金融市場の変質と国民通貨　32

第2章　グローバル・システム分析の基礎理論……………35

2-1　グローバル・システムの分析視角………………………35
　　2-1-1　生産と貿易　35
　　2-1-2　国民経済と貿易　36

2-2　貿易の利益と原因…………………………………………38
　　2-2-1　貿易の利益　38
　　2-2-2　貿易の原因　39

2-3　貿易理論の系譜……………………………………………43

  2-3-1 貿易理論の系譜を捉える基本視角　43
  2-3-2 スミスの外国貿易把握　44
  2-3-3 リカードの外国貿易理論　45
  2-3-4 J. S. ミルの外国貿易理論　48
  2-3-5 F. リストの保護貿易理論　49
  2-3-6 オリーンの貿易理論　50
  2-3-7 ハロッドの国際経済学　51
  2-3-8 貿易理論の相違と均衡メカニズム　52
 2-4 グローバル・システムにおける政策課題 …………………………54

第3章　WTOの貿易システム …………………………57

 3-1 新自由主義の時代を反映する貿易の論理 ……………………57
 3-2 WTO誕生の前史 ……………………………………………57
  3-2-1 ITOの流産と旧GATT　57
  3-2-2 ケネディー・ラウンドとウルグアイ・ラウンド　59
 3-3 WTOの機能 …………………………………………………60
  3-3-1 WTOのしくみ　60
  3-3-2 モノの貿易に関する諸協定　61
  3-3-3 サービス貿易に関する諸協定　63
  3-3-4 知的財産権に関する諸協定　63
  3-3-5 紛争処理のしくみ　64
 3-4 WTOへの批判 ………………………………………………65
 3-5 WTOとは何なのか …………………………………………68

第4章　多国籍企業と貿易・投資 …………………………73

 4-1 はじめに ……………………………………………………73
 4-2 多国籍企業とは何か ………………………………………73
  4-2-1 多国籍企業の圧倒的なプレゼンス　73
  4-2-2 国際的統合生産と世界的集積・集中　76
 4-3 企業はなぜ直接投資を行うのか ……………………………77
  4-3-1 直接投資の基本目的　77
  4-3-2 直接投資の制約要因　79
 4-4 多国籍企業が貿易を変える …………………………………80

  4-4-1 翻弄される貿易バランス 80
  4-4-2 国際分業の再編 82
  4-4-3 企業内貿易の衝撃 84
 4-5 多国籍企業は国家を超えるか …………………………………85
  4-5-1 資本の国民性と世界性 85
  4-5-2 「無力な国家」をめぐって 87
 4-6 新しい多国籍企業のルールに向けて ………………………88
  4-6-1 グローバルな投資自由化の宣言 88
  4-6-2 地域的投資レジームへの動き 90
  4-6-3 「管理された開放」へ 92

第5章 国際通貨・金融問題と貿易・投資システム …………95

 5-1 はじめに ……………………………………………………95
 5-2 国際通貨システムの変容 …………………………………96
  5-2-1 固定相場制から変動相場制へ 96
  5-2-2 変動相場制と国際資本移動 97
  5-2-3 ドル体制の成立と過剰ドルの発生 98
  5-2-4 金融の自由化・グローバル化 99
  5-2-5 WTOにおける金融サービス交渉 100
 5-3 アメリカの債務 ……………………………………………101
  5-3-1 アメリカの国際収支節度の喪失と経常収支の赤字増大 101
  5-3-2 経常収支赤字下の資本輸出国 102
 5-4 途上国の債務危機 …………………………………………103
  5-4-1 オイル・マネーと途上国の債務危機 103
  5-4-2 金融自由化と途上国 104
  5-4-3 エマージング・マーケットの発生 106
  5-4-4 アジアの通貨・金融危機 107
 5-5 最終決済なき国際通貨制度 ………………………………109
  5-5-1 アメリカ・途上国の債務と世界市場の拡大 109
  5-5-2 地域主義と国際協調政策 112

第6章 発展途上国と貿易・投資システム ……………………115

 6-1 発展途上国と貧困 …………………………………………115

- 6-2 発展途上国の貿易構造 ……………………………………………117
  - 6-2-1 LDCの貿易パターン　117
  - 6-2-2 モノカルチュア経済　118
- 6-3 市場経済の導入 …………………………………………………120
  - 6-3-1 第三世界の終焉？　120
  - 6-3-2 資金の逆流　121
- 6-4 構造調整 ……………………………………………………………123
  - 6-4-1 対外累積債務　123
  - 6-4-2 構造調整プログラム　124

第7章　食料・環境とWTOシステム ……………………………129

- 7-1 国際貿易が推し進めるグローバリゼーションの現実 …………129
  ──食料と環境の視点から──
- 7-2 WTO農業協定と食料問題 ………………………………………131
  - 7-2-1 ウルグアイ・ラウンド農業合意の内容　131
  - 7-2-2 開発途上国の食料自給とWTO農業協定　133
- 7-3 環境に冷たいGATT／WTO ……………………………………136
  - 7-3-1 環境問題を無視し続けたGATT　136
  - 7-3-2 環境と貿易に関するGATTの見解　138
- 7-4 食と生命を脅かすWTO …………………………………………140
  - 7-4-1 食の安全性とWTOのルール　140
  - 7-4-2 生命体に関する特許とTRIP協定　141
- 7-5 グローバリズムからの転換 ………………………………………143
  ──ローカリズムの復権を求めて──

第8章　アメリカの貿易と投資 ………………………………………147

- 8-1 アメリカの貿易問題の背景 ………………………………………147
  - 8-1-1 ないがしろにできないアメリカの貿易赤字　147
  - 8-1-2 自由貿易をさけびつづける意外な保護主義国家　148
  - 8-1-3 保護主義が議会からでてくる　149
- 8-2 アメリカの貿易と投資の密接な関係 ……………………………150
  - 8-2-1 直接投資増大の時代と政府の対応　150
  - 8-2-2 無視できないアメリカの海外生産と企業内貿易　151

8-3 アメリカの通商政策の展開……………………………………………152
　8-3-1 歴史的に新しい課題としての通商政策　152
　8-3-2 保護主義の全面展開　153
　8-3-3 特別な意義をもった日米間の貿易摩擦　154
　8-3-4 あいつぐ保護立法　156
　8-3-5 為替の調整から経済構造の調整へ　158
　8-3-6 「スーパー301条」と「スペシャル301条」　159
8-4 通商政策の国際戦略…………………………………………………161
　8-4-1 国際的な枠組みの利用　161
　8-4-2 無視しがたい農産物輸出と武器輸出　163
8-5 今後とも深刻な貿易摩擦はつづく…………………………………164

第9章　ヨーロッパの貿易と投資……………………………………167

9-1 資本主義世界史上の一大変化としてのヨーロッパ統合…………167
9-2 EUへのみちのりとしくみ…………………………………………168
　9-2-1 多難で長期にわたった統合へのみちのり　168
　9-2-2 EUのしくみ　170
9-3 EUの主要な活動と三つの共通政策………………………………172
　9-3-1 重要な位置を占めてきた共通農業政策　173
　9-3-2 共通通商政策とヨーロッパの貿易および投資　174
　9-3-3 市場統合への諸政策　176
　9-3-4 市場統合と対外摩擦　177
　9-3-5 通貨統合と金融政策　179
9-4 経済的格差への対応…………………………………………………181
　9-4-1 経済的格差の縮小はEUの死活問題　181
　9-4-2 それでも拡大する格差　181
　9-4-3 軽視できないイギリスと北ヨーロッパのケース　183
9-5 容易でないヨーロッパのリージョナリズムの航路………………185

第10章　新興経済の貿易・投資政策 ………………………………189
　　　　──経済的自立に向けて──

10-1 はじめに ……………………………………………………………189
10-2 開発への着手とNICsの台頭 ……………………………………190

目次　13

        10-2-1　国家主導の輸入代替型工業化　190
        10-2-2　NICs の台頭　191
    10-3　NICs の分化と市場主義の高まり……………………………193
        10-3-1　NICs の明暗　193
        10-3-2　「ワシントン・コンセンサス」と市場主義　194
    10-4　東アジアの成長要因と経済的自立……………………………196
        10-4-1　東アジアの経済成長をめぐる議論　196
        10-4-2　政府の能力　197
        10-4-3　東アジアの成長と直接投資　198
    10-5　新興市場ブームと今後の課題…………………………………200
        10-5-1　自由化の進展と新興市場　200
        10-5-2　新興経済の今後に向けて　202

第11章　中国のグローバル・システムへの移行と
　　　　その問題点 …………………………………………………207
    11-1　問題は何か………………………………………………………207
        11-1-1　何が問題なのか？　207
        11-1-2　輸出大国中国の素顔　208
    11-2　中国の改革開放政策の経緯……………………………………209
        11-2-1　中国現代史の素描　209
        11-2-2　窮地に立つ民族資本　212
        11-2-3　国有企業政策の転換　213
        11-2-4　開発主義とナショナリズム　215
    11-3　中国の WTO 加盟………………………………………………216
        11-3-1　約束された自由化措置　216
        11-3-2　資本の自由化か貿易の自由化か　217
    11-4　中国のグローバル・システムへの移行の意味………………218
        11-4-1　「合弁しなければ死を待つだけ，合弁すれば死を急ぐ」　218
        11-4-2　賃金労働者の創出　219

第12章　現代日本の貿易と投資 ……………………………………223
    12-1　日本の国際経済関係の展開……………………………………223
    12-2　日本の国際経済関係の構造……………………………………224

- 12-2-1 日本貿易の特徴　224
- 12-2-2 貿易構造転換　225
- 12-2-3 新たな国際化の展開——海外生産の増大　228

12-3 WTO体制下での外国貿易構造 …………………………230
- 12-3-1 WTOの発足と日本の対応　230
- 12-3-2 製品を輸入し製品を輸出する貿易への転換　232

12-4 直接投資の拡大と経済圏形成 …………………………234
- 12-4-1 直接投資の現状　234
- 12-4-2 海外生産の目的　235
- 12-4-3 海外生産の今後の動向　237
- 12-4-4 多国籍企業化への課題　238
- 12-4-5 労働力移動の現実　239
- 12-4-6 ODAの方向性　240

12-5 日本の国際経済政策の課題 …………………………241

第13章 グローバル・システムへの挑戦 …………………243

13-1 国際経済の構造変化とグローバル化の進展 …………243
- 13-1-1 国際経済の構造転換　243
- 13-1-2 グローバル化の意義　245

13-2 グローバル化のなかでの現代国際経済 …………………248
- 13-2-1 アメリカの覇権支配　248
- 13-2-2 競争世界への移行　249
- 13-2-3 国際関係の多様化　250
- 13-2-4 1974-75年恐慌　251
- 13-2-5 「社会主義」社会建設と挫折　252
- 13-2-6 国際通貨システムの動揺　253
- 13-2-7 多国籍企業活動の拡大　255
- 13-2-8 人口増大と労働力移動　256
- 13-2-9 科学技術発展と環境問題の深刻化　257

13-3 21世紀の国際政策課題 …………………………260
　　——覇権への挑戦——

第1章　貿易・投資システムの歴史と現代
――グローバリゼーションの史的構造――

1-1　はじめに

　資本主義は，本来的にグローバルなものである。重商主義の時代に商人資本によって世界的広がりをもった商業網が利用されていた。当時，アジアの産物，アフリカの奴隷，新大陸の農業生産をヨーロッパ市場と巧みに結びつけることによって，資本主義生産を呼び起こすための前提となるような世界市場が形成されていたのである。

　アジアの手工業的生産による綿製品，陶磁器，香料などは，特産物貿易としてではなく，ヨーロッパ諸国の人々にとって生活のための商品として広く求められるようになっていた。商人資本による商業活動の活発な展開は，ヨーロッパにおける商品生産の発展やアメリカ新大陸における農業経営の拡大などをもたらし，資本主義のための条件がしだいに整備されていった。

　いまだ資本制生産関係が成立していない時点において，商人資本は，資本としては不十分さをもってはいたが，前期重商主義といわれた重金主義，すなわち貴金属を富と考え，その蓄積を目的としていた段階から，商業利潤を追求する時期，すなわち後期重商主義の段階へと変わっていった。資本制生産関係の成立以前にあって，日常的商品の交換過程として，全体の連鎖がグローバルな方向へと拡大していくなかで，世界的商業網が成立していたので，商人資本の商業活動は，資本主義的に生産された商品の流通過程と同じような性格，すなわち商業活動によって利潤を追求するということが実現していた。

　こうした資本としての役割や性格は，後期重商主義の考え方である貿易差額主義に見いだすことができる。貿易差額主義においては，外国貿易という，国家の対外経済活動と商人資本の商業活動を統一的に把握している点が注目される。

すなわち外国貿易の拡大が国の経済的繁栄の政策として第一義的に重要視され，その内容として，輸出がつねに輸入を上まわり，貿易差額の増加が国の富の増加と考えられていたのである。そしてその手段として再輸出の増加を求めることとなった。この時代は，産業の発展においてはすでにマニュファクチャーの段階に達していて，重商主義的貿易政策はこの産業の保護政策と結びついていた。すなわち，再輸出による輸出拡大および貿易差額増加の手段としての加工貿易が重要な役割を果たしていたのである［鍛冶，1994］。マニュファクチャー段階にまで発展していた当時の産業は，ヨーロッパ（イギリスを含む）において一定の分業関係を形成しつつ，全体として商品経済の拡大をともなって世界市場をめぐる市場拡大の新しい展開をつくりだした。

　新しい展開はイギリスを軸に実現していった。イギリスの貿易の18世紀における拡大傾向の特徴をみると，対植民地貿易の発展として統計の上では確認されている。その内容をみると，対大陸ヨーロッパ貿易の比率は低下しているが，イギリス貿易の拡大は，産業の発展によるヨーロッパ市場の拡大が基本構造にあり，植民地における各種産物がイギリスの再輸出を通して，ヨーロッパ市場へ進出していったことによるのである。

　こうして，イギリスを中心に商人資本による商業活動が，18世紀の末には世界的な商業網を形成していたのであって，この市場の広がりが新しい産業の出現，すなわち産業革命を必要としたのであった。

　ところで，このような商業網の形成，すなわち世界市場の成立は，商取引の新しい段階と考えられる。商人資本の個々の取引は，独立したものとして完結されていない。あらかじめ商人によって全体像が認識されていて，その産物が商品としてどのような価格で，どこの取引に結びついているかということが前提となって行われていた。したがって最終消費者への時間，距離をどのように処理するのか，すなわち販売と購買，輸出と輸入の連鎖をつくりだしていくのかという課題が登場してくる。貿易金融として発達してきた信用の問題が発生していたのである。

1-2 決済システムの発展

1-2-1 世界貨幣金の節約

　商取引には貨幣が必要であるが，貿易取引のためには，世界貨幣としての金または銀が必要となった。新大陸の発見によって，大量の銀の供給がヨーロッパに実現して，商業活動が拡大・発展し，世界貿易の発展に寄与した。しかしながら，貿易の発展は取引を大量化，日常化し，そして需要の増大は取引の繰り返しや回転の速さを要求するようになる。他方では，地理上の発見以来，遠隔地との取引が増加し，名実ともに世界市場の拡大が実現して取引の地理的範囲が広がり，取引の完結に時間がかかるようになった。

　市場の拡大と取引の大量化に対応するためには個々の取引に貨幣が登場するのではなく，商業手形によって決済する方法がとられるようになる。そして，この手形を裏書譲渡することによって，複数の取引の決済を実現したのである（商業貨幣の創出 [徳永, 1976；148]）。ところで，このようなシステム，すなわち世界貨幣の登場なしに取引の決済が成立するためには，換言すれば，このような商業手形が振り出され，商業貨幣として活用されるには，商業信用が機能する裏づけがなければならない。世界貨幣金または銀を資金として十分に保有する銀行の存在と，取引を仲介し，輸出・輸入の均衡化とそのリスクの分散化をはかる能力をもったマーチャンド・バンカーの存在が必要となっていた。すなわち，商取引の世界化・システム化に対応した国際金融の世界的網の目ができつつあったのである。

1-2-2 商業信用から銀行信用へ

　商業手形による決済は，銀行の側からみると，あくまで貸付の範囲での制度化とみられるもので，取引の完結を意味しているわけではない。商業手形は商品の流通が，円滑に進展しているようにみえることによって，商取引における貨幣的役割を果たすことができ，したがって商人自身の支払能力や，商品の種類，地域等々の取引を構成している環境や状況によって，その手形の信頼度は左右されているわけで，システムとして一般化するには困難な状況もあった。

このような困難を取り除き,一般化するには,貨幣制度の発展,銀行制度の確立および信用状などの諸手続きが必要であった。19世紀になってイングランド銀行を中心とするロンドン金融市場の出現は,このような世界市場の発展に対応した,歴史的な役割を担うものだった。

この新たな国際金融市場の出現によって貿易取引には根本的な変化がもたらされた。金融市場の形成にともなって,商品取引は,銀行によって市場での取引が一応完了され,新たに銀行間の取引に転換するというシステムが完成したのである。

「アムステルダム国際金融市場は,商業手形の流通によって,低利構造と通貨および為替安定機構（アムステルダム振替銀行）を創出していた。これにたいし,19世紀後半のロンドン国際金融市場の低利構造と通貨および為替安定機構は,形態を異にしていた。つまり,後者は,商業信用の体系としてではなく,近代的銀行信用制度の体系として構築されていた。」[徳永, 1976 ; 48]

イギリスは他国に先駆けて金本位制を19世紀の早い時期に確立していた。イギリスによる植民地からの収益や金鉱の領有は,イングランド銀行の信用力の基盤強化に貢献した。金を節約するといっても,いつでも金での支払いが可能であるからこそ,すべての商取引を構成している人々は,ポンドで表示されている商業手形を,金による支払いと同一視したのである。

1-2-3 金融商品の登場

銀行は,輸出商から船荷証券（船積書類）と為替手形を買い取るという取引を実行する。貿易取引においては,この段階で輸出という行為は完了している。しかし,銀行は商品を購入したわけではない。船荷証券および為替手形を買い取ったのである。この場合,船荷証券は貨物代表証券といわれ,貿易商品を手に入れる権利をもっており,これを売買することは商品の取引を意味している。実際,この証券は,最終小売業者が入手して運輸業者から商品そのものを入手するという手順になっていくのである。為替手形は,金本位制のもとでは世界貨幣金に対する請求権という性格をもっている。すなわち,為替手形は金為替という性格をもっていることによって,銀行によって商品化されたのである。

このようにして,商品の取引である貿易取引が,銀行信用と結びつくことに

よって，新たな金融商品を生みだし，金融商品を取引する市場としての金融市場が創出されたのである。そして，新しい銀行信用制度は，イングランド銀行を中心にして，イギリスの商業銀行が世界市場における貿易取引，すなわち世界貿易を構成している諸取引を証券化して買い取り，金融市場での売買を通して決済を行ったことによって，銀行に資金が集積されるという特徴をもっていた。

イギリスでの産業革命とその後の機械制大工業の発展は，資本主義的再生産構造を定着させたが，ロンドン金融市場の発展は，この定着と拡大に寄与したのである。こうしてイギリス綿工業の生産物は，ヨーロッパ市場，さらにはインドやアジアの市場へと進出することとなり，これら商品市場での取引は国際金融市場の機能を介して達成された。だからイギリス産業の発展は，その国の富を増加させたが，実際には，それはロンドン金融市場における資本蓄積の形態となって実現していった。

1-2-4　覇権国イギリスの役割

19世紀においてイギリスの資本主義的生産の確立とその発展がしだいに世界市場の性格を変えていった。イギリスの生産物は，世界市場において，手工業的製品に対して品質・価格の面で優位にたち，それらを排除していくようになる。世界の貿易は，このイギリス産業資本の世界進出のための商業活動という性格をもつようになった。

しかしながら，表1-1に示されているように，当時の国際収支構造をみると，イギリスは植民地経営によって世界市場を拡大しつつ，その工業生産物の市場を広げていったのであり，ここにイギリスの覇権国としての特徴と役割のあったことに注目しておきたいと思う。このように世界市場の拡大はイギリスにおける機械制大工業の発展と植民地経営の拡大を車の両輪としているわけであるが，それを可能にした背景には，世界の中央銀行としての役割を果たすイングランド銀行の存在があり，イングランド銀行によって安定した通貨，すなわち金本位制にもとづくポンド・スターリングを供給し続けることができたからにほかならない。

当時のイギリスの国際収支にみられるように，貿易収支において輸入超過が

表1-1 イギリスの国際収支　　　　　　　　　　　　　　　（単位：100万ポンド）

年平均	商品輸出入	貿易および サービス収支	利子・配当	経常勘定	各期末海外 投資残高
1816～1820	−9.0	5.5	1.7	7.2	46.1
1821～1825	−8.1	6.1	4.2	10.3	97.8
1826～1830	−12.8	−2.0	4.6	2.6	110.7
1831～1835	−13.1	1.0	5.4	6.4	142.6
1836～1840	−24.0	−5.4	8.0	2.6	155.7
1841～1845	−17.0	−1.6	7.5	5.9	185.2
1846～1850	−26.8	−4.8	9.5	4.7	208.7
1851～1855	−27.5	−3.7	11.7	8.0	248.6
1856～1860	−33.8	9.7	16.5	26.2	379.6
1861～1865	−56.8	0.2	21.8	22.0	489.8
1866～1870	−58.1	9.7	30.8	40.5	692.3
1871～1875	−62.5	24.6	50.0	74.6	1,065.1
1876～1880	−124.6	−31.5	56.3	24.9	1,189.4
1881～1885	−104.3	−3.2	64.8	61.6	1,497.2
1886～1890	−91.1	3.4	84.2	87.6	1,935.1
1891～1895	−130.3	−41.9	94.0	52.0	2,195.3
1896～1900	−160.6	−59.9	100.2	40.3	2,396.9
1901～1905	−174.6	−63.9	112.9	49.0	2,642.1
1906～1910	−142.1	−5.6	151.4	145.8	3,371.3
1911～1913	−134.3	18.2	187.9	206.1	3,989.6

注：A. H. Imlah, *Economic Elements in the Pax Britanica*, 1958, pp. 70–75.

生じていることによって，世界市場に十分なポンドを供給することになり，市場拡大の効果をあげたのであるが，他方では，運輸・保険といったサービスや投資収益の結果として，ポンドはロンドンに還流し，イギリスでの富として蓄積されることになったのである。このような過程を経てイングランド銀行の信用の安定的な拡大が実現したのである。

1-2-5　投資システムとしてのロンドン金融市場

　銀行信用にもとづいたこの国際決済システムは，ロンドン金融市場への資金の流れをつくりだし，ロンドンが国際的な投資の中心としての役割を果たすようになった。すなわち，世界のどのような地域で取引が行われようと，ロンドン宛の為替手形を振り出すことによって，銀行がこれを買い取り，その取引に対して輸入業者に代わって支払いを実行するのである。

貿易取引の実行・完了とは別に，ロンドン金融市場では，外国為替手形（当時はポンドで表示された金為替）が売買されることとなった。イギリスの国際収支が最終的に黒字を累積している間は，各銀行でのポンド残高として累積することになる。この資金は，世界市場における有利な投資市場をみつけようとしていたから，植民地における新しい産業，および新しく発展してきた若い資本主義諸国の産業が，この市場から資本調達することができたのである。

　パックス・ブリタニカの経済秩序のもとで，イギリスの海外投資は急速に進んで，1913年末には約40億ポンドに達した（表1-1参照）。この資本の運動は，まさにグローバルな動きとして認識されるもので，世界のどこに有利な投資先があるのか，資本の関心はイギリスにこだわってはいなかった。ポンド・スターリングはイングランド銀行がいち早く金本位制を採用し，安定的通貨の供給体制を整えたのである。この制度は，世界の貿易取引における決済通貨として機能していた。だからポンドは，イギリスの国民通貨というよりも，貿易取引の決済通貨として成長していった。こうした過程を経て国際貿易および国際投資のセンターとしてロンドン金融市場は発達した。

　19世紀前半においては，イギリスの対外投資の66〜55％がヨーロッパ向けであって，当時のヨーロッパが若い資本主義として，収益性の高い新産業の発達を推進していたのである。ところで，19世紀も後半になると，ヨーロッパ市場の比率が低下し，インドやアメリカ合衆国が各々20％，27％と大きな比率を占めるようになった［宮崎・奥村・森田，1981；31］。

1-3　国際分業の発展と国民経済

1-3-1　イギリスにおける工業の役割

　イギリスでは産業革命のあと，機械制大工業の発達が急速に進む。この新しい産業の発展は，生産手段生産部門という新しい産業をつくりだした。資本主義的工業体系は，生産手段産業部門の発達によって，飛躍的な発展をとげることとなる。

　産業革命後の早い時期においては，綿工業が中心的役割を果たす。とくにインドとの関係においてみると，1820年代，インドはイギリス綿工業の重要な

表1-2 綿製品貿易に関するインドと
イギリス　　　　　（単位：ヤード）

年	インドへのイギリス綿製品の輸出	インド手工業綿製品のイギリスへの輸出
1814	818,208	1,266,608
1821	19,138,726	534,495
1828	42,822,077	422,504
1835	51,777,277	306,068

出所：Tara Chand, *History of the Freedom Movement in India*, Vol. I, p. 378.

市場になっているのである。表1-2では，インドとイギリスの世界市場における立場，すなわち工業製品（インドは手工業製品ではあるが）の輸入国と輸出国の立場の逆転現象が起こっている。しかも単に立場の逆転だけでなく，数量的にみてもかつてのインドの輸出量の三十数倍にもおよぶ大量で安価な綿製品が輸入されている。このことは，インド国内における綿工業そのものの存立の危機を意味することになる。換言すれば，イギリスの綿工業がインド市場を支配してしまうことなのであって，インドの綿工業のための国内市場は完全に消え去ってしまうことになる。こうして，ヨーロッパ市場にその製品を供給するまでに発達していたインドの綿工業は消滅への道を歩むこととなった。イギリスの工業に対応する農業・原料供給地域へとインドは変貌を余儀なくされたのである。

これとは異なった過程をたどったのが，イギリスの対ヨーロッパ輸出である。対ヨーロッパ貿易では，19世紀後半の時期になると，工業製品のうちの消費資料は減少していき，むしろ生産手段部門の製品が，輸出品の主要なものとなっていったのである。表1-3をみると，綿糸，綿織物，毛織物はしだいに減少傾向を示しているが，他方では，機械類の急速な増加の傾向を読み取ることができる。

この当時，イギリスは，「世界の工場」といわれたのであるが，消費資料を供給するという意味での「世界の工場」と生産手段を供給する場合とでは，本質的に異なっている。生産手段の場合には，新たな工業拠点が出現するのであり，消費資料の市場は，自国の工業生産の市場に転換していく。こうして19世紀後半になると，ヨーロッパ諸国やアメリカ合衆国の工業的発展が急速に進み，イギリスの「世界の工場」という特徴は消滅して，工業国群を形成することとなった（表1-4参照）。

表 1-3 イギリスから西ヨーロッパへの輸出　　　　　　　　　　　　　　　（年平均）

	1869〜1873	1879〜1883	1889〜1893
綿　糸（100万ポンド：lb）	106.4	106.5	96.6
綿織物（100万ヤード）	271.9	258.5	225.2
毛織物（100万ヤード）	141.9	101.3	57.0
鉄・鋼鉄（1,000トン）	968.4	1,040.2	792.0
機　械（1,000ポンド：£）	2,519.0	3,460.0	4,704.0

資料：Source, *Annual Statements of the Trade of the U. K.*
出所：S. B. ソウル著（堀・西村訳）『世界貿易の構造とイギリス経済』法政大学出版局，1974年，22ページ。

表 1-4 世界工業生産に占める割合　　　　　　　　　　　　　　　　　　　（単位：％）

	ド イ ツ	イギリス	フランス	合 衆 国	ロ シ ア	日　　本
1870	13	32	10	23	4	—
1880	13	28	9	28	3	—
1890	14	22	8	31	3	—
1900	16	18	7	31	6	1
1910	16	14	7	35	5	1
1913	16	14	6	36	6	1

出所：J. クチンスキー（久保田訳）『世界経済の成立と発展』評論社，1968年，44ページ。

1-3-2　工業諸国の不均等発展

　資本主義的国際分業は，農業国対工業国の分業を基本とすると考えられている。すでに前項でみてきたように，国際分業上工業国として発展していく国々が一方に存在すると同時に，他方で農業国の地位にとどまる，ないしは転落する国々が存在するのはなぜか。資本主義国際分業は，この課題を提起しながら発展していくのである。

　イギリスが資本主義国として発展していくのに続いて，フランス，ドイツ，アメリカが資本主義の生産関係をつくりだし，独自の工業を発展させ，工業諸国群を形成することとなった。この際，各々の資本主義は私的所有にもとづく生産関係をつくりだすが，イギリスのコピーとしての資本主義ではなく，むしろ新たな科学・技術の発展を取り入れた独自の資本主義として急速な発展過程をたどったところに特徴があった。

　19世紀末には，電気エネルギーの開発と利用によって，それが工業のエネルギー源として，安価でしかも広域での利用が可能となり，アルミニウム生産，鉄鋼生産の実現へと発展していった。また，電気の活用は装置産業としての化

学工業の発展へとつながっていった。他方では，石油による内燃機関の開発は，石炭による蒸気機関からしだいに取って代わることとなった。この新たな重化学工業体系は，ドイツ資本主義の新たな生産力として世界市場においてイギリスやフランスに挑戦することとなった。

> 「強力で成長するドイツ工業は利潤を得て成長し続けるためには国外市場を持たなければならなかった。『輸出工業主義』は，1880年代からのドイツ経済発展の特徴であった。それはとりわけ，おもにブリテンを犠牲にしての攻撃的市場探求を意味した。市場をめぐる抗争という多面的工業化時代の国際競争の新状況は植民地と経済衛星国に対する衝動的欲求を生み出した。」[トム=ケンプ，1991；127]

こうして工業諸国のなかで新しい分野を切り開いた工業国は抜きんでて経済成長をとげるわけであるが，必ずしもその市場が保証されていたわけではない。また，新しい工業を発展させるための原料も事前に確保されているわけでもない。工業諸国の不均等発展は，対立・抗争を激化させ，矛盾は，植民地領有をめぐる対立へと発展していった（表1-4参照）。

1-3-3 国際的分業としての農業・鉱業

国際分業上の農業国というのは，工業の発展がなくて，農業のまま取り残された地域ないしは国というわけではない。一方における工業諸国の発展があって，その工業の発展を支えるための農業という意味での農業国ということであり，国際分業において農業を主要産業として発展させてきた地域または国家なのである。資本主義工業にとっての世界市場は，そもそもイギリスの綿工業から工業の発展過程がはじまったということが，実証されている。すなわち，資本主義工業は原料問題に制限されることがない，つまり前近代の貿易のような特産物の取引ではない。資本主義世界市場は他国との競争のなかでどのように市場を拡大していくのかが課題となっている。イギリスの綿工業は，こうした世界市場の課題にこたえたのであり，その過程で，イギリスの主要輸入品として，原料の綿花があらためて注目されてくるのである。したがって，工業諸国の出現はあらかじめ原料が自国内に存在するか否かに左右されるのではなく，そこでの制限は資本主義的生産関係の存在と一定の資本主義市場の有無および

科学・技術の発達にある。

　こうしてイギリスはインドを綿花の供給国に変え，さらにアメリカやエジプトでの綿花生産を拡大して，自国の綿工業のための原料供給地としていったのである。さらにイギリスの機械制大工業の発展は，工業都市をつくりだし，食糧市場を形成することとなり，食糧生産もまた国際分業の一角を形成することとなったのである。

　工業諸国の形成過程に対応して資本主義世界市場の分業構造は 19 世紀末から 20 世紀初頭にかけて完成していった。まず，ラテン・アメリカ諸国は，すでに独立国として存在していたにもかかわらず，工業化への道はなかなか開かれず，むしろヨーロッパ工業諸国に対する農産物供給国という国際分業上の地位が与えられていた。1913 年の統計によると，ラテン・アメリカの輸出の 64.4％は食料品で，穀物 15.4％，食肉・乳製品 7％，茶・コーヒー・ココア 20.7％となっていた。また輸入品をみると，金属製品 9.8％，機械類 14.1％，繊維製品 18.5％，その他製品 16.0％となっており，合計すると，工業製品が 58.4％を占めることになる [宮崎・奥村・森田，1981；93]。このように，ラテン・アメリカは垂直分業の一方の側，すなわち農業国として位置づけられていることが，明白になっている。19 世紀末から 20 世紀初頭においては，工業諸国では新たに重工業，化学工業における発展がみられた。工業の発展にとって欠かせない原料となる地下資源の発見や開発は，工業諸国の課題として提起されてきた。アフリカ大陸の分割支配が完了したのもこの時期のことであった。

　かつて，アフリカ大陸は，奴隷貿易の対象地域として世界貿易に登場したのであるが，推計によると 1500 年から 1880 年までの間に 1373 万人のアフリカの労働者が奴隷として移出されていた [宮崎・奥村・森田，1981；3]。このことがアフリカの経済発展を大きく阻んだことは疑いない。単に奴隷として移出された人数だけが問題なのではなく，その過程でヨーロッパ商人は部族間の戦いを起こさせ，強い部族の支配を拡げさせて，支配された部族を奴隷に仕立てた。この戦争がアフリカに殺戮を持ち込み，社会の発展を阻んだのである。そしてヨーロッパ諸国の工業化は，20 世紀には，資源の開発および収奪をアフリカに持ち込んだのである。

　19 世紀後半にはじまったヨーロッパ諸国によるアフリカ分割支配は 20 世紀

初頭には完了した。資本主義の独占資本主義への発展にともない，アフリカ大陸は，世界の帝国主義体制を構成する植民地体制の一部に組み込まれたのである。1913年のアフリカからの輸出品目の内容をみると，原綿・羊毛（25.8％）などの農業原料が41.7％，鉱産物が15.8％と両者で57.5％，ほぼ6割を占め，いわゆる原料供給地の役割を果たしていたのである［宮崎・奥村・森田，1981；93］。

1-3-4 国民経済と国家の役割

　近代にいたるまで，封建的国家として統治能力を発揮してきたアジアの国々では，国の内外での経済社会の変化のなかで，その統治能力を失っていった。新しい資本主義的生産関係を生みだすためには，私的所有制にもとづいた資本蓄積の実現と，土地改革による自由な労働者の創出が必須条件であった。アジアでは，古い生産関係の衰退は急速に進んだが，国家権力による新しい生産関係の創出は進まず，多くの地域が植民地ないしは半植民地として帝国主義世界体制に組み込まれていった。

　帝国主義の段階における植民地，半植民地の役割は，国際分業上の原料生産地域から，宗主国資本にとっての投資市場としての役割が大きくなっていった。1938年の統計でみると，イギリスの海外投資の37.6％がアジア，オセアニアで，ラテン・アメリカに対する21.4％と合計すると，59％を占めている。フランスの場合には，アフリカ（27.3％）とアジア，オセアニア（23.4％）で，50.7％を占めている。アメリカ合衆国の資本にとっては，ラテン・アメリカは自国経済の一部分を構成するかのような理解をしており，カナダ（32.6％）と合計すると，アメリカ大陸として68.2％に達している［宮崎・奥村・森田，1981；33］。

　このような自国の植民地領有や政治的従属と結びついた投資活動は，これら地域を植民地経済へと再編成する役割を果たしていた。国家的独立によって，国民経済を形成することで近代世界成立の原動力の役割を果たしてきた資本主義の創成期とは異なった歴史認識を，資本主義に対してもたなければならない状況がつくりだされてきたことに注目する必要がある。しかし，この植民地経済への再編成過程は，市場経済化と地域における資本主義生産関係をつくりだすという側面をもあわせもっていた。したがって，国家樹立への要求は強く，

第2次世界大戦後の第三世界の形成へと結実していくこととなったのである。ここに資本主義世界経済は，発展途上諸国経済を第三世界の広大な地域にもつこととなり，自立経済の発展を課題とする国々，すなわちかつて植民地経済に再編成されて世界経済の一部に編入されていた地域において，自立経済への転換を果たすべく動き始めた国々を，その構成部分として包含することとなったのである。

1-4　現代資本主義とグローバリゼーション

1-4-1　アメリカ中心の IMF・GATT 体制

　第2次世界大戦後の世界経済は，アメリカの国民通貨ドルを基軸通貨とする IMF 体制により世界市場統一を回復し，GATT による自由貿易体制の再建を実現した。この国際経済秩序は当初，「社会主義体制」の存在によってグローバルな秩序ではなかったのであるが，ソ連の崩壊と関係諸国の資本主義世界市場への積極的参入という経済政策上の転換によって，グローバルな体制として存在することとなった。

　統一した，自由な世界市場での多角決済制度は，基軸通貨制度と自由な為替取引の復活によって再建された。基軸通貨ドルが援助や国際投資によっても十分に供給されうるとの体制整備によって世界貿易の急速な拡大が実現した。そして，1960年代以降の高度成長期を迎えて，資本主義の史上まれにみる発展過程を描くことができたのである。しかし，覇権国アメリカを中心とするこの体制は，1970年代には，発展途上諸国から秩序改革の要求が提起されて，その矛盾をあらわにすることとなった。先進諸国のなかでの相対的優位でしかなかったアメリカの国際上の地位は，多国籍企業の海外進出による「産業の空洞化」現象もあって，しだいに低下していた。アメリカからはドルの流出が続き，その対外価値の維持が困難となり，金・ドル交換の停止，変動相場制導入によって，基軸通貨不在の時代となった。

　この覇権国家の地位の動揺は，他方での資源ナショナリズムの台頭と呼応して「新国際経済秩序樹立」の要求となって結実した。非同盟諸国首脳会議に結集する国々を中心とした諸国は平和5原則にもとづき，覇権国の存在を否定す

る新たな国際関係を基本とする貿易・投資システムを指向するものとして21世紀を展望するのに重要な国際勢力を形成するものとなった。

1-4-2 多国籍企業の展開

独占的産業資本が，自己の生産拠点を海外に移転して，多数国にまたがってその再生産過程を展開するという多国籍企業の進出は，先進諸国において急速に実現した。多国籍企業は資本の循環においての貨幣資本ではなく，生産資本の循環において国境を超えてグローバルに展開し，生産過程を数ヵ国にわたって展開するという，生産のグローバル化が実現していることに注目すると，次のような特徴が認識される。

第1は，国際分業として工程間分業がみられるようになり，また企業レベルでみると，企業内国際分業という事態が起こっている。ここでの国際分業決定要因は，世界市場における企業のグローバル戦略であり，独占的諸企業は，国境を超えて直接的に相互に競争し合う関係にあって，その再生産過程の一部が海外に進出し，ひいては数ヵ国にまたがって展開されることになる。この分業の形成は，工程の立地と世界市場での競争によるものと考えられる。

第2は，国民経済の枠を超えて，新たな工程ごとの産業集積が起こる。そしてこのことが生産過程の一部を分離した形態での産業を形成して，部品生産を新しい産業にまで仕立てるかのような現象としてみることもできる。このことは世界市場において，競争とならんで，諸資本間の提携という現象が起こっていることの基礎になっているようにも思われる。

第3に，国民経済内での一定の水準の賃金形成が不可能になり，企業戦略に各地の賃金が反映されるという意味で，労働市場のあり方が大きく変化してきたことも特徴的であると言える。総じて，世界市場における多国籍企業の進出によって競争に新たな形態がつくりだされている。すなわち，生産過程のグローバル化のもとで，独占的企業が世界市場で直接的に競争を展開するため，国際間の貿易・投資のシステムのなかでの国家や国民経済の役割が変化しているのである。

1-4-3 IT革命とWTO

　世界市場の競争を容易にし，資本の再生産過程のグローバル化を容易にしたものにIT革命がある。情報産業の生成は，通信・交通に変革をもたらし，遠隔地貿易という言葉を死語にしてしまった。

　コンピュータの開発・発展は，経済に新しい段階をもたらすこととなった。生産過程においては，数値制御の応用によって機械が人間の頭脳の働きをすることが実証され，工作機械の領域では，熟練工に取って代わるすぐれた性能をもった工作機械が出現している。またロボットの活用で，無人の工場が実現している。さらに自動化が進んで機械自身が製品検査を行い，工程のフィードバックを実現している。このような生産過程の変革は，工業地域圏を拡散させる現象ともなってあらわれている。すなわち新たなリージョナリズムである。

　流通・運輸の過程にあっては，システム化，ネット化が実現し，多品種大量の商品をつねに管理することが，過程を停止させることなく，流動的な過程のなかで実現する技術が開発されている。とくに商品の流通とともに人の移動の場合にも，コンピュータ制御によりグローバルな規模でその複雑な管理を実現している。情報の大量な蓄積およびその取り出し，追加が容易に可能となり，情報産業として新たな産業領域が開拓されてきていることにも注目しなければならない。

　このように経済のすべての領域でコンピュータによる処理，管理，活用が実現することによって，情報そのものの所有ということによって生じる独占のもつ絶対的な権力の強大さをあらためて認識しておかなければならない。しかしながら，現実にWTOの機能をみても自由化のみが強調されているという問題点がある。WTOは，工業品，農産物，知的所有権に各々同様の自由化原則を適用しているが，この三者は各々異なった性格をもっている。工業品は本来，資本主義の市場経済によって発達してきた工業の産物として自由化に最も適合している。

　農産物は，本来人間の生活に密着した産業で，生活圏のなかで生産と消費が完結しており，その産品を世界的な自由市場での商品として取引の対象とするにはあまりにも不適切なものと考えられる。

　知的所有権は，アメリカおよび先進国が独占している知的資産を保護し，こ

れを商品化し，売りつけるもので，発展途上国の知的開発を阻止してしまうものでしかない。

このようにして，「アメリカを中心に推進されている市場主義，グローバリズムが先進国と開発途上国という世界市場の非対称性を新しい形で創り出しているようにみえます」[徳永, 2002] といわれている。

1-4-4　金融市場の変質と国民通貨

貿易金融から発達した国際金融市場は，独占資本主義の段階以降は国際投資のシステムとして発展してきた。当初のロンドンの卓越した機能は，戦間期のドイツの賠償金にかかわるトランスファー問題を機に，ニューヨークがこれを二分するようになり，第2次世界大戦後，ドルの基軸通貨化によってその地位を奪ったかのようにみえたが，ユーロ市場での資金の滞留とドルの価値の低下にともなって，世界的にオフショア市場が形成された。そして，IT革命による市場のネットワーク化が進んで24時間取引が実現することとなった。

ドルの金交換停止は，先進国通貨の同質化とその交換による先物取引による利潤追求が実体経済を離れた貨幣資本の形態で蓄積された資本に格好の取引の場所を提供することとなった。すなわち，金融市場のカジノ化である。そして，このカジノ化した金融市場に世界貿易の決済機構の機能をまかせておいてよいものかといった課題が提起されている。

ラテン・アメリカの債務危機，東アジアの通貨危機は，この国際金融市場の機能と関連して起こっていることに注目しなければならない。発展途上諸国の国民通貨は，その国の経済が発展途上にあり，国民経済としてまだ不十分な実力しかもっていないことを反映して，国際決済の機能をもっていない。すなわち，貨幣として世界貨幣たりえないという意味において，不完全なものにとどまっている。このことは，新興工業国（NICs）としてもてはやされた諸国の場合でも，メキシコ危機，韓国危機，等々で実証されている。換言すれば，先進諸国が，制度的に発展途上国通貨を国際決済制度から除外することによって，これら諸国を先進国の支配する体制に従属させているのである。

現在の国際通貨制度のもとでは，発展途上諸国は国際収支上の黒字構造をつくりだし，十分な外貨を保有することが義務づけられている。途上国は貿易収

支の赤字を外資導入によって容易に黒字化できることもあって，資本の自由化には熱心で，輸出指向工業化政策をとって，国際収支の黒字構造を保ちつつ高い成長率を達成しているが，資本主義的経済発展は循環的性格をもっているため，後退局面は不可避的にやってくる。そして資本逃避という現象があらわれる。発展途上諸国はこのような危機循環のなかで苦しんでいる。

　こうした南側諸国と異なったグローバリゼーションへの対応を示しているのがヨーロッパ諸国で，その経済統合は通貨統合の段階にまで進んだ。そして，ドルに取って代わるかもしれない通貨にまで進むことが約束されているユーロを創出した。これは，覇権国アメリカの優位性が崩れつつあるなかで，先進諸国の国家連合によるグローバリゼーションへの対応を示すもので，リージョナリズムのひとつの発現とみることができる。

　このような地域における経済協力を基礎とした国家連合の形成は，新しい通貨の創出というEUのような段階にまで進むことは困難にしても，さまざまの形で各地にみられる傾向である。アメリカ主導のグローバリゼーションによる非対称性の深化に対抗し，それを阻止する勢力として，さらには危機循環から抜けだすためにも，このようなリージョナリズムの傾向は，一定の展望をもったものとして考察していくことが必要であろう。

［堀中　浩］

参考文献

鍛冶邦雄（1994）「資本主義世界市場の形成と発展」吉信粛編『貿易論を学ぶ』有斐閣，所収。
トム=ケンプ（1991）『工業化の歴史類型』林達監訳，学文社。
徳永正二郎（1976）『為替と信用』新評論。
徳永正二郎（2002）「グローバリズムの非対称性」『世界経済評論』9月号。
宮崎犀一・奥村茂次・森田桐郎編（1981）『近代国際経済要覧』東京大学出版会。

第2章 グローバル・システム分析の基礎理論

2-1 グローバル・システムの分析視角

2-1-1 生産と貿易

　生産は個人的な営みのためではなく社会的な連鎖・性格をもっており，その連鎖に分業という概念が用いられる。分業は企業内すなわち工場内でいろいろ異なった労働によってさまざまな商品をつくりだす。こうした工場内あるいは企業に区分された商品の生産を社会的分業と呼んでいる。生産を行うためには分業が成立していなければならないし，また分業によって商品生産が成り立つ。生産した商品は，他人のためにつくられるのであるから，それらは交換されなければならない。交換は商品に費やされた種々な労働が具体的に実現すること，つまり価値が実現することを意味している。また社会的にみれば多くの有用物が生産され交換されれば，それだけその社会は人々の欲望を充足することが可能になる。多くの有用物あるいは必要物を入手することができる社会は，経済的に発展した社会ということができる。したがって人々の欲望あるいは必要物を充足することができる社会を構築していくことは，人類にとっての進歩的な側面を有しているのであり，生産力の発展の原動力にもなる。その生産力の発展のために，技術の進歩，道具の改良，新たな生産方法の発見，新素材の発見あるいは労働の工夫などが行われる。さらに分業，生産，交換は一つの国民経済で完結しうるのではなく，他の社会あるいは国民経済との経済的関係にまで拡大する。

　経済学は，生産，流通，交換および消費が行われる場を市場と呼んでいる。したがって市場の発展は，生産力の発展の結果でもある。資本主義の原理は市場すなわち生産，流通，交換が「自由」であることを「理想」とする。市場経済とはいわばこうした自由な生産，交換，流通が貫いている経済社会を示すものである。国民経済あるいは国内市場は，国境を有した社会内部での生産，流

通，交換を意味している。しかしこの国民経済あるいは国内市場は，自己完結的な経済社会を意味しているのではない。たとえば国内で生産できない商品，自然品・特産物などは外国から輸入しなければならない。また国内で過剰に生産された商品あるいは外国市場目当てに生産された商品は，輸出市場を求める。国民経済の発展は，外国からの輸入あるいは外国への輸出の継続が大きく寄与する。したがって外国貿易をどのように拡大するかが各国民経済にとっての課題になる。かつて18世紀に成立した資本主義に先行した経済社会の重商主義という経済思想は，外国貿易の拡大こそ一国の富の源泉であり，とりわけ輸出の拡大を求める政策が必要であるとした。重商主義のように国内の生産力発展を重視する政策よりも外国貿易の拡大を志向する政策は例外であるが，資本主義にとって外国貿易の拡大は，どの国民経済においても重要な施策であり，対外経済政策の基軸である。国民経済は他の国民経済との経済的な関係なくしては存立しえないということを，資本主義の歴史は実証してきたのであった。国民経済は外側に向かってすなわち他の国民経済との経済的な関係を形成していくことによって，生産力の発展が実現できたからである。この国民経済が外側に向かうことあるいは他の国民経済との経済的な関係を形成することが国際経済である。国際経済は，国民経済と他の国民経済との間で形成される外国貿易，資本移動，外国為替取引，技術移転，労働力移動などの経済的関係の総称である。

2-1-2 国民経済と貿易

国際経済は国民経済相互間の経済的関係であるが，そこでの国民経済（National Economy）は，国民（Nation）あるいは国家（Nation・State）の経済的な領域をあらわしたものである。国民経済は，政府（地方政府も含む），企業，家計・個人といった経済主体によって構成されている。ところが国際経済関係における国民経済は，総体としての国民あるいは国家として現象し，政府・企業・家計（個人）は背後に押しやられるという特徴がある。国境は国家によって画定される。したがって国際経済は，国際会議に象徴されるように，国家間の取引・交渉のようにもみえる。国家（政府）間の経済交渉は，個別産業分野から国民経済全体に波及するものまで多様な問題が取り上げられる。たとえ個

別的な企業・産業分野であっても，国際間では国民経済総体の問題として取り上げられるのである。その場合，国家（政府）は形式的には国民経済の利益代表という形態で交渉に臨むことになる。国際間ではこうして国家（政府）を通じて一定の経済的な関係・課題が処理されていく。しかしその実体は国民経済総体ではなく，個別産業，個別企業あるいは多国籍企業の動向によって支配される場合が多い。

　それでは国際経済あるいは国際的な協議における「国民的利益」とは，何を意味するのであろうか。たとえば日本のコメの市場開放は誰が利益を得るのかといえば，一般には安価な主食農産物が外国から入ってくるのであるから，消費者にとって利益があるということになる。主食農産物が安価になればその分賃金を絶対的に引き上げなくてもすむであろうから，その場合，企業は利益を得ることになろう。またコメの輸入を扱う商社あるいは小売業などでも利益が生じるかもしれない。しかし日本のコメの生産者はどうであろうか。コメ生産者・農家は生産を縮小するかあるいは農業からの離脱を強いられるかもしれない。またコメ生産にかかわる農機具，肥料，農薬メーカー，倉庫業者，運送業者への影響も大きく，さらには農協の業務にも大きな影響が及ぶであろう。それらは生産縮小，規模縮小あるいは他産業への転換を余儀なくされるということになる。すでにコメに関してはWTO（世界貿易機関）の原則である例外なき関税化政策が適用されている。コメ輸入に限らず貿易にともなう利益は，それぞれの階層，生産・流通にたずさわる産業・企業によって異なるということになる。したがって国民的利益とは相対的なものということになる。

　国家（政府）の対外経済交渉は，「国民的利益」を代表して行っているようにみえるが，実際にはさまざまな利害対立が生じることになる。そこで実際の外交決着は，外国の圧力に屈するか，あるいは国内で力の強い経済主体の利益に傾斜する形で行われるのである。コメ輸入自由化問題は，日本の輸入数量規制・高関税率適用ということで当面の決着をみた。しかし将来的にはコメの完全自由化を実施しなければならない状況になろう。世界経済のグローバル化の象徴的なシステムとなろうとしているWTO体制とは，より開かれた市場を推進することである。したがってグローバル化が進展するなかでも貿易を通じての国民的利益とは何かを，あらためて考えることが重要になっている。

2-2　貿易の利益と原因

2-2-1　貿易の利益

　生産力が増大し国際的な経済関係が深まれば深まるほど，商品の流通量は増大し，消費量も増大する。あるいは生産によって多様な商品が生みだされ，それによって消費の種類も拡大する。国民経済の生産力発展，国際経済関係の進展は，物質的な財貨の量的拡大，消費拡大をもたらすのであるから，人類の進歩的な側面をもっていることになる。しかし国際的な経済関係，ここではとくに貿易の側面だけをとっても，すべての国で商品生産量が増大した結果，交換が拡大し，さらに消費量も増大するという関係にあるのではない。国民経済によって経済構造はさまざまであるし，生産の形態あるいは所得の状況も異なっているからである。国際的な経済関係の形成は，場合によっては国民経済の形成そのものに影響し，時としてゆがめられまた破壊されるという事態も生じうる。その場合，貿易の拡大は，国民経済にとって必ずしも生産あるいは所得の増大を可能にする手段であると位置づけることはできないことになる。

　そこで国民経済間で貿易が行われる条件とは何かということを明らかにする必要がある。それは第1に，貿易を行うためには輸出すべき商品と市場および輸入すべき商品の必要性・需要と輸入先が存在しなければならないことである。第2に，貿易はある国民経済の輸出品と他の国民経済の輸出品が相互に補完することが可能であれば円滑に行われることである。こうした貿易は一般にバーター取引といわれるが，今日では例外的な取引形態である。バーター取引が例外的であるとすれば，第3に，商品を輸入する場合には代金を支払い，輸出の場合は代金を受け取るという輸出と輸入は別個の取引形態をとることである。国際取引は国際通貨（かつては世界貨幣＝金，今日ではアメリカ・ドルなど）を持っていればどの国とも，どの商品とでも必要な量だけ輸入することが可能である。かりに国際通貨を持っていなければどうなるかといえば，相手国は支払いの保証がないことから輸出は行わない。それでは国際通貨を入手するためにはどのようにすればよいか。それは輸出を拡大して外貨を獲得することである。輸出超過が持続的に行われていれば国際通貨は，外貨準備としてつねに保

持されることになる。そうなるとすべての国民経済は,国際通貨の保持を求めて輸出超過が継続できるような貿易形態を志向することになる。しかしすべての国民経済が輸出超過であるという事態を想定することはできない。輸出超過の国民経済が存在するということは,輸入超過の国民経済が存在していることを意味する。輸入超過国は,輸出代金を支払わねばならないのであるから,支払いのための外貨準備金を使用するか,国際通貨・準備金が不足する場合は外国から借り入れることになる。場合によっては支払い不能ということもある。そこで輸入超過国は,輸入を抑制する政策を追求するとともに,輸出を増大する政策をとることになる。したがって貿易は,短期的には不均衡であっても,世界市場的な側面から見れば長期的に均衡化するということが想定できる。このことから第4に,貿易は個別国民経済,個別企業などの独自の経済活動であり,本来的には不均衡を前提としているのであるが,各国の貿易政策の諸手段によって均衡化する傾向をもっていることになる。貿易の均衡化のためにとくに赤字国が採用する諸手段には,輸出奨励,輸入抑制などがあるが,外国為替相場の切下げも重要な政策である。また二国間では輸入制限・抑制政策の撤廃,あるいはいわゆる市場開放を目的とした自由貿易協定(FTA)などを結ぶことにより,均衡化をはかるとともに貿易拡大を行おうとする。

2-2-2 貿易の原因

　国際経済関係の基礎である外国貿易は,商品の輸出入として現象するのであるが,その外国貿易は何故に必要なのか,あるいはその原因は何かということが古典派以来経済学が追求してきた重要課題であった。とりわけ今日の資本主義社会の発展は外国貿易を抜きにしては考えられないし,また外国貿易は各国民経済の経済成長を促し,国際的経済関係を緊密に形成する基礎となってきたからである。外国貿易を生産の関係として捉えた概念が国際的分業である。国際的分業は,二国間だけの関係を示す概念ではなく,国際的な生産配置,資源配置,労働力配置などを含む内容をもっている。外国貿易は国際的な分業を基礎とし,国際的競争を媒介して具体化する。資本主義的外国貿易は,同じ種類の商品の輸出・輸入が行われる。また現実の貿易は,同一商品をただ一国にのみ輸出するだけでなく多数国に輸出する。輸入の場合も特殊商品を除いて複数

国から輸入する。一般に外国貿易とくに輸出の場合は，国内より高い価格で販売できること，輸入の場合は国内よりも安価に輸入できること，あるいは原材料・部品コストなどの低廉化をもたらすことから行われる。こうして外国貿易は二国間の関係であるが，現実は世界市場的な連関すなわち国際価格を通じた競争関係を媒介にして行われていることになる。

　外国貿易は国民経済間の現象であるが，実体は個別企業によって行われている。企業は商品を生産し，販売することによって利潤を取得しうる。その利潤には，国内市場と外国市場とではどちらが大きいかあるいは販売が容易なのかという問題がある。それは第1に，企業は，外国市場と比べて国内市場のほうが高く販売することが可能であれば，ためらうことなく国内市場を選択する。第2に，国内市場と外国市場とどちらも同じ価格で販売することが可能であれば，企業は国内市場を選択することになる。なぜなら外国に商品を販売するということは，外国への輸送費，荷造り費，保険などの諸費用と合わせて，為替あるいは両替手数料を必要とするからである。また外国へ輸出してから代金を受け取るのであれば，輸出業者は代金を入手できないという事態も生じうる。こうした諸費用・危険を考慮するならば，企業は明らかに国内市場で販売したほうが有利である。第3に，国内市場よりも外国市場のほうが高い価格で販売することが可能な場合にはどのような選択がなされるであろうか。外国へ販売することは，第2の側面からも明らかなように諸費用の負担の増大・危険性をともなっている。しかしその諸費用負担・危険性を含めても外国市場で販売したほうが国内市場で販売するよりも有利であるならば，企業は外国市場への販売すなわち輸出を選ぶことになろう。ただし外国市場のほうが国内市場よりも高く販売できても，諸費用負担・危険性を含めればいまだ国内市場のほうが有利であるならば，企業は国内市場を選択するであろう。

　これら三つの側面は，いずれも価格対比および利潤量を基準として考察したものである。しかし現実の貿易にはさらに複雑な諸条件が加味されている。さきの第1の側面は国内市場のほうが外国市場よりも高く販売できるならば国内市場を選択するとした。ところが国内市場では同一産業部門・業種に多くの生産者があり，ある企業の生産した商品は国内市場で販売できない場合もある。それは国内市場ではすでに他の企業によって市場が押さえられ，新たに参入す

ることが不可能であり，商品が国内市場の一定の需要を超えて生産されている場合である。国内市場の一定の需要を超えて生産されている状態は，一般には過剰生産状態を意味している。もちろんこの過剰生産は絶対的な過剰を意味するのではなく，社会の一定の条件のもとでの相対的な過剰であり，経済学特有の概念で用いている。この場合，企業は国内市場から外国市場へと販売先を転換せざるをえない。しかしこの企業による外国市場への販売＝輸出は，国内で販売する企業が取得する利潤よりも少ない利潤取得を余儀なくされる場合のあることを意味する。企業は，利潤の取得を少なくしても外国市場へのあくなき追求を行うかといえば，そうではない。企業は，あくまで利潤の極大化を求めて行動するのであって，利潤の取得を少なくしてまで商品を販売するというような慈善活動家では決してない。そうなると，国内市場が相対的に過剰だからといって，企業がすぐに外国市場を選択することにはならない。

　それでは企業は，何故に外国市場を求めていくのであろうか。企業が外国市場に進出するのは，国内において他の企業よりも競争上優位であり，かつ外国で多くの利潤を取得することが可能な状況にあるからである。すなわち企業の生産した商品は，国内市場においては相対的に過剰であり，同時に他の企業よりも競争力が高ければ輸出を行う。その結果，輸出企業は国内市場の販売よりも多くの利潤を取得することが可能になる。それでは競争力の低い他の企業は，外国市場を求めることができないかといえば決してそうではない。企業は，国内市場で相変わらず同一水準の利潤を取得することが可能であれば，輸出を選択しないだけである。ところが国内では競争力の低い企業も外国市場では多くの価値（利潤）の取得が可能であれば，外国へ進出することになろう。つまり国内では相対的に競争力が低い企業でも，この商品生産を行っている産業全体の競争力が他の国民経済よりも高い場合には，輸出企業として登場しうるのである。また競争力が相対的に低い企業においても，外国市場を求めることによって生産性を高め，技術を進歩させ，競争力を高めることが可能になる。そうなればこの企業は，国内における超過利潤の取得も可能になり，また外国市場においても利潤の取得を増大することが可能になる。こうした同一産業の企業間競争力の変化の結果，競争力の劣る企業はやがて競争に敗れ，その部門から撤退あるいは競争力の高い企業に吸収・合併される事態も生じてこよう。

したがって外国貿易の原因は，次のようになる。外国貿易の第1の原因は，自然品，特産品などの輸出入である。これらの商品は，国民経済内で生産できない場合は輸入されるであろうし，また国内で相対的に過剰であれば輸出されるであろう。さらにかつての植民地・従属国は，宗主国によって自然品，特産品の生産すなわち原料・食糧供給地として位置づけられてきた。こうした形態は植民地・従属国が独立したいまも国際的な分業形態として維持されてきている。すなわち植民地・従属国は，宗主国によって世界市場での国際的分業関係に無理やりに組み込まれた結果，自然品，特産品の原料供給国として今日でもその形態を変更できない状態にある。またアメリカ，オーストラリア，カナダなどの国は，かつてはイギリス，スペイン，フランスの植民地・原料供給国であったが，今日でも食糧，原材料の主要生産国・輸出国として位置している。こうした国々は，独立以前の国際的分業関係に規制されて今日でも自然品，特産品貿易を継続しているのである。第2の原因は，国内の生産構造・体制のなかで相対的に過剰あるいは不足している産業部門の輸出，輸入が行われることである。この原因の背後にある関係は，外国貿易の行われる産業部門における企業間の発展の不均衡および競争力の変化である。

　第1の原因および第2の原因は，外国貿易が何故行われるのか，あるいは国際的分業がどのように形成されるのかを示しているのであるが，さらにこの二つの原因のなかで両者に共通する要因が含まれている。それは国際的な競争力の問題である。自然品，特産品の貿易においてもこれらを生産する国民経済は多数存在している。そのなかで輸出国として登場しうるのは，国際的な競争力をもった国民経済である。この国際的な競争力といった場合の競争力は，単に生産性の上昇の結果として1単位当たりの価値が小さいといった面だけではなく，国民的価値以下でも輸出できるという条件を含んでいる。また国民経済的には不均衡に発展し相対的に過剰であるといっても，すべてが輸出産業・企業として登場できるわけではない。国際的な競争力をもってはじめて外国市場に進出できるのである。逆に国際的な競争力をもたない産業部門は，外国の産業・企業の攻勢にさらされることになる。同一産業・同一商品が輸出されたり輸入されたりしている場合は，明らかに異なる国際的競争力をもった産業・企業間の貿易である。したがって国際間では，まったく同一の国民的価値，国際

的価値をもつ商品の同時的な取引が行われているわけではない。

　貿易は以上のような原因によって行われるのである。グローバル化が進展しても国民経済間の生産力発展の相違，経済構造の相違，国際的競争力の相違があるかぎり貿易は行われる。多国籍企業のグローバルな展開は，こうした国民経済間の相違を利用しているのである。また多国籍企業による国際的生産配置は，国民経済間の生産力水準を平準化する傾向をもっているが，同時に国民的生産力格差を固定あるいは拡大するという側面をもっている。WTOについていえば，その貿易原理は，市場整備という形態での多国籍企業による国際的生産配置を円滑に行うための基準なのである。多くの発展途上国にとっては，WTOの市場原理を採用しなければ多国籍企業の進出はもちろんのこと貿易拡大も行われず，「未発展」状態を余儀なくされることになる。そこにWTOシステムに参加しなければならない発展途上国の苦悩がある。

2–3　貿易理論の系譜

2-3-1　貿易理論の系譜を捉える基本視角

　経済学の理論は，諸国民経済間の経済関係を均衡論的に把握するか，それとも不均衡を前提としてその不均衡の要因を分析するのかでは，大きな方法論上の相違がある。前者は古典派経済学・新古典派経済学であり，後者はマルクス主義経済学に象徴的に示される理論である。この経済学の相違は方法論だけでなく，イデオロギー，哲学の相違あるいはどのような経済社会を建設するかの相違でもある。経済学における方法論の相違は，国際経済の同じ現象・対象を扱っても異なった結論を導く。たとえば発展途上国の問題において新古典派経済学は，いかにして低開発から脱却をはかっていくか，資本主義経済発展の道をどのように進めていくかを解明しようとする。同じ発展途上国問題についてマルクス主義経済学は，先進資本主義諸国の経済体制に巻き込まれているために「自立的経済」を形成することが不可能であり，したがって先進国に依存したゆがめられた経済構造にならざるをえない，という結論を導きだす。新古典派経済学は，貿易論では古典派以来の「比較生産費説」の応用から均衡を前提とした国際分業関係形成を明らかにしようとする。マルクス主義経済学は，貿

易の均衡の達成を分析することよりも先進国による貧国の「搾取関係」を明らかにすることが課題であると説く。このように経済学の方法論の相違は，国際経済関係を形成する主要な契機・主要主体の分析においても異なった理論・政策を提起する。

　貿易の原因あるいは国際分業形成の理論に関しては，経済学の誕生以来重要な課題であった。貿易は経済発展の最終的な段階であるとするアダム・スミスの経済学に始まって，D. リカードの外国貿易論，J. S. ミルの貿易把握，新古典派経済学による比較生産費説の応用，さらにはケインズ経済学による輸出の増大にもとづく投資の拡大などさまざまな理論が展開された。そこで以下は古典派以来の代表的貿易理論の特徴を示す。

2-3-2　スミスの外国貿易把握

　アダム・スミスは資本主義が成立する前夜の重商主義末期に活躍した経済学者であり，有名な『諸国民の富の原因と性質に関する研究』（略して『諸国民の富』）という書物を著した。そのなかでスミスは重商主義のように貿易に国家が関与することを批判し，自由に行われる必要があると説いた。スミスの時代における外国貿易は，貨幣＝金獲得の手段としての意義が強調されていた。いわゆる重商主義の政策である。この重商主義政策に対して，スミスは資本主義確立期にふさわしい貿易理論を構築しようとしたのである。スミスは，貨幣あるいは金を富として捉えていた重商主義者に対して，富は年々の生産物であり，その源泉は労働である，と主張した。そして外国貿易は一国の生産増大に寄与し，資本蓄積を促し，生産的労働者の増加をもたらす。そのためには外国貿易において関税，奨励金などの諸措置は有害であり，特殊な事情を除いては自由貿易を貫くことが必要であると主張したのであった。

　スミスの貿易の原理あるいは国際分業形成の原理は，一般に「余剰はけ口」説として知られている。年々の余剰生産物は，国内にとどまるかぎり価値を実現できないが，外国に輸出することによって価値が実現できるとする。ここでのスミスは，国内の余剰物が外国に，外国の余剰物が国内に入ってくるという事態を想定して，外国貿易および国際分業の原理を明らかにしたのである。さらにスミスは，外国で高価に販売できるものは外国で価値を実現すべきであり，

外国から安価に輸入できるのであれば輸入すべきである。それによって両国とも年々の生産物の量も富も増大すると述べ，外国貿易の利益を説いた。いわばスミスの貿易原理は，余剰物に価値を与えるという視点と，資本と収入を節約し資本蓄積を促すという視点の両者を提起し，そこから分業が発展し生産力を高めることを可能にするというものであった。このスミスの後者の視点は，外国に高価で販売できるものは輸出，外国品のほうが安価な場合は輸入といういわば比較生産費原理を示している。ただしスミスの比較生産費原理は，のちのリカードが展開したように，二国間における商品の価値の相対比較と同時に絶対比較ともいうべき内容の両面を述べている。前者の相対比較原理は，のちにリカードによって一層体系化された貿易理論の基礎的視点となった。

　スミスは余剰物の存在による外国貿易と他方で比較生産費原理にもとづく外国貿易あるいは国際分業形成の原理の両方を提起した。余剰物という概念は，一国民経済内部において生じる生産と消費の問題から派生する。したがって外国貿易は，国民経済を単位とした生産と消費あるいは分業関係から考察すべきことを明らかにしている。高価・安価という比較生産費原理は，国民経済内部の価値・価格を基準としながら他の国民経済と比較するという内容であり，それは国際的経済特有の関係として問題を捉えようとしている。このようにスミスは，国民経済的視点と国際経済的視点の両者から外国貿易原理，国際分業形成の原理を明らかにしようとしたところに特徴がある。またスミスは，外国貿易・国際分業形成の論理の基本視点を与えたが，他方では外国貿易の諸現象・諸原理を説明するには限界もあった。スミスが著した経済学体系はいわゆる資本主義システムが形成される以前の世界を描いたものであり，外国貿易も大量，広範には行われていなかったからである。しかしスミスの理論は，重商主義理論を根底的に批判するとともに，のちに展開される外国貿易理論の骨格を形成したということに，その意義を見いだすことができる。

2-3-3 リカードの外国貿易理論

　D. リカードは『経済学および課税の原理』のなかで外国貿易＝国際分業形成の理論を明らかにしている。リカードの理論は資本主義の確立期に展開されたものである。リカードの理論は，重商主義者とは異なって生産力の発展こそ

が国富の増大になるというスミスの経済学を踏襲したものであった。リカードは自らの理論の正しさを証明するためにマルサスとの論争すなわち「穀物論争」を行った。そこでのリカードは，安価な穀物の輸入を阻止することは賃金を騰貴させるばかりか，利潤率が低下し，資本蓄積を妨げることになり，結局は地主擁護の政策につながると批判した。

リカードは『経済学および課税の原理』第7章「貿易論」で，「外国貿易の拡張は，商品の数量したがって享楽品の総量を増大させるにはきわめて有力に貢献するであろうが，しかしけっしてただちに一国の価値額を増大させるものではない」とする基本的視角を提起する。またリカードの貿易理論は，商品の価値実現の場としての国内市場か外国市場かは単なる選択の問題であるとする。リカードはこの視角にもとづいて外国貿易と利潤率，資本蓄積の問題に言及する。その結論は外国貿易部門における超過利潤は一時期的なものであり，一般に利潤率を高めるものではないということである。リカードは資本蓄積の方法としては，収入の増加（利潤率の上昇による蓄積ファンドの増加）と，消費支出の減少（個人的消費物資の低廉化による蓄積ファンドの増加）の二つをあげ，外国貿易の意義を機械の採用効果と同じような視点から論じている。

リカードは，国際間では資本と労働は自由に移動しないという現象に着目して，イングランドとポルトガルとのラシャ，ワインの両部門における外国貿易の現象について理論的に明らかにする。仮にイングランドとポルトガルの両国でラシャとワインを生産するとなると，両部門ともポルトガルのほうが少ない労働で生産することが可能である。ところが外国貿易が行われることになれば，ポルトガルはラシャよりも国内で比較優位であるワインに生産を特化し，これを輸出する。同様にイングランドは両部門ともポルトガルに劣っているが比較優位のラシャ生産に特化する。こうしてポルトガルはイングランドにワインを輸出し，イングランドはポルトガルにラシャを輸出する。この貿易によってポルトガルもイングランドも貿易の開始前に比べれば多くのラシャおよびワインを受け取ることが可能になる。このように外国貿易は，二国間における商品生産の相対比較による国際分業関係の成立によって行われるのであり，多くの使用価値の入手を可能にすることになる。リカードの外国貿易論は，国際分業にもとづく国際交換によって使用価値量の増加を可能にする，という経済的利益

を論じている。

　ところがリカードは，一面ではこうした外国貿易の利益を掲げながら，次のような原則も掲げる。それは「一国における諸商品の相対価値を左右するのと同じ規則が，二つあるいはそれ以上の国々のあいだで交換される諸商品の相対価値を左右するわけではない」というのである。イングランドとポルトガルの貿易の場合は，イングランドのラシャ1単位100人の労働の生産物とポルトガルのワイン1単位80人の労働の生産物とが等価で交換されるとする。外国貿易はラシャとワインの交換のようにそれぞれの商品に投じられた労働量によって規定されるのであって，その場合たとえ不等労働量交換であっても両国の価値量の増加には寄与しないと述べている。したがって外国貿易は，輸出品と輸入品との交換比率がどのように決められても価値量に変わりはないのである。また外国貿易は両国民経済にとって価値量は変わらないにもかかわらず使用価値量のみ変化する場合がある。それが外国貿易の利益である，というのである。リカードの設例にもとづけば，イングランド100人の労働とポルトガル80人の労働，すなわちラシャ1単位とワイン1単位の交換比率は，1対1として行われるということになる。リカードの価値論，いわゆる相対的価値の原則は，一国民経済内部の原理であって，他の国民経済領域との交換においては直接適用できないということが基本となっている。そこで外国貿易は，価値量不変，使用価値量増大という論理がリカード理論の骨格をなすことになる。

　リカード理論は，イギリスの世界市場支配を補完する理論的な基礎を与えたことにあらわれているように，先進国本位の理論構成であること，また貨幣数量説にもとづいて貿易の均衡化を説かねばならなかったこと，さらに相対的価値の原則を国際間には適用できなかったことなどの特徴がある。リカード理論はこうした限界をもっているが，別の側面では，のちの経済学の発展に偉大な貢献を残している。その第1の意義は，外国貿易の必要性および国際分業形成に関して論理的に明らかにしたということ。第2の意義は，国際間あるいは国民経済間では，価値規定が異なることを見いだしたこと。ただしリカードは，いわゆる投下労働価値説にたっての理論展開であるが，その相対的価値の原則という原理から何故国際間では価値規定が異なるのかということは説明できなかった。しかしスミス的な価値規定，すなわちある側面では国民経済も世界市

場も同一のレベルで捉え，同じ価値規定が貫くものと考えていた，ということよりもはるかに理論的には進展している。第3の意義は，貿易は二国間で異なった労働の量が等価で交換されるということを発見したこと。第4の意義は，貨幣数量説を導入しながら国際収支均衡メカニズムを理論的に明らかにしたこと。国際収支均衡メカニズムの解明は，重商主義理論への批判であり，貿易は当事国に多くの利益をもたらすということと同時に，イギリスの世界の工場としての位置を明確にしていくことでもある。第5の意義は，貿易は価値量には変化がなく使用価値量の増大を導くという点を強調したこと。貿易においては不等価交換が行われるのではなく，国内で生産するよりも相対的に安価であり，国内で資本と労働を優位な部門に特化することによって多くの商品を外国から輸入することが可能になる。こうしたリカードによる諸命題の提起は国際間では生産力の発展段階が異なっていること，すなわち生産力格差が存在していることを明らかにしたことになる。

2-3-4　J. S. ミルの外国貿易理論

　J. S. ミルは，スミス，リカードの古典派外国貿易・国際分業形成の理論を踏襲しながら，他方でリカードは肯定的にスミスは否定的に捉えることになる。ミルは『経済学原理』第3編「交換」の第17章「国際貿易について」から第25章「同一の市場における種々なる国の競争について」まで，国際的経済関係に関する叙述がある。そのなかでミルは，スミスの「余剰はけ口」説を批判する。ミルは，スミスが「余剰はけ口」説を資本主義の必然的な関係として表現しているが，決してそうではなく，自国の消費物の低廉化をめざすための手段にすぎない，として捉える。さらに外国貿易の利益とは，実際上は商品を低廉化させる一手段である。商品の低廉化によって利益を得るものは結局のところ消費者であり，さらに商人もまた確実に利潤を得るものとしている。スミス理論において外国貿易の利益は，余剰物に価値を与えることによって，他の生産物を輸入するかあるいは貨幣を獲得する点にあり，それが一国の年々の生産物の増大につながるとした。しかしミルは，外国貿易を単なる選択の問題として捉える。さらに外国貿易は外国からの安価な生産物の輸入を可能にするのであるから，消費者の利益につながるのであり，商人はその仲介役として利益を

得るにすぎない，としている。ミルは，スミスが強調した年々の生産物を増大する方法としての余剰生産物の輸出，および安価な商品の輸入・高価な商品の輸出という生産を基軸とした考え方に対して批判をし，外国貿易は究極のところ消費者の利益につながるという結論に達するのである。

　ミルはリカードが提起した「比較生産費説」に対しても疑義をはさむ。ミルは輸入する商品の価値は，輸出する商品の価値に依存するという。すなわち輸入品は輸出品と交換されることによってはじめて価値を獲得するのであり，したがってその価値は輸出品の価値に従うことになるとしているのである。ミルにおいては，外国貿易とは実際は物々交換であって，貨幣はもろもろの物品を互いに交換するための単なる道具にすぎない，としている。ミルはリカードが苦悩した国際間の価値の問題をいとも簡単に葬り去り，需要供給の次元に問題を集約したのであった。いわばリカードの生産費説＝価値論を放棄し，需給の問題に交換原則を解消してしまうという論理構造になっているのである。それは外国貿易は，輸入商品の価値は輸出する商品の価値量に依存するという単なる「物々交換」の問題にすぎないという認識から生じる結論なのである。いわば貿易は単なる交易条件あるいは交換比率の問題として捉えるのである。したがってミルの理論が「相互需要の法則」とされるのも，こうした考え方から生じている。このミルの理論はのちの新古典派経済学の外国貿易理論に応用されていく。スミス，リカードは少なくとも「労働価値説」の国際間の適用に苦心をはらったが，ミルにおいてはこの「労働価値説」を棚上げし，主観価値論への理論的基礎を提供したというところにその意義をもつし，またミルの外国貿易論は，「国際価値」という用語を使って具体的な国際的競争の形態を考察したところに意義を見いだすことができる。

2-3-5　F. リストの保護貿易理論

　イギリス古典派経済学を批判しながら「自立的国民経済」形成をめざす理論を構築したのがF. リストである。リストは1841年に『経済学の国民的体系』を著した。リストは，ドイツのように先進資本主義諸国に遅れて国民経済を形成しようとするならば，イギリスがとった貿易の道ではなく，独自の方向を探らなければならない，と主張する。貿易において自由貿易を志向するのは，工

業・商業の発展が前提であって，遅れた国には異なった政策が必要である。リストにとって社会の発展とは，未開の状態から牧畜状態，牧畜状態から農業状態，農業状態から文明国家すなわち工業・商業状態へと発展することであり，工業・商業の発展のもとで自由貿易が志向されるとしている。したがって遅れた国民にとっては，関税制度をはじめとした貿易制限によって工業化を達成することが文明国民に近づく道である。こうして工業・商業国家に到達したならば，自由貿易を志向することになるが，同時にイギリス，フランスがたどったように自由貿易の網の目を拡げることが必要である。自由貿易の網の目を拡げるということは，ドイツの周辺の東欧諸国をドイツの領土としてあるいは植民地として拡張していくことを意味している。リストは遅れた資本主義国家であるドイツをイギリス，フランスに対抗できる国家として形成するための政策としていわゆる「保護主義」を提起したのであって，古典派経済学を批判してはいるが根っからの保護主義論者ではない。生産力の発展と植民地のような安定市場を獲得したのちは自由貿易政策の採用が必要であることを論じているのである。したがってリストの理論は，イギリス，フランスとは異なった遅れた国の「帝国主義」政策を提起したものであった。

2-3-6 オリーンの貿易理論

リカードの理論は，労働価値説をベースとしながらも国際間では直接的に適用できないことを比較生産費という論理で説明しようとしたものであった。しかし新古典派経済学は労働価値説を排除し，効用価値論・一般均衡論の立場からリカード理論を展開したのである。新古典派経済学における貿易理論を打ちだしたのは，スウェーデンのヘクシャーと，その弟子であるオリーンであった。ヘクシャーの著述はスウェーデン語であったため，のちに英語で書かれたオリーンの著述が普及したのであった。オリーンの理論は，価格形成あるいは価値論において一般均衡論を適用すること，したがって労働価値説を否定すること，貿易論は一般均衡論の一分野にすぎず，その背後にある理論・概念を明らかにすること，生産要素の国内および国際移動を商品の移動との関連で分析すること，固定為替相場の条件のもとで貿易，資本移動のメカニズムを明らかにすることを課題としている。オリーンは，貿易は生産要素の相対価格が一致してい

ないことから生じる現象であるとする。生産要素の相対価格が異なるのは需要と供給が一致していないからであり，国民経済間の需給が一致するならばすなわち要素の相対価格が一致しているならば貿易は起こりえない。オリーンは貿易の原因を生産要素の相対価格の差に求め，その差は需給関係であるとする。リカードは国際間では相対的な関係として価値の比較を棚上げするが，オリーンはリカードが意識していた投下労働量による「価値」の比較を否定する。またオリーンはミルによって修正された国際間の需給関係の一致という命題に論理を転換し，さらに金本位制あるいは固定相場制という限定のもとで生産要素価格の比較という価格問題に論理を転化しているのである。

　オリーンの理論からでてくる結論の一つとして労賃の安価な発展途上国と資本の豊富な先進国との分業関係の形成がある。レオンチェフはこのオリーン理論を 1947 年当時のアメリカ産業連関表に適用して分析を行うが，その結果はオリーンとは正反対の結論が導かれた。アメリカの貿易は資本を節約し，過剰労働力を処分するためであって，その逆ではない。アメリカ経済はアメリカ以外の国と比較して資本の相対的な過剰と労働の相対的な不足によって特徴づけられるとするオリーンの理論は誤っていると指摘する。これが「レオンチェフのパラドックス」といわれる考え方である。新古典派経済学はレオンチェフのパラドックスが出されたのちもサミュエルソンの定理などによってオリーンの理論の修正あるいは拡張を行っていく。新古典派経済学のテキストは，オリーンの理論を拡大解釈して生産要素あるいはその他の要素（factor）の比較を対象としている。そこではリカードの理論とは異なった「比較生産費説」が展開されているのであり，いわば価値論ぬきの論理となっている。さらにこれらの「比較生産費説」は，先進国，発展途上諸国の均等発展・均衡化を所与のものとしており，現実の国際関係とは異なったいわば「理想」的モデルを提示しているのである。

2-3-7　ハロッドの国際経済学

　貿易に対して新古典派経済学は，古典派経済学と同様に輸入によって国民経済的利益が生じると考えた。こうした新古典派・古典派経済学の理論と異なって輸出を拡大することによって，国民経済的利益が生じるとしたのはケインズ

経済学を基礎として，国際経済学の体系を著したハロッドであった。ケインズ経済学における国際経済学は，貿易乗数（係数）を通しての貿易不均衡の是正にあり，所得効果に関するものである。すなわち輸出の増大は所得あるいは消費の拡大であり，それは投資を増大するという考え方である。貿易の利益は輸入によってもたらされるとする古典派，新古典派経済学の考え方に対して，ケインズ派の考え方は，輸出の増大によって経済成長が促進されるとしたころにあり，両者の理論は対照的である。

　ハロッドは外国貿易の利益については，第1に天然資源の存在，第2にそれぞれの国の人口数が等しくないこと，第3に人間の能力，土地の生産性が国によって異なること，第4に過去に生産された産業基盤の相違があることによって国際分業が形成されることから生じると述べている。そこで各国は，その国で最も低廉に生産できるものに専念することによって貿易が行われる。そしてハロッドの貿易原理は，リカードの比較生産費説を応用し，一国が生産量を他国の生産量と同じになるまで拡大あるいは縮小することによって発生した余剰物を輸出し，あるいは不足物を輸入することになるとしている。また比較生産費は国によって異なっている。それは各商品の生産に適した生産要素の豊かさが各国の商品に対する需要と同じ比率ではないからである。そして貿易業者は，国内での価格と異なった低廉な商品を輸入し，外国で高価格で販売できる商品があれば輸出することによって利益を得るのである。こうしてハロッドは，外国貿易は輸入よりも輸出の拡大によって得られるものが大きいとしているが，貿易の原因は，リカード比較生産費説，スミス高価・安価説にもとづくとともに，貿易業者の選択の問題としても説こうとしているのである。

2-3-8　貿易理論の相違と均衡メカニズム

　外国貿易の原因は何かということに関して，アダム・スミスの外国貿易論は，余剰物の交換と安価・高価の価値比較という両面から接近する。またスミスは，国際分業の発展によって生産力が発展し，国富の増大がはかられるとする。リカードは二国二財モデルから国際分業の形成と外国貿易の原因を明らかにした。しかしリカードの理論は投下労働量にもとづく労働価値説を国際間に適用できなかったために，外国貿易は価値量は変化せず使用価値量の増大という結論に

いたっている。いわばリカードの比較生産費説は，国際分業の形成という外国貿易の利益を強調することであり，イギリスを中心とした世界市場形成の必要性を補完する理論として意義をもつことになる。さらにリカードの理論は，オリーンをはじめとする新古典派経済学に受け継がれていくが，新古典派経済学ではリカード理論の骨格である投下労働価値説は後退し，単なる要素・財の交換による均衡条件の析出に力点が置かれることになる。

　外国貿易をめぐる古典派，新古典派，ケインズ経済学による理論の相違を概観してきたが，これらの理論は現実社会の国際経済政策に応用・展開されるか，あるいは現実分析の道具として用いられてきた。それぞれの理論は方法論上の相違があるとはいえ，共通しているのは経済成長・経済発展を基軸においているということである。新古典派経済学は，経済成長の基軸を供給側の論理においており，競争を制限したり市場が開放されていない状態あるいは国家の経済への干渉は，企業活動を制限することになる。したがって市場は原則開放・自由であり，そうした社会・市場が確立されれば，限りない経済成長を達成することが可能になる，というものである。新古典派経済学は，需要をどのように創出するかを重視し，そのために国家の経済政策の必要性を強調するケインズ経済政策の考え方を否定し，自由競争を浸透させ国家の介入を小さくする社会の形成を唱える。

　マルクス主義経済学は，資本主義には資本と労働という階級関係があり，それが資本蓄積を通じて資本の桎梏（しっこく）（制限——資本主義的生産力が拡大できない）につながっていく。資本と労働の対立は，資本家による労働者の搾取という実体のなかで資本の蓄積の絶対的拡大を阻止する要因となる。資本活動すなわち「生産のための生産・蓄積のための蓄積」は，最終需要の絶対的拡大よりも，生産財部門を主体とした蓄積方式をとる結果，大衆の消費需要の相対的減少が生産財部門の絶対的拡張を制限することによって恐慌をまねくとしている。いわば資本主義は，「生産ための生産・蓄積のための蓄積」という本質的な内容をもっているがために，生産と消費の矛盾を克服することができない。したがって資本主義は経済成長の絶対的限界をもっている。その限界を打破するためには，資本と賃労働という階級関係をなくすということが前提となる。その階級関係がなくなることによって，真の経済発展への道が開かれるとするもので

ある。ここでのマルクス主義の考え方は，資本と賃労働という足枷が生産力発展への阻害要因であるとしており，そのかぎりでは事実上の供給制限が課せられているということになる。すなわち生産力発展への道は，資本と賃労働という供給の制限を打破することによって可能になるという考え方である。

新古典派経済学とマルクス主義経済学は，供給の制限を打破することが生産力水準を高めるという点では共通した認識である。新古典派経済学では，資本主義の優位性・合理性，とくに人々はつねに合理的判断にもとづいて行動するのであるから，その合理的判断を可能にする土台・社会あるいはシステムを構築する必要性を強調する。マルクス主義経済学は，資本主義には資本と賃労働という桎梏があるかぎり生産力発展に限界があるという考え方である。新古典派経済学とマルクス主義経済学は，資本主義社会に対して正反対の認識をもっているかのようにみえるが，実際には生産力発展は供給主体の構造を確立するという点で同一性がみられる。したがって両者にはある意味では，経済成長・経済発展が未来永劫的に行われる可能性を追求していくという共通した認識がある。新古典派経済学，マルクス主義経済学は資本主義制度の肯定あるいは否定という理論を構築しながら，いずれも経済学の「純粋理論化」の追求と，限りなき経済成長をめざす枠組みの設定という体系を形成しようとしてきたのである。経済学の方法論の相違は，貿易あるいは国際経済関係の理論・政策においても異なった内容を提示している。貿易理論の歴史，系譜を学ぶ意義は，国際関係の現状に照らしてあるいは今後の方向性を探る上で重要なヒントを得ることであり，その意味で先人の理論を批判的に摂取していくことが必要である。

2-4 グローバル・システムにおける政策課題

外国貿易＝国際分業の利益は，双方の国民経済に生じることになる。こうした考え方は，アダム・スミス以来の古典派経済学あるいは新古典派経済学の説く貿易の利益であった。古典派経済学・新古典派経済学の説く外国貿易による国民経済的利益は，海外に移転したあるいは外国からの輸入部門にかかわる資本と労働が国内で効率的に配分されるとする。しかし現実の外国貿易では，国際競争関係あるいは国内の競争関係によって，企業と労働者が行き先のない状

況に置かれる場合がある。すなわち企業にとっては，外国貿易を通じて工場閉鎖・生産縮小，倒産などがあり，労働者にとっては失業という事態が生じる。いわば貿易＝国際分業形成は，国民経済間の効率的生産配置，均衡化をもたらすのではなく，反対に競争のなかで企業・産業の淘汰，失業の増大などの現象を生むのである。それゆえ貿易＝国際分業形成は，国民経済にとって重要な対外政策として登場する。すなわち対外政策は，国民経済の主要産業・企業の育成・保護を求めることになる。

　今日の貿易システムは，WTOに象徴されるように自由貿易を志向している。しかし資本主義が確立して以来，貿易システムはつねに自由貿易か保護貿易かで対立してきた。資本主義の歴史を顧みれば完全な自由貿易が行われのではなく，つねに保護主義的な貿易システムが併存していたのであった。GATTは，第2次世界大戦後，アメリカが主体となって形成されたが，そのアメリカにさえ自由貿易体制批判は今日でも国内に存在しており，一部には保護主義政策の必要性を唱える人々もいる。EUあるいは日本の国内でも保護主義的政策の必要性が論じられている。とりわけ農業分野では，いわゆる「左翼的」な考え方の人は保護主義志向であり，また土地所有者は保護主義的政策を支持している。完全自由競争を唱えているのは，古典派経済学および新古典派経済学の人々，さらに多国籍企業をはじめとした競争力のある企業であろう。国民経済の内部にはさまざまな意見があるが，国際関係の総体としては，WTOの拡大に象徴されるように自由貿易志向となっている。したがって国民経済の対外政策は，国民経済内部では種々の議論があろうとも統一した政策・原理のもとで対処していることになる。その基本政策・原理は，資本主義の自由貿易志向である。こうした状況のなかで今日，アメリカを含めて貿易システムすなわちWTOを発足させたことは，自由貿易を志向しなければ貿易の拡大，投資の拡大などができないという状況にあることを示している。しかし完全な自由貿易を行って自国市場を開放することは，自国資本による国民経済の再生産の維持を不可能にする危険性を宿すことになる。そこでWTOその他の貿易・金融に関する国際会議などでは，各国とも自国の利益保護をはかろうとし，場合によっては保護主義的政策を提起することもある。こうした各国の利害対立が生じたとしても，世界全体として自由貿易を志向するのは，先進資本主義国が主体となった

システムの形成が優先されているからである。いわばグローバル化の進展は，こうした資本主義システムの浸透の結果である。グローバル・システムの進行のもとでは，各国とも自国の利益を維持しにくい状況となってきているのである。

したがって今日の国際的経済関係は，新しい国際秩序・ルールの制定が進むなかで一国民経済のみの権益を保持するというような政策を他の国民経済に押しつけることができなくなってきている。アメリカも EU も国際経済の新しい枠組み設定に自らも積極的にかかわっていくことによって，究極的には自国民経済・地域の権益を維持することを可能にする政策をとるようになった。また自国資本・企業による多国籍企業的展開は，自国の多国籍企業の活動領域を拡大するための条件を形成していく必要があるし，その多国籍企業的展開を保障する重要な要素として貿易の自由化促進，資本移動の自由な状況を形成していかなければならない。その多国籍企業を優先した政策の一つとして WTO への参加という事態が生じているのである。今日の国際経済においては，国民経済的利益を追求していくと同時に多国籍企業の活動によって国民経済的利益を減じなければならない事態も生じている。

[岩田勝雄]

参考文献

Harrod, R. F. (1973, second edition) *International Economics*, James Nisbet and Co. Ltd. and the Cambridge Univ. Press.『国際経済学』藤井茂訳，実業之日本社，1976年。

Mill, J. S. (1848) *Principles of Political Economy, With Some of their Applicatins to Social Philosophy*, London. John W. Parleer, West Strand, vol. Ⅱ, pp. 116-117.『経済学原理（三）』末永茂喜訳，岩波文庫，1960年。

List, F. (1841) *Das nationale System der politishen Ökonomie*.『経済学の国民的体系』小林昇訳，岩波書店，1970年。

Ohlin, B. (1966) *Interregional and International Trade*.『貿易理論』木村保重訳，ダイヤモンド社，1970年。

Ricard. D. (1817) "On the Principles of Political Economy and Taxation," *The Works and Correspondence of David Ricard*, ed. by Piero Sraffa, Cambridge Univ. Press, 1970, p. 128.『リカード全集 1』堀経夫訳，雄松堂書店，1972年。

Smith, A. (1776) *An Inquiry into the Nature and Causes of the Wealth of Nations*.『諸国民の富』大内兵衛・松川七郎訳，岩波書店，1970年。

第3章 WTOの貿易システム

3-1 新自由主義の時代を反映する貿易の論理

商品やサービスが，いつでも，どこでも，対等の者同士のあいだで自由かつ紳士的に取引されるのなら，巨大な国際機関など設立する必要はないだろう。世界貿易機関（WTO：World Trade Organization）は，加盟国の数は140をこえ，幾多の協定と委員会・作業部会をもち，ジュネーヴの巨大なビルディングを本部として500人をこえる職員がはたらいており，年中あれこれの紛争処理にあけくれる世界史上有数の巨大国際機関である。

たしかに，第2次世界大戦中にアメリカ，イギリスなどの一部の連合国で構築したIMFや世界銀行にくらべると，その後半世紀以上が経過して設立されたWTOは，外見上は大きな相違がある。発展途上諸国をふくめて100にあまる諸国と地域が，1980年代にはじまったウルグアイ・ラウンド以来の長い年月をかけた討論のすえに1995年新年をもってスタートしたものである。一見したところ，GATTのような旧組織にくらべて民主的な装いをしている。

しかし，1999年末のシアトルでの閣僚会議が何も決められず，世界中からあつまった市民など反対派の抗議のまえに決裂したことが象徴しているように，WTOの内実は，その外見とはかなりかけ離れたもののようである。

WTOとはいったい何なのか？　それは，世界の有力法人企業が地球規模で，一層自由に行動するための装置として用意され世界的規模で公認された機関である，といったら理解いただけるだろうか。以下は，そのことを平易に解説する。

3-2 WTO誕生の前史

3-2-1 ITOの流産と旧GATT

WTOを理解するためには，その前史としての旧GATTについてぜひともふ

れておかなければならない。

　第2次世界大戦がおこった理由のなかでも大きな要因が、経済的問題、すなわち1930年代の世界的な大恐慌のなかで、各国が高関税、輸出入制限、貿易障壁の設定、そして経済圏をブロック化したことがあげられる。大戦末期には、このような閉鎖的な経済への傾斜を未然に防止しておくことが必要だとの認識のもとに、アメリカ、イギリスを中心とする後の戦勝諸国が、まず通貨と金融に関する会議を開催し、国際通貨基金と国際復興開発銀行（世界銀行）を設立した（ブレトン・ウッズ体制）。

　戦後になると、さらに同様の趣旨から貿易面でも、障壁を減少させたり除去しようという方向に運動は展開した。当時は、終戦とともにソ連など東側諸国との冷戦がはじまり、なかでもアメリカ政府（民主党）は、東側の拡大に対抗するためには、西側世界の経済的繁栄が第一と考えた。一方、政府と深い関係をもっていたアメリカの財界（巨大法人企業）にとっても、政府の意向は利益につながるものとして歓迎されるものであった。こうして1948年には、国際貿易機関（ITO）憲章（ハヴァナ憲章）が成立したのだった。

　ITO憲章には53ヵ国が調印したものの、各国の批准は容易には得られなかった。とくにアメリカは、西側世界をリードしていこうとする政策が、同国の相互不干渉の伝統に反するとの認識も根強く、そのような立場にたつ共和党が優勢だった議会によって憲章は批准されず、言いだしっぺにして圧倒的な経済大国だったアメリカの参加が得られないことが大きな引き金となって、他の国々も批准をためらうことになり、ITOは流産となった。

　ITO憲章は流産したものの、そのなかの「関税と貿易に関する一般協定」（GATT：General Agreement on Tariffs and Trade）だけが1948年に23ヵ国の批准を得て成立、いらいこれをよりどころに関税の引下げと貿易障壁の除去の交渉がすすめられてきた。GATTは、たんなる協定として成立したものにすぎなかったが、たびかさなる交渉のなかで、IMFや世界銀行とならんで、戦後国際経済上の重要な国際機関のように機能してきた。

　GATTの交渉は、ボクシングなどでつかわれる用語にならって「ラウンド」と呼ばれ、1947年の第1ラウンドいらい約半世紀間に合計8回おこなわれた。なかでも数年がかりの大規模な交渉は「ケネディー・ラウンド」、「東京ラウン

ド」などの通称で呼ばれた。それらのうち，アメリカが引きまわしたことで特筆にあたいするものとして，1964～1967年の「ケネディー・ラウンド」と1986～1994年の「ウルグアイ・ラウンド」について若干ふれておきたい。

3-2-2 ケネディー・ラウンドとウルグアイ・ラウンド

第6回目のラウンドとなった通称「ケネディー・ラウンド」が画期的といえるのは，ここからGATTにたいするアメリカの本格的介入がはじまったからである。このラウンドは，1958年にスタートしたヨーロッパ経済共同体（EEC，現在のヨーロッパ連合EUの前身）が戦前のブロック経済復活の危険性を秘めていると懸念したケネディー大統領の提唱で開始された。じつは当時のアメリカでは，巨大法人企業にとっても低率の関税でおこなわれる自由な貿易は有利なことだとの考え方から，ケネディーの行動にさきだって議会が1962年に「通商拡大法」を制定し，自国関税の50％引下げなどを大統領権限で実行できるようにその権限の拡大をはかっていた。ケネディー・ラウンドは，それを受けて，企業の通商活動の自由を世界的規模に拡大するものだったといってよい。その結果，世界規模で大幅な関税引下げの流れがおこり，アメリカ産業界の期待にそう形で世界の貿易も大幅に拡大していくことになった。その流れは，やがて1970年代の世界各国をおそった経済危機にさいして保護主義の台頭がおこったときも，関税のさらなる引下げと一層の非関税障壁の除去を推進した「東京ラウンド」（1973～79年）の基調さえ決していた。

ウルグアイのプンタデルエステで開始されたことから「ウルグアイ・ラウンド」と呼ばれた交渉は，延々8年間におよび，GATT最後にして最長のラウンドとなった。欧米各国の経済が軒なみ長い不況に入り，そのなかでアメリカの貿易赤字も増大すると，それまで自由貿易路線を基調としていたアメリカの貿易政策も転換を余儀なくされた。日本をふくむ各国との貿易摩擦を通商法第301条を適用して相手国を一方的に制裁することによって強硬解決をはかろうという傾向がアメリカに強まった。この態度は，ケネディー・ラウンドいらいアメリカが追求してきた路線と大きく矛盾するものであった。

ウルグアイ・ラウンドは，反ダンピング，補助金，セーフガード（緊急輸入停止措置）などの濫用を防止するための運用と手続きの明確化，サービスや知

的財産権などの新分野での貿易ルールづくり，など広範な領域で協議がなされ，最終的に国際機関としての WTO（世界貿易機関）の設立を決定した（発足は 1995 年）。交渉はモロッコのマラケシュでの会議まで延々 8 年にもおよんだが，その理由のひとつは，ハヴァナでの憲章づくりから半世紀経過し，その間モノについては関税の引下げや取引の障壁除去はかなりすすんでいたのにたいして，その他の広範な領域が国際経済にとって無視できなくなってきたことを反映したことにあったといえる。しかし反面，農産物貿易の問題など，環境や衛生を国際貿易のルールに組みこむかについては，アメリカはヨーロッパ諸国に圧力をかけて自由化をすすめようとして交渉が難航した。一方アメリカの議会は，自国の貿易政策が国際機関によって制約を受けることは好ましくないとして，WTO の設立には難色を示してきた。このようなアメリカの一連の態度が，今日の WTO の全体像を理解するうえでも重要である。

3-3 WTO の機能

3-3-1 WTOのしくみ

WTO の組織は，頂点に閣僚会議，その下に一般理事会（全般理事会），その下に三つの個別理事会，さらにその下に多数の各種委員会という構造になっている。

閣僚会議は，すべての加盟国の代表で構成される事実上の総会であり，WTO の最高機関でもあり，少なくとも 2 年に 1 回は開かれることになっている。一般理事会は，閣僚会議と閣僚会議とのあいだの期間，閣僚会議にかわって全般的な実務にあたることになっているが，そればかりでなく，紛争解決機関としての役割や貿易政策検討機関としての役割もはたすことになっているので，WTO の中心的機関だといえる。そのもとに置かれている三つの理事会（モノの貿易，サービス貿易，貿易関連の知的財産をそれぞれ担当）は，一層具体的な個別課題をあつかうことになっている。一般理事会とそれぞれの個別理事会のもとに，農業とかサービス貿易などといった貿易の具体的分野ごとに委員会や作業部会が多数もうけられ，それらを全部合計すると約 30 におよぶ。

WTO では，以上のしくみを機能させるための数多くの協定がさだめられて

いる。まず一般理事会に対応して，もっとも基本的な三つの一般協定（全般協定）がもうけられている。モノの貿易にかかわる「関税と貿易に関する一般協定（GATT : General Agreement on Tariffs and Trade）」，WTO の成立とともに新設された「サービス貿易に関する一般協定（GATS : General Agreements on Trade in Services）」および「貿易関連知的財産権に関する協定（TRIPs : Trade-Related Aspects of Intellectual Property Rights）」がそれである。これらの一般協定のもとに，個別の分野ごとに詳細な協定がもうけられており，「農業に関する協定」，「貿易関連投資に関する協定」，「技術の貿易障壁に関する協定」，「衛生および植物検疫に関する協定」など，あわせて 30 近くにのぼる。

閣僚会議から各種委員会にいたる WTO の全体にわたる事務を担当するのが事務局である。事務局は，ジュネーヴの GATT 旧事務局を本部として，500 人をこえる職員が国際公務員として勤務している。

3-3-2 モノの貿易に関する諸協定

モノの貿易について数ある協定のなかで，もっとも機軸となっているのが，上記の GATT である。これは，1947年以来の GATT を新しい機構のもとにみとめなおしたもので，旧 GATT（GATT-1947）とは法的には別のもの（GATT-1994）とされている。

WTO の設立を決めたウルグアイ・ラウンドでは，関税の大幅引下げを取り決め，現在ではアメリカや EU の鉱工業関税は 3 ％台，日本は石油をのぞけば 1 ％台というぐあいに，先進諸国では非常に低率になった。そこでつぎの問題として浮かび上がってきたのが，それ以外の諸国の関税の引下げである。しかしこれらの諸国は，自国の工業化やバランスのとれた産業の発展をはかるために，関税引下げや各種の保護政策の変更にただちに応じられない事情にある。

農業の分野は，さらに複雑である。WTO の基本理念としては，農業も工業のように市場をとおして世界全体で自由に貿易がおこなわれることが目標であり，じっさい長期的にはその実現をはかることになっている。WTO は，「農業に関する協定」にもとづき，当面は，一方では関税引下げを，他方では各種輸入制限措置（数量制限や課徴金賦課など）の関税置き換えなどをはかろうとしている。しかし，農業が自然環境に左右されやすい産業であるうえ，食糧安

全保障の観点からも，ヨーロッパ諸国や発展途上諸国では，農業を特別に保護しようとして，さまざまな補助金の制度をもうけたり，食料の輸入制限措置をとっており，WTOの理念と目標との大きなズレを克服できていない。

　農業とともに貿易上の利害対立をおこしてきた分野が，食品の衛生や植物検疫にかかわる事項である。WTOは，「検疫・衛生に関する協定」をもうけて，迅速な紛争解決のルールをさだめているが，検疫や衛生の問題は，農業の分野と同様，容易にすすむものではない。

　なお，後発の工業化をはたした国がしばしば引きおこしてきた繊維摩擦についても，WTOは「繊維に関する協定」をさだめている。

　ところで，国内産業を保護するために緊急の輸入制限措置（セーフガード）をとることがWTOの「セーフガード協定」によってゆるされている。ただしそれは，自由貿易に復帰するための措置としてゆるされるのであって，外国商品がWTOの基準値をこえて急激に流入したときに自動的にみとめられるばあい（特別セーフガード）のほかは，WTOの協定に照らして正当性がみとめらるばあい発動する（一般セーフガード）ことになっている。セーフガードにたいしては対抗措置をとることがみとめられているので，容易には発動できないしくみになっている。

　一方，外国市場に参入しようと通常の価格より安い価格で輸出しようとする行為（ダンピング）にたいしては，対抗措置として反ダンピングの関税がかけられることが多く，それが歴史的に数多くの紛争の種となってきた。WTOは，「ダンピング防止協定」をもうけて，紛争のばあいの処理手続きをルール化し，その迅速な解決をはかるようにしている。

　各国で異なる商品の規格（寸法から品質や性能にいたるまで多様）や表示のあり方などの技術的なことがらが貿易の障害になっているとして紛争になるばあいも少なくなかった。WTOは，「スタンダードに関する協定」をもうけて，規格（スタンダード）の一方的な押しつけを排除するようにさだめつつも，国際的に広くおこなわれている規格に各国がしたがうこともすすめており，それもまた紛争の種になっている。

　海外からの直接投資に対抗して貿易上のさまざまな制限をもうけることも，WTOは禁止している。「貿易関連投資措置に関する協定（TRIMs: Trade-Related

Investment Measures)」がそれで，たとえば多国籍企業に進出先の現地生産部品の使用を強制するローカル・コンテント措置などは，自由な貿易をそこなうものと見なされるのである。モノの貿易の自由化は，このように投資の自由化までふくむ広大な領域にわたっているのである。

3-3-3 サービス貿易に関する諸協定

旧 GATT は，約半世紀にわたってモノの貿易についての関税の引下げや貿易上の障壁の除去をはかってきたが，モノの貿易の自由化の過程でサービスの国際間での取引もいちじるしく増大した。ウルグアイ・ラウンドでは，サービス関連分野の規制が少なくなっていたアメリカが，その国際取引においても自由化の対象に取りこむことを強く要求するようになり，WTO の発足にあたっては，GATS が GATT-1994 とならぶ自由化の大きな柱としてすえられることになった。

WTO でサービス貿易というばあい，そのなかには流通（卸売や小売），フランチャイズ，旅行，文化，スポーツ，金融のほか，コンピューター関連，研究開発，教育，保健衛生，出版，広告，環境，不動産，レンタルやリース，輸送，郵便，通信，オーディオやビジュアル，社会事業サービス，ゴミの回収，都市計画，そして建設まで，じつに多様な領域をふくみ，その数は 150 をこえている。

GATS では，サービス分野にもモノの貿易と同様に最恵国待遇をあたえること，内国民待遇をして市場参入を自由化すること，送金の自由を保障することなどをもとめている。しかし，サービス部門は先進諸国でとくに発達しており，その自由化の進展には各国間で大きな格差がある。GATS では，その点を考慮して簡単な登録で義務をのがれられる道もひらいているが，それでも今後しだいに紛争が増大していくことは避けられないと考えられている。

3-3-4 知的財産権に関する諸協定

WTO では，サービス貿易の自由化とならんで，知的財産権の保護についても，貿易に関連するかぎりでの事項のルールを明確化したうえ，紛争解決の迅速化をはかる課題を担うことになった。

旧GATTの成立した当時はあまり問題にされなかった知的財産権の問題は，その後の科学技術の発展でとくに先進諸国を中心に国際的商取引上の重要な問題になっていた。そのため，この分野については以前からいくつかの国際条約が締結されていたが，WTOの最重要な協定のひとつであるTRIPsでは，IT産業や情報通信技術の発達などに対応して，たんに特許だけでなく，著作権や商標や意匠にいたるまで広範な領域を知的財産権のなかに取りこみ，さらに，これらの権利に従来の諸条約におけるより高度な保護をあたえることにした。しかしこれは，先進諸国なかでもアメリカに有利な協定なので，発展途上諸国には一定の経過措置をみとめてはいるが，それでも問題は大きい。モノの生産にくらべるとサービスが，さらにサービスにくらべると技術は先進国とりわけアメリカで発達しているから，その技術先進国の企業利益を保護することは，その技術を導入しようとする諸国やこれから技術的に発展しようとする諸国にとって過大な負担を強いることになりかねない。

最近では，アフリカでエイズが蔓延して一刻もはやく治療薬がもとめられているときなど，低開発諸国では死活問題の難病の治療にたいしても，その特効薬の複製を自由に製造したり配布することは知的財産権（特許権）を侵害するものという理由で事実上禁じて，先進国の企業利益を保護しているWTOのあり方が問題になった。今後とも，この種の対立は解消しがたいものと見られている。

3-3-5 紛争処理のしくみ

以上の3大協定とならぶ重要な協定として「紛争解決に関する協定」をあげなくてはならない。この協定にもとづいて紛争解決機関（DSB：Dispute Settlement Body）が一般理事会に設置され，各種の多様な紛争を迅速に解決する機能をはたすことになっている。

WTOのひとつの大きな特徴は，多発する紛争について，その解決のしくみが整備され，スピードアップがはかられた点にある。紛争にさいしては，WTOに届け出るとともに，まずは当事国どうしで協議することが原則とされる（紛争解決の第1ステップ）。それから60日経過しても協議がまとまらないときは，第2ステップとして，WTOに紛争解決小委員会（「パネル」という）

の設置をもとめることになる。パネルの委員は3人から5人ほどで，紛争解決機関としての一般理事会で全会一致で否決されないかぎりパネルが提示した報告（パネル報告）どおり決定される。このような方式は「ネガティヴ・コンセンサス方式」と呼ばれるもので，この方式の採用で紛争処理が効率化されるようになった。パネル報告に当事国が納得できないときは，第3ステップとして，上級委員会という事実上の仲裁機関に再審をもとめることができる。再審報告も，パネル報告と同様，請求から60日以内に出されることになっており，その採択にも「ネガティヴ・コンセンサス方式」が採用されている。

　WTOの加盟国は，現在140ヵ国をこえた。さらに将来的には最大30ヵ国ぐらいの参加も見込まれ，そのばあいはほぼ完全に地球をおおうことになりそうである。なかでも2001年12月に中国がWTO加盟をはたしたことは，世界的な話題となった。この国が「世界の工場」として急速に経済成長しているばかりでなく，13億人の市場がWTOのルールのもとにしたがうことになったことが，今後の世界経済の動向に大きな影響をあたえるであろうからである。

3-4　WTOへの批判

　最初にもふれたように，WTOは，世界の経済と貿易の発展の過程で，あらゆる国や企業がおこなう経済活動と交易の発展を期待して設立されたものではない。むしろ雑多な利害の錯綜するなかで，力の論理がはたらいて形成されたものといってよい。そのような論理がさまざまなレトリックによってカバーされて立ちあられてきたのがWTOだといえるようである。それゆえWTOにたいする批判は多い。それらのなかから，いくつかの事例を示してみたい。

　WTOが，先進諸国の経済的に強大な法人企業と，これから成長しようとしている発展途上諸国の零細業者とを，同じ土俵のうえで対等に競争させて，不利な立場の業者を一層不利な状況に追いこんでいる，というのがそのひとつである。あるいは，WTOが多国籍企業など世界の巨大企業の要求を受けいれることによって，世界の小規模生産者や農民を破滅に追いこんでいる，ともいう。たとえば，バナナをめぐってEUとアフリカやカリブの諸国がむすんだ協定（ロメ協定）が自社のブランドの市場を制限するものだと考えたアメリカの大

手果物会社は，時の大統領クリントンに巨額の選挙資金を提供したうえで DSB に提訴し勝利した。ちなみにバナナの生産は，いうまでもなくアメリカ国内でおこなっているわけではなく，アメリカの巨大企業が海外で極低賃金労働者をつかって大量の農薬を散布しておこなっているのである。WTO は，このような生産と貿易をおこなう企業がスムーズに勝利していくための道具になっているといわれてもしかたないのである。

WTO によって世界は底なしの競争に巻きこまれ，それが世界的な環境破壊，文化の破壊，人間の健康破壊をきたしている，との批判もある。WTO の論理は，環境や衛生など，かけがえのない自然や人間をまもるためにつくられてきた法律や制度を，保護主義的であるとか，自由な市場での取引を侵害するものであると考えるものである。WTO のルールにしたがうなら，環境や衛生を考慮して製造された商品とそうでない商品は，それが同種の商品である以上，差別してはならないことになっているのである。

WTO の知的財産権保護の協定は，多国籍企業など大手企業の利益をまもるために，低開発国の人命にかかわるようなことでさえも犠牲にすることをゆるしている，との大きな批判もある。たとえば，前述のエイズ治療薬が複製であれ緊急にもとめられたときも，その製造・配布は WTO のルールにしたがえば，ゆるされざることとなるのである。

WTO は，賃金を押し下げ，労働基準を低下させている。上述の同種の商品は対等に競争するという以上，低賃金と劣悪な労働条件のもとで生産された安価な商品が市場で勝利することになるのだから，世界全体としては労働賃金と労働条件は劣悪化を余儀なくされる。また，外国人労働力の雇用を制限するような法制は，国境をこえた自由な労働力移動を制限するものとして，WTO の精神に反することになる。そしてそのことも，全世界的な賃金引下げと労働基準の劣悪化に拍車をかける。

同様に WTO の論理は，政治的民主主義や社会福祉の制度を破壊する方向にも作用する。労働組合が強力だったりストライキが頻発するところ，あるいは社会福祉がよく整備されていて関連経費のかさむ国からは，WTO のルールのもとでは，資本が容易に流出しうるので，各国とも労働運動を抑制し，福祉の削減を断行せざるをえなくなる。WTO の原理にしたがえば，福祉や労働運動

を抑圧してくれる独裁国家のような企業活動をしやすい場所で生産し，貿易をとおして購入することがよいことなのである。

　WTOは，また各国や各民族でそれぞれ歴史的に形成されてきた文化や制度を市場の掟のもとにさらすことによって，経済大国の文化や制度と同質化しようとしている，との批判もある。

　農業は，ウルグアイ・ラウンドいらいWTOの成立後をふくめて幾多の批判をあつめ，大きな争点になってきた分野である。アメリカやオーストラリアなど主として新大陸の農産物輸出国は，農産物も工業製品と同様に市場での自由な取引の対象にすべきだと迫って，ヨーロッパや日本などと対立してきた。WTOの設立によってアメリカなどの主張がとおりやすくなったことは，後者の国々が擁護しようとしてきたところの，農薬汚染などのない質のよい農産物，土や水などの自然資源と自然環境，農村共同体や伝統文化などが，市場原理による破壊の危機にさらされることになる。しかも，零細な農家は廃業に追いこまれれば，その救済のための資金は当該国民の税負担という形で押しつけられることになる。各国の多彩で伝統的な食生活は，地球規模で画一的なアメリカ型の食生活にとってかわる危険が懸念されているのである。

　遺伝子組み替え食品の貿易についても多くの批判がよせられてきた分野で，今後大きな争点に拡大することは避けられない。しかし，そうならないという皮肉な見方をする者もある。つまり，これを争点にしても，だれもアメリカには勝てないだろうというわけである。さらに恐ろしいことは，もしアメリカがこの闘いに負けるようなことがあれば，アメリカがWTOから脱退して，世界の貿易は一層無秩序な状態に落ちこむことになるかもしれない，というわけである。

　WTOは，すでに定着している国際法を破る道具にもなっているという批判もある。たとえば，上記の賃金引下げや労働基準の劣悪化は，WTOよりずっと長い歴史をもつILOのさだめてきた諸基準を打ち破る方向に作用している。韓国は，アメリカがWTOへの提訴をちらつかせただけで2種類の食品の安全確保の法律をゆるめてしまったという事例もある。

　紛争処理のあり方についても批判は多い。WTOの紛争処理は，迅速さに特徴がある。しかし，迅速に処理できるのは，各国や各生産者のもつ特殊事情や

現場感覚をあまり理解できず WTO のルールにだけは精通した法律の専門家が DSB を構成しているからである。そればかりではない。WTO が成立して以来 DSB に最も数多く提訴してきたのはアメリカであり，その次が EU 諸国である。弱小の諸国は，かりに DSB に提訴しても，相手が先進国のばあい，巨額の弁護士費用をかけて対抗されたら勝ち目がないから，これを利用できない。DSB が，だれのために，どのような裁きをするところなのか，おのずと明らかであろう，と批判者たちはいう。

以上すべてのことが示しているように，WTO は「弱者はだまれ」といわんばかりで，民主主義のルールさえ破壊してしまう，という批判もある。

ところで，このような批判を聞くことによって性急な判断をしてしまうことも危険である。WTO が設立されたことによって，世界の大企業の身勝手な行動が公認されますます事態が悪化した，というふうに考えてはならない。これまでの世界には巨大法人の企業活動を大きく統制していく有力な公的機関が存在しなかったのであり，そのためバラバラで暫定的な取り決めが世界中に散在していたのだった。そこでは，むしろ無秩序が一層支配しやすい状態だったのである。WTO は，そのような無秩序に近い状態に，多くの問題はあれ，世界統一の基準による秩序を導入しようとしたものであり，その点では 1994 年に世界の過半の国々のあいだで WTO の設立について合意ができたことは画期的なことであったといってよい。

3-5　WTO とは何なのか

WTO にこれほど批判が集中するのには理由がある。その理由は，まずはアメリカのスタンダードに世界をしたがわせようとする側面が非常に強いからでもある。WTO では極力例外を排しており，WTO に加盟する各国は，国内法を WTO の諸協定に準拠するように改定しなければならない。

商品規格，経営方式，会計基準からインターネットの操作方式，さらには食文化や音楽文化，はては国際会議などでの使用言語にいたるまで，世界を単一の基準で統一していこうという考え方は，かねてからアメリカが意図してきたことであったし，じっさい世界は少なからぬ程度でそのようになってきた。そ

れは，ヨーロッパが統合にあたって各国の違いを尊重し，言語も加盟各国の言語をそのまま公用語とし，統一通貨はつくったものの特定の国の通貨を共通通貨にしなかったといったやり方とは対照的である。多様性を尊重しつつ統合していくことがヨーロッパの考え方だとするなら，WTOは基本的にアメリカ的な考え方を基礎におく国際機関になっている，といえるところに批判の源泉がある。

　WTOに批判が集中する理由をさらに追求していくと，それが国際間の取引のルールというものは，基本的に市場原理だけでよいという立場にたっているといって過言でない点に気がつく。WTOでは，モノだけでなくサービスや知的財産権など幅広い領域にわたって関税や各種規制を排除して市場へのアクセスを容易にさせ弱肉強食の論理がとおりやすい場を用意しようとしてきたといってよいだろう。なぜそうなったのか，それには，相応の経済的背景がある。

　現在世界には200に近い国と地域があるが，それがみな同じような比率で活発に貿易をしているわけではない。世界の貿易の3分の1は，いわゆる多国籍企業内部の取引，すなわち親会社と子会社や子会社どうしの取引で占められている。さらにつぎの3分の1は，いわゆる多国籍企業どうしの取引である。しかも，ここでいう多国籍企業の多くが，実はアメリカ系の多国籍企業なのである。世界の上位200社だけが世界の総生産の4分の1を占めている。

　このような背景を見ると，アメリカ合衆国政府代表としてWTO閣僚会議をはじめさまざまな国際会議に出席してくる者が，アメリカ市民とかアメリカの消費者の代表なのではなく，事実上これら巨大企業の利益の代弁者になってしまっていることが推測できるだろう。EUや日本の政府代表についても同様のことがいえる。じっさい，世界の主要企業がそれぞれの政府に圧力をかけてきたし今もかけつづけていることについては，世界の市民団体があばいているとおりである。WTOの委員会や作業部会も，実態は，そのような企業間の生ぐさい駆け引きの場になっているのである。WTOは自由貿易を推進するというが，その実態は，巨大法人企業の管理貿易なのだとか，その巨大企業の資金をマネージできるウォール街の意向で動いているのだ，といっても過言でない。

　WTOが成立した時期は，冷戦が終結して，アメリカの一国支配と巨大法人企業の世界支配がやりやすくなった直後だった。さらに最近は中国が加盟し

てWTOのコントロールのもとに服することになったために，WTOの世界経済にあたえる影響はさらに拡大した。それは，アメリカの主張や巨大企業の利益追求の勝利だったという面を否定できない。WTOの最終目標は，いってみれば，地球規模で，国際的な取引に従事する者の大小・強弱・理念の違いにかかわらず，例外なしに，あらゆる国のあらゆる商品・サービス・技術を，すべて市場原理のもとで交換しようということにあるからである。

しかし，例外がないのだから，その過程が，市場原理の外部にあって人類にとってかけがえのない価値とされてきた歴史・文化・環境・健康などまでも市場原理のもとに服従させてしまうことになる。ここに，WTOが今後とも紛争の種になりつづけるであろう理由がある。

まだ歴史の浅いWTOの経歴のなかでも，すでに特筆にあたいする事件があった。1999年末，アメリカのシアトルで開催されたWTOの第3回閣僚会議は，アメリカとヨーロッパ・日本の対立にくわえて，議題にたいする発展途上国のはげしい反発があって，会議の宣言がまとまらず，交渉は決裂した。注目されたのは，この過程の背景に世界各地からつめかけたNGO団体など市民パワーが決定的といえる大きな役割をはたしていたことであった。幾多の市民が会議場の外で連日集会をひらきデモをおこない反WTOのスローガンを訴えつづけたことが，会議場の内部にいた代表を勇気づけ，結果的に会議を決裂させるまでねばりつづけさせたのだった。WTOを仕切ろうとしていたアメリカの意図は，そに反対する市民たちの声にささえられた各国代表によって打ち砕かれたのだった。

21世紀の世界経済は，一方では，世界のアメリカ化と市場原理の一層の浸透が進行しながらも，他方では，それらに反発する力もはたらいて，それらの相互作用の帰結するところに開かれる，といってよいだろう。

[瀬戸岡紘]

参考文献
外務省『解説 WTO協定』日本国際問題研究所，1996年。
経済産業省『通商白書』各年版。
佐々波楊子・中北徹編『WTOで何が変わったか』日本評論社，1997年。
スーザン・ジョージ『WTO徹底批判』杉村昌昭訳，作品社，2002年。

パブリック・シティズン『だれのためのWTOか？』海外市民活動センター監訳，緑風出版，2001年。
松下満雄『ケースブック　ガット・WTO法』有斐閣，2000年。
ATTAC（金融取引への課税をもとめる会）：http://www.attac.org/
日本貿易振興会：http://www.jetro.go.jp/ec/j/trade/
経済産業省：http://www.meti.go.jp/policy_trade/wto/

第 4 章　多国籍企業と貿易・投資

4-1　はじめに

　対外直接投資（以下，直接投資と略記する）を通じて世界的規模で事業活動を展開する多国籍企業は，国際経済に大きな影響を与えている。従来，国際経済関係の基礎をなしたのは貿易であったが，第 2 次世界大戦後，多国籍企業の出現によって，直接投資が貿易とならんで国際経済関係の基礎をなすようになった。21 世紀を迎えた今日，その傾向はますます顕著になっている。この傾向は，国際経済のシステムにも反映しないではいない。戦後の自由貿易システムは，21 世紀を目前に WTO（世界貿易機関）が発足して以来，新たな局面を迎えたが，主に商品貿易を対象としてきた自由主義の原則が，より広範な分野の貿易や貿易に関連するさまざまな経済分野に適用されるようになり，直接投資にもその波が押し寄せているのである。同時に，巨大な富とパワーをもつにいたった多国籍企業の活動を放任する方向での投資システムの形成に対して，いたるところでこれを危惧する声が高まっている。

　本章では，多国籍企業が直接投資や貿易を基礎とする国際経済関係に与える影響について検証するとともに，多国籍企業が行う直接投資に関する国際システムの今後の課題を探ってみたい。

4-2　多国籍企業とは何か

4-2-1　多国籍企業の圧倒的なプレゼンス

　まず，多国籍企業の全体的な姿を，国連貿易開発会議（UNCTAD）の『世界投資報告』などを利用しながら確認しておこう。国連の定義によれば，多国籍企業とは，本社の所在する本国以外に議決権付き株式を 10％以上保有する子会社（affiliate）――厳密には，この子会社はさらに過半数株保有子会社（subsidiary；持株比率50％以上）と関連会社（associate；持株比率10％以上50％未満）に分類される——を一つ以上支配している企業のことである。ここでは多国籍企業がやや形式的に，したがって幅広く定義されているが，2001年の時点でその数はおよそ6万5000社にのぼり，85万社に及ぶ在外子会社を支配している [UNCTAD, 2002；XV]。

在外子会社を所有・支配する手段が対外直接投資である。企業や工場の新規設立によることもあれば（グリーンフィールド投資），既存の外国企業の合併・買収（M&A）によることもあるが，いずれにせよ，それらの経営への直接参加ないし経営支配を目的として投資される。やはり国連の定義によれば，直接投資には，本社による直接的な資金の出資および貸付とともに，現地子会社の利潤の留保・再投資なども含まれる。なお，直接投資を行わずに，下請け契約を含む経営契約などを通じて国外の資産を支配したり，戦略的な業務提携などを通じて外国の企業と結合したりするケースが増えているが，これらを考慮すると，多国籍企業の範囲はさらに広がることになる。

表4-1によれば，やはり2001年において，これらの多国籍企業は合計でおよそ6兆8000億ドルの直接投資残高（流入）を積み重ね，これをもとに，在外子会社において25兆ドルに及ぶ資産の保有，5400万人の雇用，世界のGDP（国内総生産）の1割を超える3兆5000億ドルもの生産を実現している。また，在外子会社は18兆5000億ドルの売上げを計上しているが，これは世界の全輸出額の2.5倍に達する規模である。これらの数値を20年ほど前の1982年と比較してみれば，世界のGDP，固定資本形成の拡大はいずれも3.0倍，貿易の拡大は3.6倍であったのに対し，在外子会社の生産額は5.9倍，資産は12.5倍，売上額は7.3倍に増えた。現代の世界経済に占める多国籍企業の巨大な地位が理解されよう。

直接投資と貿易についての比較を続けよう。前者の拡大は後者の拡大を大幅に上まわっている。年ごとの変動は大きいが，試みに1982年と2001年とを比較してみれば，その間に世界貿易は3.6倍に拡大したのに対し，直接投資は流入ベースで12.5倍，流出ベースで22.2倍にも拡大した。経済のグローバル化によって各国の経済は緊密に結びつけられるようになったが，これは貿易の拡大よりも直接投資の拡大から生まれたものといえよう。その結果，多国籍企業

表4-1 直接投資と国際的生産に関する主要統計　　　　　　　　　　　　(1982～2001年)

項目	金額（10億ドル）				年成長率（％）			成長率[注]
年	1982 (A)	1990	2000	2001 (B)	1986～1990	1991～1995	1996～2000	1982～2001 (B／A)
直接投資流入	59	203	1,271	735	23.6	20.0	40.1	12.5
直接投資流出	28	233	1,150	621	24.3	15.8	36.7	22.2
直接投資流入残高	734	1,874	6,314	6,846	15.6	9.1	17.9	9.3
直接投資流出残高	552	1,721	5,976	6,582	19.8	10.4	17.8	11.9
国際的合併・買収	—	151	1,144	601	26.4	23.3	49.8	—
在外子会社								
売上額	2,541	5,479	15,680	18,517	16.9	10.5	14.5	7.3
粗生産額	594	1,423	3,167	3,495	18.8	6.7	12.9	5.9
総資産額	1,959	5,759	21,102	24,952	19.8	13.4	19.0	12.7
輸出額	870	1,169	3,572	2,600	14.9	7.4	9.7	3.0
雇用者数（1000人）	17,987	23,858	45,587	53,581	6.8	5.1	11.7	3.0
国内総生産	10,805	21,672	31,895	31,900	11.5	6.5	1.2	3.0
粗固定資本形成	2,236	4,501	6,466	6,680	13.9	5.0	1.3	3.0
財・サービス輸出額	2,081	4,375	7,036	7,430	15.8	8.7	4.2	3.6

注：ここでの成長率とは，1982年の数値を基準とした2001年の数値の倍率を指す。
出所：UNCTAD［2001；10／2002；4］から作成。

が関与する貿易活動は，世界貿易のなかで大きなウェイトを占めることになる。WTOの推計によれば，1995年の時点で，世界の財・サービス貿易の3分の1は多国籍企業の本社と在外子会社および在外子会社相互の間で営まれ（いわゆる「企業内貿易（intra-firm trade）」），さらに3分の1が多国籍企業のグループ企業と非関連企業間で営まれており，多国籍企業にまったく関係のない貿易は，残りの3分の1にすぎない［WTO, 1996；44］。

　直接投資はあらゆる産業に及んでいる。ちなみに，1999年の投資残高（流入）のシェアは，資源や農業などの第1次産業6％，製造業にあたる第2次産業36％，サービス産業すなわち第3次産業56％となっている［UNCTAD, 2001；260］。サービス分野での直接投資の増加は近年の特徴であるが，これには商業や金融などの部門がかなりの程度含まれている。これはこれで検討を要する課題であるが，以下では，とりわけ貿易との関連で直接投資の問題を理解するために，製造業分野を主な考察の対象とする。それは，現代の国際経済関係を生産の国際的関係という最も基礎的な領域において把握するためでもある。

4-2-2　国際的統合生産と世界的集積・集中

これまで世界の多国籍企業について，総体としての姿を捉えてきたが，次に企業それ自体の姿を捉えてみよう。多国籍企業の基本的な特徴は，直接投資を通じて多数の国に子会社を配置して「在外生産」を行っていることであるが，生産の外国への移転にともなう事態の変化は，単なる在外生産の拡大にとどまらない。多数の生産拠点がネットワークをなして結びつけられ，それが本社のコントロールのもとにおかれている。いわゆる「国際的統合生産（integrated international production）」が展開されているのである。

生産の国際的な側面についていえば，多国籍企業は自己の内部に国際的な生産のシステムを形成し，生産，流通，販売，さらには研究開発や資金の調達・運用など，その事業活動を世界のすみずみにむかって広げてゆき，いたるところで利潤を獲得する。ネットワーク化され統合された生産の空間が国際的に拡大すればするほど，多国籍企業は国民経済の枠組みから離れた思考を行うことになるであろう。国連では，いわば企業の超国家化の度合い（transnationality）を測る指標として，資産，売上高，雇用において海外部門が占める比率の平均値を算出しているが [UNCTAD, 2002 ; 86-88]，海外比率の方が国内の比率より大きい（海外比率50％超の），いわゆる「超国家的企業」は，資産額でみた世界のトップ企業100社のうち49社を数える。過半でなくても，たとえば40％台を外国におく企業も当然世界的視野を企業戦略に取り入れるであろう。40％以上の企業は73社にのぼっている。

同時に，国際的生産の統合の側面についていえば，世界中に広がった事業活動を統括し，最高の意思決定を行うのは本社であり，資本にとっての究極の目的である利益も本社が所有し掌握することに注目しなくてはならない。事業活動の世界的展開とは裏腹に，権力や利益は多国籍企業の本国本社に集中することになるのである。なお，当然のことながら，多国籍企業にとって，本社が所在する国は子会社が配置される国とは異なる独自の意味をもっている。多国籍企業は決して無国籍企業ではないという指摘も，このことに関連している。

ここでさらに，6万5000社の多国籍企業のなかでもわずかひと握りの巨大多国籍企業が大きなウェイトを占めていることを確認しておかなければならない。国連の推計によれば，2000年の時点で，世界トップ（資産額）の多国籍

企業100社の支配する在外子会社が，すべての多国籍企業の在外子会社の売上額の11％，資産の14％，雇用の14％を占めている [*ibid*; 85]。単純に計算しても，トップ・クラスの多国籍企業は平均的な多国籍企業のおよそ百倍も規模が大きいことになる。実際，巨大多国籍企業は多くの産業分野で世界市場を寡占支配しており，分野によってはわずか数社が世界市場の大半を独占支配しているケースもある。

　多国籍企業の巨大な力を表わすための指標としてよく使われるのは，各国GDPとの比較である。たとえば，付加価値額で世界最大の企業，石油産業のエクソン・モービルや電機産業のゼネラル・モーターズの場合，年間付加価値額は，世界ランク44，45位程度のチリやパキスタンのGDPに相当する。一国規模の付加価値額であるGDPとは比較の基準が異なるが，年間売上額でみれば世界ランク23，24位程度のトルコやオーストリアのGDPに匹敵する [*ibid*; 86, 90]。とくに発展途上世界には，巨大多国籍企業1社の売上高にみたないGDP規模しかもたない国家が数多く存在する。巨大化した多国籍企業のパワーは，ときとしてこれらの国の政府の機能を制約することもある。

　こうして，現代の独占体はそのいずれもが直接投資を通じて多国籍化の道を追求しており，その結果，いまや生産と資本が途方もない規模で世界的に集積・集中される段階に到達している [関下，1994; 231，参照]。まずこの点に，多国籍企業の，あるいは多国籍企業が現代世界経済の主役となっている事態の本質的な意味を見いだしておきたい。

4-3　企業はなぜ直接投資を行うのか

4-3-1　直接投資の基本目的

　直接投資を通じた多国籍企業の事業活動について理解する際に，簡単ではあっても，前提として取り上げておかなければならないのは，企業はなぜ対外直接投資を行うのかという問題である。個別企業の行動に即して具体的にみれば，直接投資の目的や要因は多岐にわたる。しかも，「なぜ」という問いには，細かくみれば，どんな産業で，どんな企業が，いつ，どの国へ，どのような戦略でといった，さまざまな問いが含まれる。これらの問いに一貫した答を与える

ことは必ずしも容易ではない。おのずと多様なアプローチが存在することになるが,ここでは,個別企業の経営行動に偏向した狭い視点ではなく,企業行動を条件づける経済環境をも考慮した広い視点に立つ必要があると考える立場から,一つの定型ともいうべきアプローチを紹介しておきたい[注]。それは,製造業に対象をしぼった場合,直接投資の「基本的な目的」は低賃金労働力の利用と貿易制限の回避の2点にあるというものである。すなわち,製造業企業が直接投資を行うのは,基本的には,自らが保有するなんらかの独占的優位を背景にして,現地での低賃金労働力を中心とする安い費用価格を利用しようとするから,あるいは,外国政府の設定する貿易制限措置を回避しようとするからである。その結果,企業は国内での投資よりも,高い利潤率あるいは大きな市場シェアを獲得できる。以下,最近のすぐれた研究[佐藤,2001;第6章]に学びながら,筆者なりの理解を加えて説明してみよう。

生産コストのなかで労働コストが大きな比重を占める労働集約型の産業では,賃金の安い国に工場を設立しない手はない。労働集約的な産業は,低賃金の国で比較優位化し,高賃金の国は競争力を失う産業であるから,このような産業は低賃金の国に工場を移転することによって生産コストを大幅に引き下げ,競争力の回復をはかることができる。同じことは,全体として技術集約度ないし資本集約度の高い産業であっても,組立工程のように,部分的に労働集約的な生産工程が存在する場合にもあてはまる。

コストの削減という目的からみれば,低賃金のほかにも製造業企業が直接投資を行うさまざまな具体的要因を考えることができる。たとえば,環境対策に要するコストがかさむ産業が環境規制の緩やかな国へ移転したり,電気を大量に消費するアルミニウム産業が電力の安い土地に工場を立地する。しかし,こうした目的は,低賃金に比べれば一般性に乏しい。外国からの直接投資を促進するためにとられる多様な投資優遇策も重要である。多くの発展途上国や現・旧社会主義国に広がってきたのが,特定の地域に限定して,外国へ輸出する目的でそこに工場を設立して生産を行う企業に対して関税や租税を軽減しようとする,いわゆる「自由貿易地域」や「輸出加工区」「経済特区」である。進出企業にとっては,低賃金に加えて税の節約が魅力となる。ただし,税の節約だけを目的として企業が進出するケースは少ないであろう。また,アメリカのか

なりの州では，日本から工場を誘致するために，租税や関税などについて州レベルでの優遇政策をとってきた。ただしこの場合も，基本目的として，次に述べる貿易制限の回避が重視されなければならない。

　外国政府の設定する貿易障壁や保護措置もまた直接投資をうながす有力な要因となる。保護関税や輸入数量規制によって輸出が制限されたり，貿易摩擦の激化によってその恐れが発生したとき，企業は相手国に工場を設け，現地生産を行うことによって市場を確保しようとする。先進国は世界の直接投資のおよそ3分の2を受け入れているが，そこにはかなりの比率で貿易制限の回避を目的とするものが含まれている。先進国間での賃金格差が小さいことを考慮すれば，うなずける事情である。

　そもそも戦後の直接投資の拡大は1960年代のアメリカ製造企業の西ヨーロッパへの進出とともに始まったが，それは，EEC（欧州経済共同体）によって推進された域内関税の撤廃と域外共通関税の設定，すなわち関税同盟を，アメリカ企業が貿易障壁として受けとめたことがきっかけであった。また，70年代半ば以降，カラーテレビや自動車の輸出急増が日米貿易摩擦を惹き起こし，輸出自主規制を余儀なくされたとき，日本企業が生き残る道はアメリカでの現地生産しか残されていなかった。80年代後半，EU（欧州連合）の市場統合計画が進展するなかでEUの「保護主義の要塞」化が懸念されたときにも，日米企業が大挙してEUに直接投資を行った。こうした事情を逆手にとって，直接投資の流入を促進するために，貿易による外国からのアクセスに障壁を設ける例もみられる。なおここで，上述の投資優遇政策などとあわせて，市場メカニズムに人為的な介入を行う国家の政策が，直接投資の流れに大きな影響を与えていることを確認しておきたい。

4-3-2　直接投資の制約要因

　以上のように，低賃金労働力の利用あるいは貿易制限の回避は製造業において直接投資を行う基本的な目的であるが，それだけでは直接投資がなぜ行われるかの理由を十分に説明できない。ほかにも，いわば「直接投資の制約要因」[同上]にあたる種々の条件を考慮しなければならない。たとえば，企業が外国で事業活動を行う場合には，現地の経済的，社会的，文化的等々の条件に関す

る知識や経験をもっている現地企業に対して不利な立場に立たされる。これらの不利を補うことのできるなんらかの優位性を企業がもたなければ，現地企業との競争に敗けてしまう。優位性の内容は，ブランド力，マーケティング技術，製品や生産に関する技術，資金調達能力，情報，経営上のノウハウなど，多種多様であるが，直接投資を行うのは，これらのいわゆる一種の「独占的優位 (monopolistic advantage)」をもつ企業に限られることになる。

独占的優位は企業の側に必要とされる条件であるが，投資の対象となる国の側にも必要な条件がある。低賃金労働力を提供している国，あるいは貿易制限の脅威を与えている国に直接投資を行う場合でも，進出する工場の技術水準に適合するような，訓練された良質の労働力が現地になければ，企業進出は制限されるであろう。これは賃金コストの上昇として理解することができる。関連産業の集積や，道路，鉄道，通信などのインフラストラクチャーの整備といった事情も，生産コストを左右する重要な要因であり，現地にそうした条件が整っていない場合には，企業進出にとって大きなマイナスになる。さらには，外資に対する規制の傾向が強い政策も，企業進出にとってマイナスとなる。ほかにも多数あげることができるが，投資先の候補にあがる国にこれらのマイナス要因がある場合には，企業は現地生産のプラス要因と比較計量したうえで，直接投資を行うかどうかを決めることになろう。

4-4 多国籍企業が貿易を変える

4-4-1 翻弄される貿易バランス

直接投資を通じた多国籍企業の事業活動はさまざまな形で世界の経済に影響を与えているが，ここではとくに貿易との関連でその一端を捉えてみよう。以下では，相互に関連があって厳密な区分はできないものの，貿易バランス，貿易パターン，企業内貿易の三つの側面に分けて検討したい。

第1に貿易バランスへの影響であるが，そこには複雑なプロセスが形成されている。まず，投資本国への影響から検討しよう。生産が外国に移転すれば，その分だけ本国からの輸出が減少する。他方で，本国から外国の生産拠点への部品や資本財の輸出が増大するが，当然，輸出総額の減少を防ぐには足りない。

しかも，現地への部品や資本財の輸出は時間がたつにつれて低下してゆく。進出直後の時期に，現地での部品調達が最も困難であり，工場内での資本設備などの需要が最も大きいからである。さらに，外国の生産拠点から本国への逆輸入が増大するが，これも時間がたつにつれて大きくなる可能性が高い。したがって，基本的には直接投資は本国の貿易収支にとってマイナスに働くと理解してよい。これは直接投資の「貿易代替効果」とよばれる。

ただし，間接的な影響を考慮すれば，ことはそれほど単純ではない。貿易収支にプラスに働く要因，つまり直接投資の「貿易補完効果」が出てくるからである。たとえば，外国に進出した企業が低賃金労働力の利用によって競争力を強化したり，直接投資が受入国の経済成長を刺激したりすれば，現地生産が増加し，それに応じて本国からの輸出品である部品や資本財に対する追加需要が生じうる。こうして，投資本国の場合には，在外生産を外国市場への輸出の代替物とみなす考え方には根拠がないという議論が登場する［たとえば，WTO，1996；52-53］。

ほかにも，本国での生産が賃金の上昇などによって競争力を失った場合，生産拠点を移転しなければ，外国市場への輸出はもちろん，本国市場での販売までもが，外国の強力な競争相手に奪われることも考慮しなければならない。また，先進国の場合，自ら直接投資を行うと同時に，直接投資の相当部分を受け入れているのであるから，外国への投資にともなって輸出が失われるとしても，外国からの投資流入にともなって輸入が減少する。その両面を考慮することが必要になろう。そうなると，逆に間接的なマイナス要因や，さらには後述の国際分業の変化がもたらす貿易バランスへの影響なども考慮してみたくなるが，結局，直接，間接のすべての要因が作用した結果，差引がどうなるかという問題には，一般的な答えの出しようがないということになる。

次に受入国への影響であるが，これは比較的単純で，多くの国では貿易収支にとってプラスに働くといってよいであろう。直接投資の受入れによって，一方では，それまで受入国が輸入していたものが現地生産に切り替わって輸入が減少し，現地生産されたものが外国に輸出される。投資受入国が先進国であれば輸入減少の効果が，工業化途上国であれば輸出増加の効果が大きく働くであろう。現地生産は，前者の場合，貿易制限の回避，したがって現地市場での販

売を目的とすることが多く，後者の場合，低賃金の利用による競争力の回復・強化，したがって本国や第三国向けの輸出を目的とすることが多いからである。他方，現地生産に必要な部品や資本財が輸入されるが，もちろん，これは現地生産の増加，したがって受入国側の輸入減少あるいは輸出増加の総額を超えることはない。以上を差し引きすれば，直接投資は貿易バランスにとってプラスに働くと考えられる。間接的にも，企業誘致により先進技術や経営管理技法の移転が進むことによって国際競争力が強化されれば，結果として輸出増加と輸入減少がもたらされることなどが考えられる。

時間的な経過や間接的な影響まで考慮に入れれば，直接投資が貿易バランスに与える影響を，一方の利益が他方の損失であるようなゼロサム・ゲームの世界と同じに考えてはならないであろう。したがって，一般理論を展開するよりもむしろ，それぞれに事情が異なる国や地域ごとにその影響を検討することのほうが実質的な意味をもってくる。その詳細は他の諸章にゆずるとして，ここで全体として見えてくるのは，各国の貿易が直接投資あるいは多国籍企業の経営戦略によって左右される姿，あるいはしばしば安定を失う姿である。

4-4-2　国際分業の再編

第2の貿易パターンへの影響については，同一産業分野で相互投資を行う先進国間のケース（水平分業）よりも，比較的問題点がはっきりしている，先進国から発展途上国への労働集約的な産業や工程の移転にともなう国際分業構造の変化（垂直分業）の問題を取り上げよう。

まず先進国の側では，産業構造の調整，つまり資本集約的な部門，さらには技術集約的な部門へのシフトが課題となる。マクロの観点からみた場合，多くの先進国にとって，生産の移転によって失われた輸出や，所得（利潤や賃金），雇用などを回復できるほどのキャパシティをもつ新産業を創出することは容易ではない。マクロ効果の程度は別として，産業の高度化の点できわだっているのはアメリカのケースである。アメリカの企業は新技術の開発に成功し，技術の独占を進めてきた。研究開発投資の比率が高いIT（情報技術）産業などは，近年におけるその代表といえる。その結果，多国籍企業のグローバル・ネットワークを通じて技術特許料収入を含む膨大な収益を獲得している。それを可能

にしたものとして，企業自らの大規模な研究開発投資に加えて，政府の施策をあげなくてはならない。アメリカ政府は，先端技術産業の国際競争力強化のための産業政策や，軍事目的に開発した最新鋭技術の民間転用を進めて，自国の多国籍企業を支えてきたのである。

産業調整にともなう国内の摩擦にも注意すべきである。産業の空洞化を産業の高度化に転じて新たな輸出部門が生みだされるとしても，さらには直接投資から得られる収益もあわせて，国民経済全体として所得が回復する場合さえあるとしても，個々の企業や労働者といったミクロの観点からみると大いに問題がある。資本と労働の移動は財貨の移動のようには容易にいかないからである。生産拠点の対外移転やリストラクチュアリング（産業再生）の過程で現実にしばしばみられるのは，自国の独占的大企業，多国籍企業の利益が擁護され拡大する反面，全体的に労働者の賃金切下げや失業，中小企業の倒産が進行している姿である。これは政府の対応が問われる問題でもある。

次に発展途上国の側であるが，直接投資を積極的に導入した国では急速に工業化が進んで，経済成長が実現している。この点では，直接投資は途上国経済の発展の原動力となっている。他方，産業を誘致できない国の多くが，古い産業構造をかかえたまま経済の低迷を続けている。この点では，直接投資は途上国の経済発展に格差をもたらす要因となっているとの見方もできる。さらに，工業化した途上国にも問題はひそんでいる。

かつてアジアの新興工業国について，多国籍企業の進出のねらいが低賃金の利用にあるため，経済成長が実現しても，その果実が多国籍企業に独占されて現地の国民に共有されないといった問題や，輸出加工区のように，現地市場から切断されたオフショア生産の形をとって行われることが多いため，経済開発が局部的なものにとどまって国内に波及しにくいといった問題が懸念された。今日の時点では，これらのマイナスを固定的に捉えることは許されないことであるが，外国企業の誘致によって工業化を進める国にとって，リスクはつねに潜在していると考えるべきであろう。また，直接投資も資本の移動である以上，それ自体浮動的（footloose）なものである。多国籍企業は，いったん設立した在外生産拠点をしばしばより有利な条件の他の国へ移転する。そのため，受入国経済は不安定な状況におかれる。それだけでなく，企業の転出を防ぐためだ

けに多国籍企業に対する譲歩を余儀なくされるケースもよくある。さらに，経済発展の結果，地場企業が自前の工業を育成できた場合でも，近年のアジア通貨経済危機後の例にみられるように，事情が変化すれば，外国企業の直接投資によって容易に買収されてしまうことも見逃してはならない。これらのリスクに対して有効な対応がなされなければ，先進国との間につくりだされた新しい国際分業関係は，途上国の新たな経済的従属を促進することになりかねない。

4-4-3 企業内貿易の衝撃

第3の論点は，世界貿易の3分の1の規模にまで達している企業内貿易の問題である。そこでは，実体としては企業内の中間財や製品の単なる移動にすぎないものが，形式上は国際間の貿易取引として現われてくる。これもまた貿易のあり方を大きく変えている。

たとえば，周知のように，これまでアメリカの巨額の輸入超過が経済摩擦の原因になってきたが，そのなかにアメリカの多国籍企業の在外子会社からの本国本社向け輸出，つまり企業内貿易の額が大量に含まれていることが問題にされてきた。アメリカの貿易赤字をつくりだしているのは，アメリカへ輸出する国だけでなく，アメリカ本国へ輸出するアメリカ多国籍企業の在外子会社でもある。貿易統計上は外国からの輸出であっても，実際はアメリカ企業の輸出なのだというわけである。こうした事情に着目すれば，今日では貿易収支なるものの実態は不透明ということになる。

企業内貿易では，独立した企業間の取引における一般的な価格（arm's length price）から乖離した恣意的な価格設定，いわゆる移転価格操作（transfer pricing）が行われるが，これも大きな問題となっている。価格操作の動機は多様である。たとえば，利潤の本国送金が制限されている場合，子会社への移転価格をわざと高く設定して本社に利益を蓄積する。他企業との競争上の配慮から一時的に価格を下げることもある。輸入関税の高率な国に対して低い価格を設定すれば関税の負担を削減できる。さらには，税の安い国（租税回避国：tax haven）に利益を集中したり，現地政府による資産収用のリスクを回避したり，為替レート変動への対応として下落傾向にある通貨の保有を回避したりするための手段などとしても使われる。いずれにせよ，結果として多国籍企業の移転価格操作

は関係国の貿易収支に影響を与え，政府や国民からみてあるべき法人税・関税収入をゆがめることにもなる。

　こうした事態に対応することが各国政府の課題となり，そのために政府間での協力も求められるが，企業内部の事情についてはなかなか正確な情報は持ちえない以上，価格操作を用いた資金の移転や租税回避行動が現実にどの程度行われているかを把握することは容易ではない。税務当局がしばしば非合法な価格操作を摘発することがあるが，それも氷山の一角にすぎないであろう。徴税機構や行政組織の未整備な発展途上国では，事態の把握にいっそうの困難がともなう。こうして移転価格操作は，多国籍企業が超過利潤を獲得し，利潤を隠蔽する手段となるのである。

4-5　多国籍企業は国家を超えるか

4-5-1　資本の国民性と世界性

　これまで見てきたように，世界規模の集積・集中を反映して，多国籍企業は国境を超えた思考のもとに世界に事業活動を広げており，その結果，国民経済のバランスをゆがめ，国家の経済的力能を部分的に制限し，貿易や国際分業の姿を従来とは異なったものに変えている。そうした事実をもとに，いまや多国籍企業は国家を超えた存在となっており，それにともなって国民経済の解体，国民国家の終焉が始まっているとの議論が盛んになってきた。しかし，それは事態の一面を過度に強調しすぎていないだろうか。時代のゆくえを深く考えさせるだけに，多くの議論を呼んでいる難問である。ここでは十分な展開はできないが，問題に接近する手がかりを得るためにも，以下，あえて異論を対置しておきたい。

　あらためて考えてみたいのは，企業や市場と国家の関係である。企業や市場の性格は，世界的か国民的かの二項対立においてではなく，世界的であると同時に国民的であるという複合性を帯びたものとして，いわば複眼的に捉えなくてはならない。この点を理解するためには，具体的な個別資本のレベルや独占資本のレベルを対象とする前に，資本の一般的な性格にまで立ち返ってみることが必要である。

一方では，資本は利潤さえ得られれば世界市場のすみずみまで赴いて事業を展開し，世界の国ぐにを資本のくりひろげる網の目のなかに織り込んでゆく。その意味では資本は本来的に世界性をもつ。他方，資本主義経済あるいは市場経済は国家による諸制度の整備や諸政策の運営なしには効率のよい安定したシステムとはなりえない。そのため，資本主義経済，市場経済は国民経済の形をとって，すなわち一国規模である種のまとまりを与えられた経済として展開することになる。したがって，世界市場はそのような国家が支配する多くの国民経済から構成されることになる。資本の運動はそうした国家あるいは国民経済を基盤としており，それに媒介されて世界に広がってゆく。その意味で資本は国民性をもつのである。現代の巨大独占資本は事業活動の空間，集積・集中の空間を世界規模に広げ，資本の世界性を前面に押しだしているが，それでも，資本である以上，最終的にはこうした複合的な構造を失うことはないであろう。

　製造業直接投資に関連して，以上の理解をいささか補っておこう。常識的な理解のなかで見失われがちなことであるが，資本は生産手段や資金といった単なる物ではない。それらの物が資本となるのは，それらの物が資本として機能しうるような特定の生産関係のもとにおかれているからである。議論の出発点として重要なのは，この認識である。多国籍企業も一種の産業資本であるが，産業資本は労働力が商品として登場するような生産関係，すなわち資本主義生産関係のもとで機能する。端的にいって，産業資本とは資本・労働関係のことなのである。この意味での産業資本が有効に蓄積運動を行っていくための条件として，国家を欠かすことはできない。生産関係は国家が条件づける諸々の制度や政策，たとえば最低賃金法，労働法，社会政策，雇用政策などとの諸関係において実存しているからである。当然ながら，こうした諸制度・諸政策は国ごとに異なっている。同時に，国家の諸制度のもとに圏域を画される労働市場ごとに賃金の水準が形成され，その水準も国ごとに異なっている。

　直接投資を通じて生産が外国に移転されるという場合に注意しなければならないのは，移転したのは生産工程であって，当然ながら，本国の諸制度や労働者がまるごと移転したのではないということである。そこでは，移転先の国の諸制度および賃金水準のもとで移転先の国の労働者が雇用されているのである。生産の国際的移転の進展とともに，労働条件や賃金水準が先進国では劣化し，

工業化途上国では改善していることは現代における事実であるが，だからといって，国ごとの制度・政策の個性が消滅するわけでもなければ，国ごとに賃金水準が形成されるメカニズムが消滅するわけでもない。

多国籍企業がグローバルに生産を配置するのは，このように，「本国とは異なった諸制度のもとで有利な商品生産を遂行することができるからであり，国境を乗り越えるのではなく国境を利用することができるからである」［吉信，2000；226］。グローバル化という言葉に即していえば，それはボーダーレス化（国境の消滅）のことではなく，クロス・ボーダーの（国境を行き来する）関係の拡大，すなわち，国際経済関係（国民経済相互間の関係あるいは国家間の経済関係）の緊密化を意味するのではないだろうか。

4-5-2 「無力な国家」をめぐって

多国籍企業と国家の関連について二，三，補っておこう。企業と国家の切り離しがたい関係は，すでに示唆されたように（4-3, 4-4 参照），多国籍企業の行う直接投資その他の事業活動において，政府が種々の役割を演じていることにも現われている。あるいはまた，政府が多国籍企業の自由奔放な活動に対応できない場面が拡大してきたことは事実であるが，とくに先進国の場合には，それも無制限なものにはなりえないであろう。本社所在国の内外を問わず市場システムが不安定になれば，弊害は企業自身に及ぶ以上，企業はシステム安定のための措置を政府に要請せざるをえない。近年，国際協調によってシステムの安定をはかることが重要な課題となってきたが，その場合でも，協調の主体は基本的に各国政府である。限度を超える事態がありうるとしても，その結果市場システムに混乱が生じた時点で，政府の対応が求められることになろう。さらには，国家の経済的力能の部分的な後退も，それが規制緩和の政策によって推進されているかぎりでは，国家の意思を反映した事態とみることができよう。これらの事情からみても「無力な国家」は神話というべきではないか。

以上は主に先進国を念頭においた議論であるが，発展途上国の場合には事態は単純ではない。当然のことながら，事情が大きく異なる両者を同列に論じてはならない。基本的には今日の途上国は，かつての植民地時代とは異なって独立した主権をもつ国家であり，直接投資の誘致や進出企業の国内での活動に政

府の力が影響するのは当然のことであろう。しかし，南北対決気運の退潮以来，さらに自由市場の原理が浸透する今日，途上国側からの政府による対応の余地は狭まってきている。その傾向は，産業誘致のために外国企業に対する政策が開放の方向に動いてきたことにも現われている。しかも，多国籍企業の富と権力はますます強化されている。そのかぎりでは，途上国における国家の能力の相対的な後退は否定できないようにみえる。そこにグローバル化の一つの側面があることは確かである。

発展途上国の多国籍企業に対する交渉力のゆくえについては，評価は分かれるであろうが，政府の対応の重要性と可能性を示唆する一つの事例をあげておこう。東アジアなどの新興諸国では，投資の受入れに際して，多国籍企業の要望に合致しないと思われる，比較的規制の強い態勢（4-6-1参照）を出現させたにもかかわらず，直接投資を引き寄せ，これを工業化に役立ててきたとみる研究が，多数現われている［板垣, 2001 ; 77-81］。いわゆる規制的な投資レジームをとらなければ，従属的な下請け生産基地化をまぬがれなかったかもしれない。これらの国では，低賃金労働力の提供に加えて，政府が大きな役割を演じて政治の安定，高い経済成長率，良質の労働力の育成，インフラの整備などを実現してきたのであって，それらが多国籍企業にとって，規制的な投資レジームのマイナスを上回る大きな魅力となった。アメリカに次ぐ世界第2位の直接投資受入国である中国は，少なくとも現在までのところその典型であった。対照的に，きわめて自由な投資レジームを採用してきたアフリカや旧社会主義の多くの国では，投資流入も少ない。

4-6 新しい多国籍企業のルールに向けて

4-6-1 グローバルな投資自由化の宣言

これまでの検討をふまえて最後に考えてみたいのは，直接投資レジームの問題である［本節については，板垣, 2001も参照されたい］。投資を受け入れる側では，一般にこれを優遇するとともに，投資による外国企業の活動を制限する多くの規制を残している。とくに発展途上国は先進国よりかなり抑制的である。多国籍企業とその本国である経済大国がこうした規制の撤廃を望むのは当然のなりゆ

きである。投資自由化は二国間協定や地域協定の形ですでに一部の国や地域で実現されてきたが，多国籍企業のグローバルな活動のために，多国間での協定の締結が課題となった。

多国間での投資自由化は，GATT（貿易と関税に関する一般協定）の貿易自由化交渉のなかで始まった。ウルグアイ・ラウンドの結果，直接投資を行う企業に対して，製品の一定割合を輸出にまわすことを要請する措置（途上国でよくみられた）や，製品に使われる部品ないしは中間財の一定比率を現地で調達することを要請するローカル・コンテント規制（先進国にもみられた）などの，いわゆる貿易関連投資措置（TRIMs : Trade-Related Investment Measures）が禁止された。しかし，多国籍企業にとってこれは微々たる成果でしかない。TRIMs協定が突破口となって，1995年，OECD（経済協力開発機構）を舞台に，投資の自由化と保護のための高い基準を備えた，包括的な多国間協定の策定交渉が開始された。いわゆる多国間投資協定（MAI : Multilateral Agreement on Investment）である。以下に，協定に規定されることになっていた事項のなかから，協定の性格をよく示すものをいくつかあげておこう［詳細については，都留，1998 など，参照］。

(1) 経済の全部門を外国企業に開放し，外国企業を国内企業と同等に扱うこと（内国民待遇），その際すべての外国企業を同等に扱うこと（最恵国待遇）が要求される。

(2) 市場参入と引き換えに外国企業に一定のパフォーマンスを求めるさまざまな措置が禁止される。前述のTRIMsのほかに，100％出資の現地子会社の設立の禁止，企業の立地・存続に関する規制，公益事業などへの投資を認めない業種規制，現地人の雇用比率に関する義務，技術の共有の義務などが，禁止の対象となるパフォーマンスの要請に含まれる。人権，労働権，環境保護の国内基準も違法扱いを受けることがある。経済面にかぎらず，さまざまな分野で政府や自治体の政策権限が取り上げられることになろう。

(3) 政府が外国企業の資産を収用する場合，即座にその全額を補償しなければならない。資産には投資額および投資によって得られた利潤も含まれるから，その運用や本国への還流に干渉することも実質上認められない。

(4) 外国企業が協定で確立された権利が侵されたと考えるときに，外国企業

が受入国政府に直接訴訟を起こし，損害補償を求めることができる。GATT のような従来の協定では，政府にのみ他の政府に対する不満を持ち込むことが許されていたことから考えると，外国企業の権利が大きく拡大することになる。

　MAI の思想を支えたのは，市場原理を万能と信じる新自由主義 (neoliberalism) の経済学である。それは，資本の自由化は投資の増大と資源の効率的配分を実現して，すべての受入国の経済にプラスの効果をもたらすと教える。しかし，粗雑な紹介ではあるが，上記の内容からみて的確と思われるのは，たとえば都留重人の，「MAI のねらいは，多国籍企業のための『権利章典』と言われたように，先進国に本拠地をもつ一握りの多国籍企業が，国境をこえての事業活動を現地において何らの拘束や規制を受けることなく，利潤の最大化をはかって自由に遂行できるようにする，ということである」といった指摘である [都留，1998；93]。自由主義的レジームか政治的・領土的支配かといった手段の違いはあるものの，圧倒的なパワーをもつ外国企業の直接投資にともなう行動に受入国の政府がなんの規制も行えないとしたら，それはかつての帝国主義に似ているといえないか。

　自由な市場の活性化とそれを支える新自由主義の思想は，1970 年代半ばの長期不況以降の資本主義経済の低迷への対応として登場し，さらに社会主義の崩壊を決定的な契機として，20 世紀末の世界を席捲するにいたった。そうした資本主義世界経済の新しい局面のなかで，巨大独占資本がグローバルな活動の無制限の自由を確保するためのプロジェクトの宣言が，MAI であった。貿易の分野では GATT が WTO へと飛躍をとげ，金融の分野では IMF（国際通貨基金）と世界銀行が力をふるってきた。そうした多国間レジームのもとで近年，自由化・グローバル化が大きく進展してきたが，直接投資の分野にはそのような包括的なレジームは存在しない。MAI は，いわば資本のためのグローバル化を完成させる意味をもつものであった。

4-6-2　地域的投資レジームへの動き

　しかし，MAI は強力な抵抗にあった。交渉の舞台が当初最適と考えられた WTO から OECD に移されたのは，多様な国々が集まる WTO の場では自国の

投資家を保護するための「高基準」の多国間協定を実現しえないとの懸念を，アメリカが抱いたからである。巨大多国籍企業の本国であり，直接投資の9割以上を送り出す先進国が加盟するOECDは，大企業に有利なルールの作成のためには格好の場である。しかも，協定が成立すれば，規制の姿勢が強いOECD非加盟の諸国も，先進国から投資を誘致しようとするかぎり協定に加盟せざるをえない。WTOでのルール化はその後でも遅くない。OECDのこの強引な姿勢が非加盟諸国に受け入れられるはずはなかった。反対の気運は各国の議会や地方の政府でも高まり，開発，環境，消費者，労働組合などの非政府組織（NGO）の反対運動も国際的な広がりをみせた。OECD加盟の多くの国の政府が自国の利益を損なう要素があるとみてこのルールに反対したことが，MAIの命運に決定的に作用した。アメリカ政府自身もその例外ではなく，最後には交渉意欲を失った。1998年末，OECDはMAIの成立を断念した。

　MAIは実現しなかったが，多国籍企業と経済大国が「高基準」の投資自由化を切望していることに変わりはない。しかし，経済構造も政策思想も大きく異なる諸国から構成されている世界に，グローバルな投資自由化のレジームが創設される可能性は少ない。今後を展望するに当たって注目すべきは，地域レベルでの投資自由化であろう。たとえばR.ギルピンは，慎重な言い回しながら「将来，数々の地域的な投資レジームが発展していくことだろう」と予測し，しかも，直接投資それ自体についても「主要経済大国の多国籍企業は，グローバルな戦略を追求して他国経済に投資しつづける一方で，自らがおこなう対外直接投資を隣国に集中させてもいる」のであって，「グローバルな生産・調達ネットワークの形成よりも，地域的な生産・調達ネットワークの形成のほうが顕著な傾向となった」と指摘している［ギルピン，2001；174-183］。

　こうして，グローバル化の完成をめざしたMAIが失敗に終わり，かわって地域的投資レジーム形成への志向が強まっている。そこには，経済大国が基軸となって，その勢力下に周辺諸国を包摂する可能性もひそんでいる。それが統合的なレジームへ向かうステップとなるのか，あるいは分裂をみちびく保護主義の手段となるのかはまだ明らかではないが，変質の過程から確認できるのは，直接投資に関する安定した国際システムは不在であること，同時に，とくに先進国の場合，国家は決して無力な存在と化してはいないということである。

4-6-3 「管理された開放」へ

グローバル・レジームあるいは地域的レジームのいずれにせよ，それらが投資自由化への道を整備するものであることに変わりはない。そこで最後に，投資自由化そのものをどう受けとめるべきかという基本問題に立ち返ろう。すでに貿易との関連でその一端を捉えたように（4-4参照），直接投資を受け入れる側はジレンマをかかえている。外国企業の進出は，経済発展に必要な諸要素の源泉になりうる反面で，資本が利潤獲得を動機に活動している以上，そのままでは受入国の経済発展に貢献できるとは限らないからである。とくに当面は市場経済以外に発展の展望がない状況のもと，外国資本の力を借りずには経済建設を進められない発展途上国にとって，ジレンマは深刻である。

窮迫した状況を前に，「管理された開放（managed openness）」ともいうべき政策の枠組みがありうると訴えるのは，L. ウェイスである。外国資本に対する受け身の開放は真の解決策とはなりえない。他方，一方的な閉鎖も現実の選択肢とはなりえない。ウェイスによれば，真の選択肢は，資本移動の利益に対して開放する一方で，富の創出を促進し社会的保護を与えるためにその影響を管理することである。開放したからといって，社会的な保護と富の創出から国家が退場するとは限らない。反対に，開放はそうした過程の国家による効果的な管理によって支えられることもありうる。一方的閉鎖と受動的開放の両極端の間に，制度と政策の改革のための実質的領域がありうるのである［Weiss, 1999；126-127］。

直接投資に対する管理された開放の実現可能性は，先進国であれ途上国であれ，基本的には各国が能力のある政府を持ちうるか否かに依存するであろう。同時に，国際社会が直接投資を管理するためのルールを持つことも重要な条件となろう。本章の文脈からして敷衍しておきたいのは後者である。国際投資ルールのルーツをたどれば，1970年代前半に国際民主主義を理念として国連で採択された「新国際経済秩序の樹立に関する宣言」のもと，多国籍企業の行動に関する規制が計画されたことが想起される。80年代以降，多くの計画は具体化されないまま朽ち果ててしまった。しかし，今日の新たな状況に適合するオルターナティブの模索はすでに始まっている。

その一例をあげれば，投資自由化の国際協定にモラトリアムの供与や投資誘

致のための減税・補助金競争の禁止（貧しい地域には適用を免除する）を盛り込むこと，IMF や世界銀行のような国際機関が発展途上国に信用を供与する際に条件として課する，投資に対する開放への要求を緩和すること，投資規制削減の際に UNCTAD や ILO（国際労働機関），WTO のような国際機関による承認の制度を設けること（労働や環境の規制を含む），多国籍企業に適用される国際最低賃金制度の創設，投資の管理にかかわる国際機関への労働者や市民代表の参加などが提案されている [Braunstein & Epstein, 1999 ; 125-127]。「開放か管理か」の二者択一ではなく，「開放も管理も」と主張する立場にとっては，検討に値する対抗構想といえよう。

　節度なき自由化，やみくもなグローバル化のもたらす混乱や限界がさまざまな形で明らかになった今日，企業のレベルからグローバル経済のレベルにいたるまで，ガバナンス（統治，管理）が議論の焦点となりつつある。それは，熾烈なサバイバル競争のなかで著しい不均衡や不安定に苛まれる資本の側からの切実な要請でもあろうが，真に必要なのは民主的なルールである。もちろん，そうした課題を実現することは容易ではない。実際，グローバル化の猛威の前に諸国家の経済的力能は後退してきた。しかし，国家そのものが退場したのではない。帝国主義の支配が終わって半世紀を経た今日の世界では，多くの波乱や曲折はあっても，大局的には独立国家の経済主権を最終的に乗り越えるだけの力は，いかなる資本にも与えられていないとみるべきではないか。MAI 計画への抵抗にみられたように，先進国と発展途上国における市民・民衆の運動も，新自由主義的グローバリズムに対して憤りを強め，これを圧迫する勢いをみせている。21 世紀をグローバル資本のための国際システムが約束された時代とみることはできないであろう。

[板垣文夫]

注）多様化する直接投資の要因を網羅的に説明しようとすれば，企業論的なアプローチは有力な方法であろう。直接投資を，寡占の進展と寡占間競争の激化にともなう現象とみなして，個別独占資本の企業行動の観点から説明しようとする産業組織論的アプローチ——とりわけ「独占的優位」の概念に象徴されている——は，その代表である。これは 1960 年代にハイマー（Steven Hymer）によって開始されて以来，独占批判というハイマー自身の意図とは異質の方向をたどりながらも，大きな発展を

とげてきた。未完成ながらも、今日では直接投資理論の主流になっているかにみえる。本文で扱うことはできなかったが、問題の所在を示す意味で一言付記しておきたい。

　このアプローチは、現代の独占資本の世界的集積運動を反映したものであり、そのかぎりでは、経済主体としての企業に即した現代資本主義世界経済の具体的な把握にとってはきわめて有効であろう。しかし、そこでの直接投資の理解は、資本の運動としては個別資本の運動あるいは企業の経営行動の範囲内に制約されざるをえない。端的にいって、資本の一般的な性格についての理解に媒介される形で、たとえば価値増殖の運動、あるいは資本と労働の関係などとの関連にまで深める形で、直接投資の意味を把握することはできない。その結果、やはり一つの例であるが、後の節（4-5）でふれるように、このアプローチだけでは、多国籍企業と国家・国民経済の関連についての理解も視野が狭められるように思われる。本章でとくに低賃金労働力の利用と貿易制限の回避を重視する形で、いいかえれば国民経済の存在や国家の作用を論理に取り込む形で、直接投資の目的を整理したのも、企業論的アプローチの限界を意識するからである。

参考文献

板垣文夫（2001）「新自由主義的国際投資レジームの問題点――MAI の経済学批判」『明大商学論集』第 83 巻第 3 号、所収。
ギルピン、ロバート（2001）『グローバル資本主義――危機か繁栄か』古城佳子訳、東洋経済新報社。
佐藤秀夫（2001）『国際経済の理論と現実』ミネルヴァ書房。
関下　稔（1994）「多国籍企業と貿易」吉信粛編『貿易論を学ぶ』有斐閣、所収。
都留重人（1998）「現代帝国主義の分析のために」『経済』第 39 号、所収（同（2003）『体制変革の展望』新日本出版社、再録）。
ハイマー、スティーブン（1979）『多国籍企業論』宮崎義一訳、岩波書店。
吉信　粛（1997）『国際分業と外国貿易』同文舘。
Braunstein, Elissa and Gerald Epstein (1999), "Creating international credit rules and the Multilateral Agreement on Investment," In Michie, Jonathan and John G. Smith, eds., *Global Instability: The Political Economy of World Economic Governance*, London: Routledge.
United Nations Conference on Trade and Development (Annual), *World Investment Report*. (www.unctad.org/wir)
Weiss, Linda (1999), "Managed openness: Beyond neoliberal globalization," *New Left Review*, 238.
World Trade Organization, *Annual Report*.

第5章　国際通貨・金融問題と貿易・投資システム

5-1　はじめに

　一時，ニュー・エコノミーともてはやされ，10年にわたる長期の好景気の持続で，もはや景気循環をまぬかれたといわれたアメリカ経済も，ヘッジファンドLTCMの救済劇やワールドコム，そして規制緩和の落とし子であるエンロンの破綻によって変調をきたしてきた。やはりニュー・エコノミーなど存在せず，アメリカ経済といえども不況からまぬかれないことが，はっきりした。またEUの中心であるドイツとフランスは2002年，不況のため，財政赤字がEUの財政基準であるGDPの3％を超えてしまい，両国が無理に財政赤字を減らそうとするとEU全体に不況がおよぶのではないかと懸念されている。日本は，バブルの負の遺産を解決できず長期の不況の過程にある。世界経済の中心である三つの国・地域で景気の後退，不況が，はっきりした。一部では世界同時不況，世界恐慌を懸念するむきもある。

　現在の管理通貨制（不換制）のもとでは，中央銀行の救済融資や国債の中央銀行引受けで得た資金を用いた政府の有効需要政策によって，恐慌を緩和し長期の不況に変えることができる。しかしこのため流通に必要な貨幣量を上回る過剰な通貨が発行されて，通貨の「価値」の低下，すなわち「減価」が生じ，その結果，商品価格の名目的価格上昇，インフレーションが発生する。過剰な通貨の発行は同時に過剰な貸付可能資本の累積の過程でもあった。インフレ政策，すなわち拡張的な経済政策によって過剰な通貨が滞留し，その一部が投資場所を求めて国境を超えて移動し，ユーロ市場，オフショア市場を生みだし，また為替相場を大きく変動させ，時には通貨危機を発生させ，各国経済を混乱させている。資本の流入によって購買力の増大した国は，一時的には経済が発展ないし活況になり，国内市場が拡大し，輸入も増大し，世界市場拡大の一要因となる。しかし，多くの場合それはバブル的要素を含み，結局はなんらかの

原因で資本の流出に転じると，通貨金融危機が発生し，債務問題が発生する。

　戦後の国際通貨体制である金・ドル体制，そして現在のドル体制は，管理通貨制下の通貨の「減価」による世界市場の拡大，過剰な商品の処理の歴史であり，この通貨の「減価」が国際通貨・国際金融問題の基礎の一因である。現在の変動相場制下において世界市場の拡大がどのように行われ，過剰な商品資本の処理がどのような形で行われ，それは貸付可能貨幣資本の運動とどう関係し，どのような問題を引き起こしているのであろうか。また，それはドル体制，途上国の債務累積，通貨危機とどう関係しているのか。そこで本章では，これらの問題を考察することで，現代の国際金融問題と貿易問題の接点についてみることにしたい。

5-2　国際通貨システムの変容

5-2-1　固定相場制から変動相場制へ

　旧 IMF 体制の柱は，アメリカによる金・ドル交換（金 1 オンス＝35 ドル）と固定相場制の二つであった。アメリカ財務省は各国通貨当局に対して，金 1 オンス＝35 ドルの確定比率で無制限に金とドルを交換することを約束した。協定によって，アメリカ以外の各国通貨当局は，為替平価（たとえば日本の場合 1 ドル＝360 円）の上下 1 ％の範囲内に自国通貨の為替相場変動が収まるように，無制限に介入することを義務づけられていた。

　この旧 IMF 体制は，アメリカを含めて各国政府に国際収支節度を課することになった。アメリカは為替平価を維持する必要はないが，アメリカの国際収支の赤字が続けば，ドルが下落し，他国が平価を維持する結果，他の国の公的部門がドルを保有することとなり，このドル残高は結局金 1 オンス＝35 ドルの公定価格で金・ドル交換を求められ，アメリカから金が流出することになる。アメリカから金が流出し続ければ，アメリカの金準備が減少することになる。アメリカは国際収支の赤字の場合，当面はドルで支払うことができるが，最終的に金で決済することが，金・ドル交換の意味であった。すなわちアメリカにとっては金・ドル交換が国際収支節度を保たせ，過剰なドルの流出を防ぐ機能を果たしていた。それは金と交換に対外的な過剰ドルが収縮するルートでもあ

った。

　生産力が相対的に低下すると，アメリカは，国内均衡と国際均衡を同時に追求できなくなった。大量の金流出の結果，金準備が減少し，ドル危機が発生すると，アメリカは，金準備を守るために，国際収支の赤字の原因である拡張主義的経済政策をやめる方向を選ばず，1971年8月に金・ドル交換を一方的に停止する道を選んだ。アメリカは，金・ドル交換を停止することで，一方では拡張的な経済政策を追求できるようになり，他方では金とは交換されない，決済不能の「過剰」ドルを世界に散布することになった。アメリカは国際均衡を無視して，国内均衡を重視したのである。

5-2-2　変動相場制と国際資本移動

　金・ドル交換が停止されると，1973年に変動相場制に移行した。変動相場制の特性は，上記の旧IMF体制の二つの柱がなくなったこと，すなわち金による最終決済がないこと，通貨当局の介入による為替平価の維持がないことである。変動相場制とは，為替取引によって対外的債権債務を相殺の形で国際決済し，相殺しきれない差額を未決済残高として繰り延べる，国際的に貸し付けておく，借り入れておくというものである。国際収支の赤字国は，国際収支の黒字国から資金を借り入れることによって，国際収支の赤字を支払うのである。したがって変動相場制は国際的な資金の貸し借り，短期資本移動を基礎としている。外国為替の需給調整や国際収支調整をこの国際的な短期資金移動に依存して行おうとするのが変動相場制の特徴である。

　旧IMF体制のもとでは経常取引の決済における為替取引の自由化は協定されていたが，資本取引の自由化は強制されていなかった。むしろ固定相場制を維持するために，各国は資本移動を制限していた。変動相場制になると資本移動を規制しておく必要はなくなる。むしろ資本移動によって経常収支を調整するという意味でも資本自由化が求められることになる。アメリカは変動相場制に移行した翌年に金利平衡税を含む対外投融資規制措置を撤廃した。西ドイツは74年に為替管理を自由化した。78年にはシンガポールが為替取引を自由化し，79年にはイギリスが為替管理を廃止し，80年には日本が外為法を改正して，資本移動を「原則自由」とした。フランスとイタリアは少し遅れるが，

90 年になって資本移動を自由化した。こうして変動相場制の移行とともに金融のグローバル化がはじまる。

5-2-3 ドル体制の成立と過剰ドルの発生

　変動相場制になってもドルは依然として国際通貨として機能している。アメリカは国際収支の赤字を自国通貨ドルで支払うことができる。こうして国際決済の繰り延べられた「過剰」ドルがアメリカの国際収支赤字の結果として流出し、対外ドル残高が形成された。これはアメリカにとっては対外債務である。この「過剰」ドルが国際短期資本の源泉となって、諸国の為替市場を移動し、為替相場の不安定な変動を引き起こす原因となり、実需取引よりも資本取引の動向がその時々の為替相場変動の大きな要因になってきたのである。国際決済銀行（BIS）の 1998 年の市場調査によると、1 日の外国為替取引額は約 1 兆 5000 億ドル（現在は 3 兆ドルを超える）に達している。他方、全世界のその年の貿易額は 7 兆ドル程度（現在は 12 兆ドル程度）であるから、貿易代金の決済の必要だけでいえば、わずか 5 日の為替取引で十分ということになる。

　この「過剰ドル」を受け入れ、それを運用する国際金融市場としてユーロ・カレンシー市場をはじめとするオフショア金融センターが発達した。ユーロ・カレンシーとは「当該通貨発行国以外に所在する金融機関に預けられる資金」と定義されている。

　ユーロ・カレンシー市場は、国外から外貨資金を調達し、国外で運用する、オフショア・ビジネス（外―外取引）が中心であった。ユーロ市場としてはロンドンが草分けだが、このような市場は 70 年代になるとシンガポール、香港、カリブ海諸国、バーレーンなどにも広がった。この市場は、支払準備率、預金保険制度など各国の国内規制が及ばない、また租税が免除された、自由な市場となっている。その結果、それだけ取引業務コストが低くてすむことと、1 件あたりの取引が大きく取引コストを下げることができるので、当該通貨発行国に所在する金融機関より、預金金利を高くそして貸出金利を低くすることができ、国際競争上有利である。金融取引や金融資産の利得に対する租税の免除という点で見ると、オフショア金融センターはタックス・ヘブンであり、ほとんど両者は同義語として使われている。このオフショア金融センターは、タック

ス・ヘブンとして大富豪や世界のほとんどの大企業，大手金融機関が全体で何兆ドルにもなる膨大な資産を自国政府の監視と課税から逃れて秘匿し，移転し，運用するための，大規模で無政府的な国際金融センターとなっている。国際金融センターは先進国から膨大な資金（多くはドル）を調達し，それを世界中に再配分する機能を果たしているのである。ほとんどのタックス・ヘブンでは，銀行の機密保持が法律によって厳格に義務づけられているので，本国の監督機関が自国の企業や金融機関がタックス・ヘブンに保有する資産を立ち入って調査することはできない。このために，企業や銀行がいったんタックス・ヘブンに資金を移転すると，その後の資金の流れを本国の監督機関が追跡することはほとんどできない。

5-2-4　金融の自由化・グローバル化

　先進国での金融自由化の背景は，ケインズ主義的景気浮揚政策によるインフレーションの発生と国債の累積にある。インフレーションのため名目金利は上昇圧力を強め，規制金利による低金利政策は困難となる。他方で，ケインズ政策の結果，とくにオイル・ショック後の長期不況以降，不況対策によって先進各国の財政は赤字傾向となり，大量の国債の発行と累積にともない，国債消化促進のため，先進各国は国債管理政策をやめ，自由流通市場を認めて，自由に価格が決まり，自由に利回りが決まる市場を生みだした。そのため，高利回りの金融商品としてこれを組み込んだ市場金利連動型投資信託 MMF を証券会社が売りだすと，規制金利を嫌って，資金が銀行から証券に流れるディスインターミディエーションを引き起こした。このため銀行界は金利自由化，金融自由化を要求するようになった。また自由な市場としてユーロ市場が生まれると，先進国とくにアメリカは，国際金融業務をユーロ市場に奪われ，金融の空洞化が進むなか，銀行界は金融自由化を要求した。

　このようなことが背景となって，80年代，レーガン政権のもとまずアメリカで金融規制が次つぎに解除され，金融自由化が始まった。自由化の結果，アメリカに所在する他の先進国の金融機関が自由な金融活動を展開するようになると，国際競争力のあるアメリカの金融機関は，他国の市場への進出の自由を求め，「公平な競争」と相互性の名のもとにアメリカの基準を世界基準として

他国に対して規制緩和を要求し金融自由化を迫っていった。こうして金融グローバル化が本格的に進展した。それは，アメリカの金融機関がその絶大な国際競争力と国際通貨ドルを武器に，世界の金融覇権を求めるものであった。

　金融自由化・金融グローバル化の技術的背景には情報技術の発展，とくにパソコンの普及がある。パソコンによって演算処理能力が飛躍的に高まり，小口の金融取引の集中管理や，決済が非常に容易になった。そして，これを使って新しい金融商品も開発できるようになった。逆に最近のアメリカを見ればわかるように，金融業はパソコンを中心とする通信，情報処理装置，いわゆるIT産業の大きな需要先である。金融の活動状況はIT産業の拡大と成長，ひいてはその国の経済成長と深く関係している。この点からも各国政府は金融自由化・グローバル化を推し進めることになる。

　また，レーガン政権は巨額の経常赤字を国際資本移動によってファイナンスする必要からも積極的に先進国金融市場の自由化・グローバル化を要求することになった。

5-2-5　WTOにおける金融サービス交渉

　このようななかで，AMEXやシティー・コープのようなアメリカの巨大金融機関は，多角的貿易交渉の分野にサービス貿易を含め，自由化を促進するように，アメリカ政府に要求し，ウルグアイ・ラウンドにおいてアメリカ政府は交渉目標として金融サービス交渉を要求した。だが，ウルグアイ・ラウンドを通じて，アメリカは途上国に対して金融の自由化を強く迫ったが，現実の交渉によって得られた成果は，アメリカにとって不満を残すものだった。このためアメリカは最恵国待遇の原則にもとづく自由化約束を拒否し，最恵国待遇供与の義務を免除されるために必要な広範な免除登録を条件として提出したため，金融分野での交渉は実質妥結にいたらなかった。

　WTO協定の発効後，金融サービス交渉が再開されたが，アメリカを含めて合意にはいたらず，暫定合意の状態にあったが，97年4月から金融サービス交渉は再開された。その交渉の結果，金融サービス分野における最恵国待遇にもとづく金融の自由化の恒久的な合意が達成された。

5-3　アメリカの債務

5-3-1　アメリカの国際収支節度の喪失と経常収支の赤字増大

　金・ドル交換停止以後もドルは国際通貨として機能している。「ここに『ドル本位制』という見解が生まれた。ドルは実質的にも法制的にも金による価値の裏付けを失い，それ自身の購買力に基づいて使用されるという表象に加え，ドルの受け渡しのみによって国際決済が完結する，つまりドルが国際的にも最終決済手段になった，という認識が生まれた」［片岡, 2001 ; 9］のである。つまり，「ドル本位制」とは金・ドル交換停止以降の変動相場制のことで，それゆえ金による最終決済のない国際通貨体制である。

　その結果アメリカの国際収支節度は失われ，経常収支の赤字が拡大していった。1971年には貿易収支が戦後はじめて赤字となり，73年，75年の一時的黒字への回復を経て，76年以降は赤字が定着している。それにともなって経常収支の状態も悪化し，82年以降は赤字が継続し，しかも年々増大し，2000年には4447億ドルの巨額の赤字となっている。この赤字は国際的資本移動によってファイナンスされざるをえない。アメリカの財政収支と経常収支の赤字をファイナンスしているのは経常黒字国の日本と西ヨーロッパの諸国である。日欧の経常収支黒字は主として対米証券投資として米国に還流した。その背景にはアメリカの相対的高金利にもとづく日欧とアメリカとの国際金利格差がある。とくに日本資金の占める割合はきわめて大きい。たとえば，1983年から89年に起こった日本の対米長期投資と外貨準備増（日本の通貨当局保有のドル建て短期債権の増加）は同じ期間のアメリカの経常収支全体の4割強にも達するといわれる。これに対して当時日本につぐ黒字国であった西ドイツの貢献は規模が限られていた。その結果アメリカは1985年に（簿価評価額。時価評価額では86年，また市場評価額では87年となる）純債務国すなわち借金国に転落した。現在アメリカの対外純債務は2兆1274億ドル（市場評価額2000年）にも達する。

5-3-2 経常収支赤字下の資本輸出国

　1990年代に入るとアメリカは景気が回復するとともに再び経常収支赤字を拡大させていった。しかしその一方で経常収支赤字を大きく上回る資本収支の黒字を確保して，資本輸出を拡大している。たとえば1995年から98年の対米資本流入は平均するとアメリカの経常収支赤字の約2.8倍であったという。そしてアメリカは経常収支の赤字国でありながら，国際資金循環の中心的地位を獲得している。

　この時期はアメリカの景気が回復するなかで，日本，西ヨーロッパの不況という国際的な景気循環のズレとそれにともなう日欧の低金利政策によって国際金利格差が長期化した。そのため，日欧の先進諸国は対米証券投資を急増させた。それはアメリカの経常収支赤字をはるかに上回る資本輸入であった。その経常収支を超過する資本輸入の余剰部分は株高や社債ブームをつくりだし，その取引や処理のためIT産業が発展し，IT革命を成功させ，アメリカは高い経済成長を実現した。それは日欧のさらに多くの対米証券投資を生みだした。アメリカはそれを利用して，またドルが国際通貨であることを利用して，エマージング・マーケットやその他の途上国に証券投資や直接投資を積極的に展開している。こうして途上国はアメリカを中心とする国際的資金循環，ドル体制に巻き込まれていくことになる。アメリカは経常収支をファイナンスする資本輸入と途上国への資本輸出のために金融の自由化，金融のグローバリゼーションを世界に推し進める必要があるのである。この途上国への証券投資を担ったのが，年金基金と投資信託を中心とする機関投資家である。

　経常収支赤字国でありながら資本を輸出できるのは，経常収支を上回って資本を輸入できることが条件である。アメリカは経常収支赤字にもかかわらず，資本輸出することの矛盾としてドル相場が暴落する危険があるが，これを防ぐためにはアメリカに世界から資金が流入する必要がある。資本を輸入するためには米国の金利あるいは利回りが，その他の地域より高くなければならない。それにしても，アメリカの経常収支は依然として大きな赤字である。その結果として，アメリカの対外純債務も巨額となってきた。2000年の経常収支の赤字額はGDP比4.5%である。対外純債務額は22%を超えている。そのため投資収益収支は1998年69.6億ドルの赤字となり，1999年191.7億ドルと増大し

ている。アメリカ経済は自転車操業状態になってきたといえる。アメリカへの資本輸入を支えていたネットバブルも崩壊し，エンロン，ワールドコムの粉飾決算事件で株も下がり始めた。アメリカは低金利政策で株高を維持しようとしているが，それは結局，日欧との国際金利格差を縮小させている。経常収支赤字国のアメリカが資本輸出する矛盾がドル暴落として現れる危険はしだいに増している。

5-4 途上国の債務危機

5-4-1 オイル・マネーと途上国の債務危機

　石油危機の結果，1970年代後半，産油国には巨額のオイル・マネーが流れ込み，巨額の経常収支黒字をもつことになった。しかし産油国は巨額の経常収支黒字を自ら資金不足の途上国に投資するだけの情報や経験，機構ももっていなかった。そこで，それは主として先進国の銀行や「ユーロ・ダラー」市場に預けられた。

　しかしこの頃，先進国では石油危機の結果，長期の不況に陥っていたので，大企業の資金需要は減少し，貸付先を見いだすことができなかった。一方で，中南米やアジアの一部の中所得国が工業化に成功し，「新興工業国」NICsとよばれ，その成長性に大きな期待がもたれるようになっていた。高成長率を反映して，新興工業国への貸付は高収益が見込まれた。

　ユーロ市場の銀行は，資金を必要とするこれら一部の中所得途上国に，変動金利のシンジケート・ローンの形で貸し付けた。幹事行は，資金量も大きく，国際業務にも精通し，国際的に張り巡らせた支店網のもとで貸付先についての情報も多くもっているので，それまで国際貸付の経験のない中小銀行でも安心して加わることができた。シンジケート団を組織する幹事行は膨大な手数料収入を得るが，それは通常米銀であった。このシンジケート・ローンによってこれまで以上に巨額の資金貸付が可能となり，しかも急速に途上国向け銀行貸付が増大していった。また固定金利でなく，変動金利で貸し付けることによって，貸付銀行は金利変動リスクを貸し手に転嫁することができた。

　この頃，ちょうどアメリカの「双子の赤字」がドル高と高金利をもたらした。

ドル建ての変動金利で借りていた途上国にとっては二重の負担増加となった。同時に世界的な高金利によってインフレが押さえ込まれてきたので，債務の変動金利は実質ベースで（インフレ率を控除した値）で，1977～80年にはマイナス8.7％であったのが，81～83年にはプラス15.7％にまで上がり，その差は24.4％にもなる大きな変化であった。一方，先進国は不況で途上国からの輸出が伸び悩み，途上国はあてにしていた先進国への輸出によって外貨収入を得ることができず，債務の返済に悩むことになった。

このように途上国は金利負担が増大したばかりでなく，輸出困難のため支払能力も減少して，利払いの継続が難しくなった。1982年8月にメキシコが金利支払い困難に陥った。これが80年代債務危機の始まりとなった。メキシコは産油国であり，最も支払能力があると思われていたので，より輸出余力のない途上国に銀行資金の流れが止まることとなった。メキシコに続いてブラジルまでが金利支払いの停止に陥り，銀行の途上国融資に対する態度が急変し，銀行融資が急減して，債務危機は途上国全体に広がった。

債務危機の裏側では借入国からの大量の「資本逃避」もあった。ある推計によると，それは1978～81年の間に契約された借入額に対して，アルゼンチンで60％，メキシコで40％，ベネズエラでは100％以上に達したという［石見, 2001；116］。これだけの資本逃避がなければ，中南米諸国は債務危機をまぬかれたという見解もある。国内の富裕層や企業が，自国通貨の切下げ前にドルに転換して利益を得ようとしたのである。

中南米債務国への貸付残高の40％はアメリカの銀行が占めており，中南米の債務問題はアメリカの大銀行に深刻な打撃となり，国際金融システム全体を動揺させるものと考えられた。こうして債務危機対策も銀行救済のために行われることとなった。債務危機は，途上国の開発と成長の危機であるにもかかわらず，資金を貸し付けた先進国の大銀行の危機であると強調された。

5-4-2 金融自由化と途上国

メキシコの債務危機に対するアメリカ政府の対応は早かった。アメリカ政府は国際通貨基金（IMF）と他の先進国に支援を呼びかけ，銀行団と債務国が債務返済の繰延べ（リスケジューリング）交渉に入り，銀行団は債務の繰延べと

「借換え」に応じた。IMF は，財政赤字の大幅改善，対外債務の圧縮，インフレ抑制のための金融引締め，政府補助金のカット，賃上げの抑制，輸出の促進，増税，経済と金融の自由化，市場開放など一連の構造調整プログラムの実施を条件に 50 億ドルの追加融資に応じた。構造調整政策は，実質金利の急騰と不況をもたらし，失業を増大させ，政府補助金の削減と賃上げの抑制は，借入国の国民生活を直撃し，国民を苦しめ，貧富の格差を拡大させることになり，政治的・社会的不安が広がった。

　しかし，この債務国のデフレ政策はアメリカの途上国向け輸出の減少をまねいたことから，やがてアメリカの財務長官ベーカーによって「ベーカー案」が提案された。それは，債務国に，成長促進のための融資を継続する一方で，国際収支調整，インフレ抑制などのための構造調整政策を求めるもので，基本的に従来の路線と大差はなかった。

　このように累積債務問題に向けてさまざまな試みがなされたが，成功しなかった。その理由は「これらの提案の第 1 目標が債務サービスの継続（多国籍銀行の経営の安定化）を前提にした『債務繰延べ』を基本とするものであり，累積債務国の再建・発展ではなかったからである。途上国向け貸出債権の相当部分を不良債権化させた多国籍銀行が経営危機に陥って国際金融危機へと発展するのを防止することに最優先課題が与えられていた結果である」[山本，2002；82]。

　こうした流れのなかで，アメリカの債務戦略を「債務繰延べ」から「債務削減」へと大転換させた「新債務戦略」が 89 年に財務長官ブレイディによって提案された。それは要するに IMF・世界銀行や債権国政府が支援して債務削減・利払い削減をし，その見返りに IMF の構造調整政策を実施させるというものであった。たとえば，メキシコの場合，メキシコが新規に発行する国債と銀行債務を割り引いて交換するという債務の証券化の手法がとられた。構造調整政策は債務削減とともに経済再建の条件を整えるものとみなされたのである。1989 年にメキシコと銀行団の間で合意が成立したのち，コスタリカ，ベネズエラ，ウルグアイがこれに続いた。92 年には，メキシコの次に債務残高の多かったアルゼンチン，ブラジルが合意した。債務削減の取決めが整うとともに途上国へ民間資本が再び流入した。こうして 80 年代の途上国債務危機は一応

の決着をみたのである。

メキシコの救済を先例として，1980年代から現在までの間に，IMFは，支援を要請する70ヵ国以上の途上国や市場経済移行国（ロシア・東ヨーロッパ諸国）に対して，融資の条件として経済と金融の自由化，規制緩和，企業の民営化，賃金抑制，緊縮財政を認めさせた（のちにこれらの政策はワシントン・コンセンサスと呼ばれる）。このようにして途上国の経済と金融の自由化，規制緩和は急速に進むことになった。IMFと世界銀行は，多くの途上国に対して援助と引き換えに金融自由化，経済自由化を迫り，これらの国の金融市場と国内市場を先進国の大銀行と多国籍企業のために開放する役割を演じた。

5-4-3　エマージング・マーケットの発生

1990年代になるとようやく立ち直りをみせたメキシコなど途上国に，再び民間資金が大量に直接投資や証券投資の形で流入するようになる。それはベーカー財務長官の「メニュー・アプローチ」や「ブレイディ案」の債務削減策が債務の証券化・株式化を含むものであったから，アメリカのセキュリタイゼーション（証券化）が途上国にも及ぶことになったのである。債務累積により銀行融資による資金調達が困難になり，新たな資金調達手段を株式市場に依存するようになった。ラテン・アメリカやアジアの途上国の証券市場が「エマージング・マーケット」と呼ばれ，もてはやされた。アメリカ国内の金利低下を背景に年金基金と投資信託を中心とする機関投資家が，高収益とリスク分散のための国際分散投資の一環として，このエマージング・マーケットへもポートフォリオ投資（証券投資）を拡大したのである。これ以後，途上国の証券市場は先進国資本に組み込まれ，金融市場のグローバリゼーションの渦中に投げ込まれることになったのである。途上国は不安定な資金に依存するようになった。セキュリタイゼーションはますます短期的資金が証券市場に流入しやすくなる条件を生みだした。

メキシコは，ドル・ペッグ制をとり，外資流入を促進することになる。外資流入の結果としてペソの過大評価とそれにともなう貿易収支の赤字，経常収支の赤字の増大が生じた。また94年からアメリカは景気回復の結果，物価が上昇してきたので金融引締め政策に転じ，高金利政策へ転換した。このような状

況のなか，メキシコへの証券投資の有利性が次第に失われ，逆に経常収支の赤字拡大がいずれは為替の切下げをまねくとの予想が生まれることとなった。こうしてメキシコでは切下げを予想した資本流出によって外貨準備の減少が続き，メキシコ・ペソはついに 1994 年 12 月に変動相場制に移行した。パニックは中南米諸国やアジアのエマージング・マーケットにまで波及した。

　80 年代の債務危機と同様に，ブームのあとの破綻で，借入国と大銀行が救済された。メキシコは 1995 年に激しい不況に襲われたが，96 年には早くも景気回復の兆しが見られ，予定より早くアメリカの金融支援を返済することができた。こうしてみると今回の危機は，メキシコの国内に問題があったことは確かであるが，それ以上に金融自由化の結果としての先進国からの証券市場への膨大な短期資金の流入・流出によって起こされたことを予感させるものであった。当時の IMF 専務理事 M. カドムシュはこれを「21 世紀型金融危機」と呼んだ。

5-4-4　アジアの通貨・金融危機

　これまで総じて高い成長を見せていたアジアでも，97 年，タイのバーツ暴落をきっかけとして通貨・金融危機が発生した。アジアでは 1970 年代に NIEs が輸出指向工業化でめざまし経済発展をとげて注目されたが，80 年代には ASEAN 諸国も積極的に外資を取り入れて，急速に経済発展した。外国企業を誘致するためには貿易の自由化のみならず，外国企業の資金調達のために金融市場の自由化も必要になった。インドネシアやフィリピンなどの債務問題を経験した諸国では，国際機関から「構造調整政策」として自由化を求められた。このように，ASEAN 諸国では 1980 年代に金融制度と対外資本取引の自由化が実施された。

　東アジア諸国の為替制度はドルにリンクする制度をとっていた。「カレンシー・ボード制」，あるいはドルのウェイトの大きい「通貨バスケット制」などであり，事実上ドルに固定相場で結びついていた。アメリカが東アジア諸国の主要輸出先だからである。85 年のプラザ合意以降，それまでのドル高（円安）局面からドル安（円高）局面へと転換することとなった。このため，自国通貨の為替相場はドルと連動して動く東アジア諸国は，日本で生産された商品に対

して国際競争力を高めることになったのである。もっとも主要部品は先進国，とくに日本から輸入しなければならず，また直接投資にともなう投資収益の送金，特許使用料の支払いなどで，90年代に入ると経常収支は赤字傾向にあったから，それを海外からの資本流入でファイナンスする必要があった。こうして東アジア諸国は注目され，外国の投資家（商業銀行，投資銀行，年金基金，投資信託，ヘッジファンド）が金融自由化のもとで大量の資金を東アジア諸国に投資することになった。

　日本の低金利のなかで，外国の投資家（主としてアメリカの金融機関）は，金利の安い円を借りて，それを金利の高い東アジア諸国の通貨に換えて投資するという「円・キャリートレード」を行った。東アジア通貨はドルに結びついているので為替リスクの心配がなく，安心して投資ができるのである。「円資金を調達し，それをタイ・バーツで運用すれば95年後半期には年率で換算して時には100％の高い利回りを獲得できた。96年に入ってからも20％以上の高い利回りが確保されて」［奥田，2002；315］いたという。もちろん日本の銀行も同様の投資を行って膨大な利益を得ている。

　東アジア諸国では全体として証券市場が未発達で，金融システムは銀行制度を中心とする「間接金融」であった。このため東アジアの金融市場に流入した外資の多くは，海外の銀行による現地の銀行と企業に対する短期融資の形態で流入した。先進国の銀行が短期融資を行ったのは，BISの自己資本比率規制（自己資本／総資産の比率を8％にする）の影響がある。分母の総資産には貸出形態によってリスク・ウェイトがつけられているからである。たとえば，非OECD向け短期融資は総貸出額の20％を総資産に組み込めばよいが，長期融資は100％組み込まなければならない。このようにBIS規制が結果的に銀行を発展途上国向けの短期融資に走らせることになったのである。

　95年の超円高を境に為替相場が円安に転じると，東アジア諸国の商品の国際競争力は日本に対して低下し，経常収支の赤字が増大してきた。経常収支赤字の拡大は，為替の切下げ期待を生み，タイの最大の金融会社のひとつであるファイナンスワンに対するタイ中央銀行による支援打切りをきっかけとして，外資の大量流出，タイ・バーツ暴落が起こって，通貨危機が発生し，タイは変動相場制に移行した。通貨危機は他の東アジア諸国に波及していった。自国通

貨の下落によって，銀行は返済のためにより多くの自国通貨を必要とするので，外資の流出は二重に銀行の貸付額を圧縮させ，それが途上国企業の資金繰りを悪化させ，通貨危機から経済危機へ発展した。

こうした状況のなかにあってマレーシア政府は，ヘッジファンドによる通貨投機こそが今回の危機の原因とみなして，危機の最中に包括的な資本移動規制を実施した。マレーシアは，経済活動の大きな混乱やデフレに見舞われることもなく，1年後には経済の安定化，外資流出への備えができたことを理由に，規制を一部解除した。これは危機において資本移動規制が有効であることを実例で示したものといえる。

IMFとアメリカは当初，アジアの「クローニー（仲間うち）資本主義」が危機の原因とする立場から，金融支援と引き換えに，従来の債務危機と同じ，財政の健全化，銀行に対する信用削減，自己資本比率規制の遵守，不良銀行の閉鎖，対外的には関税の切下げ，対内直接投資の自由化などの，いわゆる「ワシントン・コンセンサス」にもとづいた構造調整政策を勧告した。しかし，アジア通貨危機は98年，ロシアからブラジルへと伝播し，途上国全体を巻き込んで，世界の金融市場に大きな混乱をもたらした。そのなかで，アメリカのLTCMが破綻に瀕し，ニューヨーク連銀が仲介して欧米有力金融機関による緊急資本注入を実施することで救済された。これはアメリカにも「金持ちの仲間うち主義」が存在することを明らかにした。このLTCM救済をきっかけとしてアメリカの態度は変貌して，通貨危機の原因は，アジア諸国の国内要因によるものではなく，不安定な国際資本移動が原因であることを認めざるをえなくなった。これ以後アジア通貨危機の原因に関する論争は，「クローニー資本主義説」から国際資本移動の不安定性に移ってきた。

5-5 最終決済なき国際通貨制度

5-5-1 アメリカ・途上国の債務と世界市場の拡大

これまで見てきたように，アメリカの債務と途上国の債務とはアメリカが国際資金循環の中心を占めることによって一定の関連性をもっているといえる。それは金・ドル交換停止以後もドルが国際通貨であることと関係する。

ドルが国際通貨として機能するということは，アメリカの市中銀行にあるドル建て当座預金が口座の振替を通して国際決済に使われるということである。国際間の取引は外国為替によって行われるが，為替銀行がドル為替を保有することは，コルレス契約にもとづいてアメリカの市中銀行にドル建て当座預金（コルレス残高）をもつことである。国際決済をドルで行うとは，アメリカの銀行に開設されているドル建て当座預金間の預金振替という帳簿上のことである。コンピュータの発達によって，この振替処理が非常に容易になった。このようにドル資金をある国から他の国に動かす場合も預金振替という帳簿上のことなので，瞬時に大量のドルをどこの国へでも移動することが可能である。

　ドルが国際通貨となったのは，アメリカが巨大な経済大国として国際的な規模での再生産と，国際取引の中心にあり，また国際金融市場をもち，この市場が非居住者に開放され，アメリカの銀行組織に多数の周辺非居住者預金口座が開放されているからである。ドルが国際通貨であるため，アメリカは国際収支の赤字をアメリカの市中銀行の信用創造によって創出された預金で決済できるのである。つまり，国際収支赤字という対外債務を市中銀行の対外債務（非居住者預金）の増加で決済できるのであり，このようにして自国通貨ドルを国際通貨の地位に置くことができる。要するに，負債を別の負債に置き換えることができる。このためアメリカは国際収支節度を失い，経常収支の赤字増大を生みだしているのである。アメリカの場合と違い，途上国は債務の元利払いのためには経常収支の黒字を生みだし，対外債権（ドル債権）を獲得して支払わなければならない。この点で途上国の債務には，銀行が新規融資をしないことと，経常収支の黒字を生みださなければ，返済できないということが歯止めとなる。しかし，アメリカにはこの歯止めがないのである。国際収支の赤字はアメリカの市中銀行の信用創造で，必要ならば中央銀行の信用創造で支払うことができるのである。それはアメリカのドル債務の増大である。

　これを黒字国の視点から見れば，「アメリカは世界市場に対して赤字分の有効需要を対外債務の増大という形で提供しており，いわば国際的規模でケインズ政策を実施している」[山田，1999；153]のと同じことである。黒字国，とくに総輸出の30％を対米輸出で占めている日本は，過剰商品の処理をアメリカへの輸出に求めることによって成長を支えている。その結果がアメリカの経常収

支の大きな赤字であり,ドル債務の増大であり,ドル相場の長期的な下落傾向である。そしてアメリカの国内市場の拡大を通して世界市場問題の解決をはからざるをえず,その代償がドルの減価,ドル相場の下落傾向といえる。この点から,現在の資本主義世界はドル体制,アメリカの国際通貨国特権を受け入れざるをえないのである。だがドル残高はアメリカの債務であり,最終決済はなされていない。なされていないからこそドル残高は増大し,ドル暴落の危険がある。

　途上国の債務危機も先進資本主義国による過剰商品,過剰貸付可能貨幣資本の処理と関係している。82年の中南米債務危機のとき,「先進国の政府,たとえばアメリカの財務省が銀行に対途上国融資を促したという説もある。赤字国に対するオイル・マネーの還流は世界経済の安定にとって不可欠であったが,政府や国際機関が直接その役割を担うのに消極的であり,代わりに民間銀行に押し付けた」[石見, 2001；114] という。このことは先進国政府が輸出拡大のために自国の銀行を利用したことを意味する。なぜなら,オイル・マネーの還流は途上国にとって必要であったばかりでなく,先進国にとっても不況から脱するために必要であったのである。途上国の貿易収支は70年代赤字であった。不況にあえぐ先進国が,途上国への輸出によってその状況から抜けだすためには,途上国に購買力を移転しなければならない。銀行は自らの利潤追求のため途上国に貸出しを拡大したのであるが,その結果,途上国は先進国からの工業製品の輸入が可能となった。このように先進国の銀行が途上国に貸し出す資金によって,先進国の製造業の輸出拡大が可能となったのである。先進国内においては過剰な貨幣資本が途上国に貸し付けられ(処理され),そして先進国の過剰な商品が販路を得たのである(処理された)。その代償が途上国の債務危機である。

　90年代の通貨危機についても同じことがいえる。たとえば,アジアの通貨危機の前,大量の貸付可能貨幣資本が流入し,また世界輸入に占めるANIEsとASEANのシェアはそれ以前の11％前後であったものが,94年から97年までおよそ13％を占め,危機後10％を切るまで落ちたことに着眼すると,アジアへの貸付による過剰な貸付貨幣資本の処理と,アジアへの輸出増大による世界市場の拡大が行われたものと思われる。

5-5-2 地域主義と国際協調政策

アメリカの経常収支赤字の継続と対外純債務の増大によるドル暴落の危険と，途上国の通貨危機によって「ドル体制」の限界が明らかになった。そして，この不安定なドルに振り回されることを嫌い，ドル体制から自立しようとしてEUは単一通貨ユーロを1999年に導入し，2002年からは国民通貨を廃止し，ユーロが流通し始めた。

ドルの不安定性をなくすためには，アメリカは国際通貨国特権を放棄し，国際収支節度を回復しなければならない。たとえば，他の赤字国と同じようにアメリカが国際競争力を回復して対外債権を得ることによって対外債務を相殺する方法がある。しかし，そのためにはアメリカの生産性の急激な上昇が必要であるが，多国籍化しているアメリカ企業がアメリカ本国で生産性を急激に上昇させるとは考えにくい。つぎに金・ドル交換の再開によってアメリカの国際収支節度を回復する方法がある。しかし，これはアメリカの国際通貨国特権を廃止するものではないから，再び減価の道が始まることになろう。目標相場圏構想（ターゲット・ゾーン制）などもあるが，アメリカの国際通貨国特権を廃止するものではない以上，固定相場制と変動相場制の中間に位置する構想であり，根本的な解決にはならないであろう。

EUでユーロが導入され，それが一定程度発展すれば，ドルは唯一の国際通貨であることをやめ，複数の国際通貨が出現することによって，リージョナリズムの動きが進むと同時に，並行して金融グローバル化が進んでいくものと思われる。そのときユーロがドルにどのような影響をおよぼすかが問題となろう。

アメリカが国際通貨国特権を放棄しない以上，もはやアメリカ一国の力ではドルの暴落を回避することは不可能であるから，ドルを維持するために先進各国に国際政策協調を求めることとなろうが，あくまでアメリカの経常収支赤字を前提にしてのことであろう。

アメリカの国際通貨国特権にもとづくドル過剰が，金融自由化，金融グローバル化の背景にある。対外証券投資を行う機関投資家やヘッジファンドの運用する総資産額は，現在20兆ドルを超えるといわれているが，そのうち1％が国際分散投資に使われるだけでも2000億ドル以上に達する。これは途上国の経済規模にとって膨大な額であって，その流入出によって途上国は振り回され

ることになる。IMFやG7によって提案されている改革案は，あくまでも資本自由化を前提にし，そのうえで国際的金融業務の「透明性」や「監視」を強化しようというものである。それは危機管理の案であって，危機防止の案ではない。膨大な額の不安定な投機資本の攪乱的動きから自国経済を守るためには，危機防止の案を考える必要がある。

［秋山誠一］

参考文献

イートウェル，J. L., テイラー，L. J.（2001）『金融グローバル化の危機』岩本武和・伊豆久訳，岩波書店。
石見　徹（2001）『全地球化するマネー』講談社。
奥田宏司（2002）『ドル体制とユーロ，円』日本経済評論社。
片岡　尹（2001）『ドル本位制の通貨危機』勁草書房。
高田太久吉（2000）『金融グローバル化を読み解く』新日本出版社。
平　勝廣（2001）『最終決済なき国際通貨制度』日本経済評論社。
フィッシャー，S. ほか（1999）『IMF資本自由化論争』岩本武和監訳，岩波書店。
山田喜志夫（1999）『現代貨幣論』青木書店。
山本栄治著，西村閑也編集（2002）『国際通貨と国際資金循環』日本経済評論社。

第 6 章　発展途上国と貿易・投資システム

6-1　発展途上国と貧困

『世界開発報告1998／99』（世界銀行発行）は，この地球上に存在する国家群をGDP（Grosse Domestic Product：国内総生産）を基準にして以下四つのカテゴリーに区分している。

① 低所得国　　　：GDP　785ドル以下（66ヵ国）
② 中所得国　　　：GDP　876～3125ドル（52ヵ国）
③ 上位中所得国：GDP 3126～9655ドル（38ヵ国）
④ 高所得国　　　：GDP 9656ドル以上（52ヵ国）

世界総人口60億5730万人（2000年）のうち低所得国の人口は約34億人（56％），中所得国は約11億人（8％），上位中所得国は約5億人（9％）に達している。また高所得国の人口は約9億6000万人（16％）にすぎない。GDPには，外需（企業や個人が海外から受け取った利益）は含まれておらず，GDPに外需を加算したGNP（Grosse National Product：国民総生産）で「国力」を算出する方法も用いられている。世界銀行によれば，2000年度の世界のGNPはドル換算で約32兆ドルに達している。このうち米国は全体の31％（9兆8820億ドル），日本は15％（4兆6770億ドル），ドイツは6％（1兆8700億ドル）であり，米国，日本，ドイツの3ヵ国のGNPは，世界全体の50％を占めている。4位はイギリス4.4％（1兆4130億ドル），5位はフランス4％（1兆2860億ドル）であり，上位5ヵ国のGNP合計は60％（19兆1280億ドル）を占めている。ちなみに上位5ヵ国の総人口は，6億1530万人であり，世界総人口の10％にすぎない。

他方，低所得国のなかでも後開発発展途上国（LDC：Least Developed Countries）と命名されている49ヵ国はサハラ以南のアフリカ諸国（SSACs：Sub-Saharan African Countries）および南アジアに集中しており，その実態は深刻な様

図6-1 世界の乳児死亡率 (1998年)

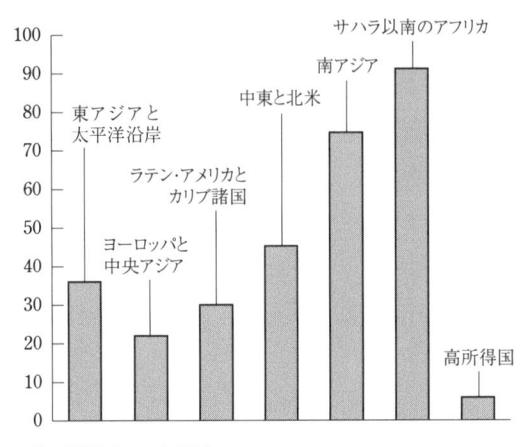

注：生児出生1000人当たり。
出所：The World Bank (2002)

相を呈している。2002年6月，ローマで開催された国連食糧サミットの報告書によれば，南の世界では約8億人もの人々が栄養失調状態におかれており，1億5000万人の就学年齢人口が学校に通っていない［Ciampi, 2002］。

2002年度のUNCTAD（国連貿易開発会議：United Nations Conference on Trade and Development）事務局のリポートは以下のように指摘している。「LDC諸国人口の50％は，1日当たり1ドル以下，実際の消費支出は64セントで生活しており，極端な貧困のただなかにおかれている。1995～1999年の期間，LDC 39ヵ国では，1日当たり1ドル以下で生活をしている人々の数は，3億700万人，2ドル以下で生活をしている人の数は4億9500万人と推定される。……LDC諸国のなかでもアフリカのLDC諸国29ヵ国では貧困の広がりと深さが著しい。アジアのLDC諸国の貧困状況は，世界的な脈絡からすれば異常に高いが，アフリカのLDC諸国と比較すれば相対的に低い。1990年代後半期，アジアのLDC諸国総人口の68％が1日当たり2ドル以下，平均1.42ドルで生活をしている。1ドル以下，平均して90セントで生活している人の割合は総人口の23％である。……（中略）……発展途上世界全体で，1日当たり1ドル以下の極端に貧しい条件のなかで生活をしている人々の数は，1960年代には1億3800万人であったが，1990年代後半には倍増して3億700万人に増大した」［UNCTAD, 2002 ; 8-9］。

ここで乳児死亡率をみると，サハラ以南のアフリカと南アジアが著しく高いことがわかる（図6-1）。

UNCTADはアフリカが37ヵ国，アジアが6ヵ国，ラテン・アメリカが4ヵ

国,イエメンとカリブ海のハイチを加えて計49ヵ国をLDCと命名しているが,その大半が南アフリカ共和国を除くSSACsと南アジアに集中している。

　ここで注意すべきは,GDPやGNPによって国家を分類する方法には数多くの疑問があり,GDPやGNPでそれぞれの国における所得格差や生活の実態を把握することはできないということである。発展途上国には,貨幣経済に依存しないで生活を営んでいる数多くの人々がいるし,巨大なインフォーマルセクターと地下経済が発達しており,通貨を単位として把握することは困難である。また高所得国の場合もGDPやGNPでは所得格差や貧困の実態を把握することはできない。世界のGNPの31%を占める米国では約3500万人の人々が貧困ライン以下で生活を営んでいる。また生産労働者と上場企業の最高経営責任者（CEO）の平均報酬は1対400に達している。ちなみにロッキード社のCEOであるV. D. コフマンの年間所得は2533万7000ドル（2002年度）,円に換算して約30億4440万円（1ドル＝120円で換算）に達している。

6-2　発展途上国の貿易構造

6-2-1　LDCの貿易パターン

　UNCTADは,LDC諸国を五つの貿易パターンで区分している。その1は,コーヒー,ココア,綿花,椰子油等の農産物一次産品を輸出している国である。その2は,原油を輸出している産油国,その3は,繊維製品等加工品を輸出している製造品輸出国,その4は,労働力を輸出しているサービス輸出国,その5は,加工品と労働力の双方を輸出している国である。第1と第2のパターンに属している諸国の大半がサハラ以南のアフリカに属している。

　発展途上国,なかでもLDC諸国の貧困は現在の世界貿易システムと密接な関係をもっている。というのは,これら諸国のいずれもが長い間,欧米列強諸国の植民地支配下におかれ,畸形的な経済構造（単一資源経済,モノカルチュア経済）の鋳型にはめ込まれたまま政治的独立を達成したからである。しかも政治的独立を達成したアジア・アフリカの新興独立諸国は,欧米資本主義諸国やソ連社会主義をモデルとして国家建設に取り組んだ。いずれの開発モデルを選択した新興独立諸国も輸入代替工業化政策を掲げ,工業製品の自給体制の構

図 6-2　一次産品価格の推移（原油は除く）

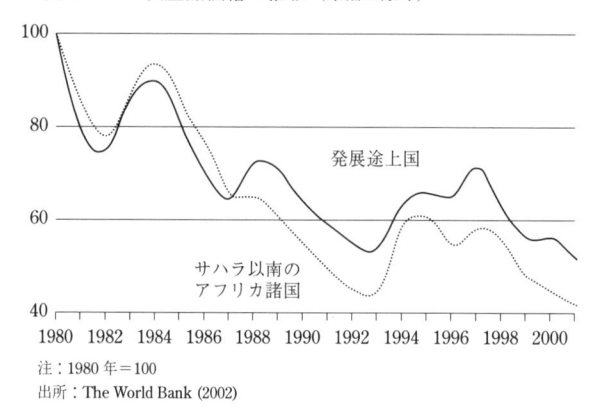

注：1980 年＝100
出所：The World Bank (2002)

築をめざした。だが工業化を実現するための資金は不在であり，このため植民地時代の遺制である単一資源やモノカルチュア経済に全面的に依存する経済を拡延し，さらに国外からの借款に依存する政策をとりつづけた。

　この点，LDC ではないが発展途上国の産油国も同様である。すなわち，産油国は，石油（アルジェリアは天然ガス）を輸出することによって膨大な石油輸出代金を工業化資金に投入した。とはいえ，膨大な石油輸出収益を一部特権層が私物化し巨万の富を浪費している湾岸産油国（サウジアラビア，アラブ首長国連邦，クウェート等）のような国もあるが，いずれにせよこれら産油国経済を支えているのは石油であり，2003 年現在，これら産油国の輸出収益の約 90% は石油輸出収益によって構成されている。

　またほとんどの SSACs も一次産品輸出によって工業化のために必要とされる資金を獲得しようとした。しかし独立後半世紀を経た現在，初期の目的を達成することはできず，いまだにモノカルチュア経済を維持しており，国際市場で乱高下しながらも下落する一方の一次産品価格に悩まされている（図 6-2 参照）。しかも国際貿易取引総額のなかでアフリカ（北アフリカ，南アフリカ共和国を含む）の占める割合（輸出）は，1990 年の 2.4% から 2001 年には 1.9% へと減少している [IMF, 2003 年 1 月号]。

6-2-2　モノカルチュア経済

　LDC のみならず新興独立諸国の政治的指導者が，西欧社会を唯一無二のモデルとして国造りに着手したのは，彼ら指導者の大きな誤謬であったことは否めない。だが IMF（国際通貨基金）や世界銀行も比較優位の理論にもとづい

てモノカルチュア経済の発展を奨励した。この点について，フランスの経済学者デュモンは以下のように指摘している。

「何よりもアフリカは不等価交換の犠牲になっている。アフリカは滅亡しつつある。というのはアフリカは廉価な一次産品を輸出し，工業諸国から高価な工業製品を輸入しているからである。また世銀は，アフリカをここまでの状態に導いたことに対して責任がある。アフリカおよびラテン・アメリカ諸国はココアの世界需要を満たすだけの生産を行っていたにもかかわらず，1980年，世界銀行はココアの市場価格を引き下げるためにマレーシアやインドネシアに対してココア栽培を奨励した。マレーシアやインドネシアのよりよく組織化され，よりよい訓練を受けた働き者のココア栽培農民は，アフリカのココア栽培農民を脅かすようになってしまった。ココアの市場価格は下落し，アフリカの多くのココア栽培農民は絶滅してしまった。世銀は，ココア価格の下落があたかも神聖な法則でもあるかのように誘導した。だがこの間，ヨーロッパ諸国は，食糧自給を達成し，自国の農業を保護し，農産物価格を維持する政策を展開した。現在GATTは穀物取引の全面的な自由化を推し進めているが，これによって貧しい国の農業は壊滅することになる。瘠せた土地，乾燥した気候，土地を耕すのに鍬しか持っていないアフリカの農民は，豊穣な土地で，しかも温和な気候に恵まれトラクターで土地を耕すアメリカの農民と競争しなければならないのであり，それはあたかもパリ・ダカールの競争で，一方は裸足で，他方はレーシング・カーで競争に臨むようなものである。」[Dumont, 1996；141]

たしかに，1960～80年代の一次産品ブームの時代には，SSACsの経済は潤い，他の発展途上国よりもはるかに高い経済成長を実現した。しかし国際市場における一次産品価格は原油を除いて大幅に下落傾向にあり，一次産品輸出に依存している発展途上諸国の経済は一層険しいものとなっている。現在，内乱の危機に見舞われているコートジボワールは，ココア，コーヒーの価格が上昇した1970年代末まではアフリカの日本と言われていた。だが，国際市場でココアの価格が下落した1980年代初頭以降，同国の経済は破綻し，いまでは重債務国に転落してしまった [原口，1995；171-172]。

それどころか，食糧生産を犠牲にしてまで換金作物栽培経済の拡張をはかっ

たため，農業生産力は衰退し，SSACs は深刻な食糧危機に陥っている。国連食糧農業機構（FAO）は，こうした深刻な食料危機に直面している諸国を低所得食料不足国（LIFDCs：Law Income Food Deficit Countries）と命名しているが，SSACs のすべての諸国がこれに該当する［FAO News, 1999 ; 6］。

6-3　市場経済の導入

6-3-1　第三世界の終焉？

1996 年，フランス人経済学者セルジュ・コルデリエーとファビエンヌ・ドゥトーが編集した『第三世界の終焉？』の刊行に見られるように，いまや「第三世界」という言葉はあまりにもみすぼらしく，古ぼけた言葉のようにみえる［Cordellier et Doutaut, 1996 ; 21-22］。

こうしたなか，国家的に破綻した SSACs では悲惨なドラマが繰り広げられている。M. ブラルドによれば，ツェツェ蝿による死者は，毎年約 15 万人と推定されている。エイズ感染患者数は 2200 万人（世界のエイズ患者の 65％）に達し，ここ 20 年間に約 260 万人がエイズで死亡し，マラリアも猛威をふるっている［Bulard, 2000］。

また 1999 年 12 月および 2002 年 9 月にコートジボワール共和国で発生したクーデターに見られるように，SSACs はきわめて不安定な政治情勢に陥っている。99 年度だけでもニジェール，シエラレオネ，コモロスでもクーデターが発生しているし，32 年間（1965～97 年）独裁的権力を思うがままにしてきたモブツ大統領が君臨していたコンゴ共和国（旧ザイール）においてもいまだ内戦が終結していない。こうした政治状況について，フランス国立科学研究所（CNRS：Centre National de la Recherche Scientifique）所長のドゥ・サルダン教授は以下のように指摘している。

> 「(SSACs では――引用者) 政治・行政制度が根底から崩壊しており，すべての政策が行き詰まり，なんら正統性のない政治指導者が政権を掌握し，また政権交代に失敗し，政治エリート層は挫折し，さらに悪質な政府により公共サービスは破綻している。……これら諸国の外交活動や虚構にすぎない法体系および政治制度を外部世界から見ていると事態の深刻さは過小評価されが

ちであるが，事態は想像するよりもきわめて深刻である。アフリカ諸国の政治・行政機構は最低限の効率性を追求することすらできないばかりか，完全に機能麻痺状態に陥っており，透明性は一切なく，公共サービスに関しては公平性の片鱗もない。」[de Sardan, 2000]

こうしたなかで，発展途上国の指導者は，衰退した経済を立て直すため，国外からの資金導入，すなわち直接投資（FDI）に活路を見いだそうとしている。たしかに先進工業諸国の資本が大量に流れ込んだアジア新興工業諸国，なかでも中国では，1980年代以降，急速な工業化が進展し，高い経済成長を達成しつつある。2001年現在，途上国の直接投資受入国のなかでは中国が第1位，第2位は南アフリカ，第3位はシンガポールが占めている。だが1986年から2001年までの期間，世界の対外直接投資総額のうち北アフリカを含むアフリカ大陸に流入した割合は全体の0.7％でしかなく，SSACsには全体の0.3％しか流入していない。しかもSSACs諸国向けの直接投資の90％以上が，ナイジェリア，アンゴラ，ガボン，カメルーン等の産油国および鉱物資源保有国に集中しており，これら以外の諸国は多国籍企業からも見捨てられた地域になっている。

6-3-2 資金の逆流

SSACs向けの対外直接投資は皆無に等しく，資金流入とは逆に，貧困を克服するために使用されるべき貴重な資金がSSACsから高所得国に逆流している。SSACs 48ヵ国の対外累積債務総額は，1970年には69億ドルにすぎなかったが，1990年には1769億ドルに急増した。さらに2000年には2158億ドルへと膨張している。2001年度は若干減少したとはいえ，2089億ドルとなっている。世界銀行は96年に，31の低所得国を重債務低所得国として認定しているが，2002年1月段階で，重債務低所得国の数は50ヵ国，うちSSACsは，27ヵ国に増加している。世界銀行は，債務返済ができなくなった諸国を重債務貧困国（HIPICs：Heavily Indebted Poor Countries）と命名し，構造調整プログラムの受入れを条件に債務を削減する重債務貧困国イニシアティブ（HIPIC Initiative）を打ちだしている。2002年現在，HIPICイニシアティブを受け入れた国は26ヵ国，うちSSACsは22ヵ国に達しており，世界銀行はこれまで，HIPIC

の対外累積債務総額の約3分の2にあたる410億ドルのデットサービス（債務元本と利子）の返済を免除した [The World Bank, 2002]。だがSSACsは，1980〜2001年までの期間，供与された借款総額の約2倍以上の債務元本，債務利子を返済している。2001年度の資金流入総額225億ドルに対して，債務利子・元本返済額および外国企業の国外送金合計158億ドルの資金が流失している [The World Bank, 2002；234]。

　SSACsだけではなく，発展途上国187ヵ国から先進工業国への資金の流出は驚くべき額に達している。世界銀行によれば，1980年から2001年の期間，発展途上国が返済したデットサービス総額は4兆5000億ドル（1ドル＝120円換算で540兆円），これに対して発展途上国の対外累積債務総額は1980年の6000億ドル（72兆円）から，2001年には2兆5000億ドル（300兆円）へと約3倍強増えており，発展途上国へ流入した資金よりも3680億ドル多く流出している。

　対外累積債務総額は，ラテン・アメリカ諸国が7900億ドル，アジア・太平洋諸国が6000億ドル，東ヨーロッパ・旧ソ連諸国が3700億ドル，北アフリカ・湾岸諸国が3200億ドル，SSACsが2100億ドル，南アジアが1600億ドル，合計2兆5000億ドル（2001年）となっている。国連開発プログラムによれば，発展途上国の基本的なニーズ（食料，水へのアクセス，保健・衛生，教育）をまかなうためには各年約800億ドルの資金が必要とされるが，ほとんどの発展途上国政府は，深刻な資金不足に陥っている [L'Atlas du Monde Diplomatique, 2003；29]。

　対外累積債務は，基軸通貨で返済しなければならないため，輸出収益の増大をはからなければならず，このためさらに一次産品経済を拡大し，輸出収益のほとんどを債務返済に割り当てなければならない。それでも債務返済にはおぼつかない。SSACsが対外累積債務を全額返済するためには，約13〜15年間の輸出総額が必要とされる。80年代初頭から，SSACsの主要輸出品である一次産品の交易条件は，これら諸国が輸入する工業製品と比較して著しく悪化しつづけている。SSACsの輸出品価格は，輸入品価格の約半分に下落しており，一次産品輸出価格の下落を補うために，輸出量を増大することによって対応しようとしているが，こうした解決策はなんら事態を解決するものとはなっていない。

また南アフリカを除くSSACsの債権の約50%は先進工業国政府が保有し，約30%強を世界銀行，IMF，アフリカ開発銀行に代表される国際金融機関が保有しており，民間商業銀行への債務返済はここ数年間，債務国および北側諸国の政府によって行われている［PNUD, 1997；68］。

　ラフィノが指摘しているように，SSACsの債務危機は，きわめて特殊なケースとしてとらえなければならない。というのは，SSACsが債務返済不能な状態に陥っても，先進工業諸国による援助および借款供与は続行されているからである。すなわちSSACsの場合，国際金融機関から供与される新規ローンが，国際金融機関に対する債務返済資金に充当されているのである。南アフリカ共和国および国際金融機関との接触を断絶しているスーダンは別として，SSACsは，IMF・世界銀行の完全な支配下におかれており，すべての経済政策は，IMF・世界銀行の承諾を得ないかぎり採択不可能な状態におかれている［Raffinot, 1996；100］。

　こうしたなかで，重債務国は国際金融機関から借款を供与されることを条件に債務を返済するという債務の悪循環に陥るにいたっている。なおリスケジューリング（債務返済繰延べ）は，1994年12月，ナポリ・サミットで採択された重債務国の債務削減条件（重債務国のリスケ総額の3分の2の返済免除）を承認したため，以前と比較して安易に行えるようになった。とはいえ債務元金はリスケジューリングの対象とはされておらず，利子償還期限と歩調を合わせて新規ローンが供与されており，根源的な解決策とはなりえていない。

6-4　構造調整

6-4-1　対外累積債務

　以上述べたように，途上国，なかでもSSACsにとって膨大な対外累積債務はこれら諸国の経済にとって最大の障害となっている。しかも債務の重圧は，SSACsの腐敗した権力に対する重圧ではなく，旧ザイールのモブツ政権に象徴されるように，多くの貧しい国民に対する苛酷な重圧に転化するにいたっている。これまでSSACsに流入した資金の多くが，これら諸国の腐敗した政権の蓄財を可能にし，政権をさらに強化していく上できわめて重要な役割を果た

してきたのである。この点に関してラフィノは以下のように指摘している。

「(先進工業諸国による公的資金導入は——引用者) マーシャル・プランのように，一時的な措置としてしか考えられていなかった。マーシャル・プラン同様，北側諸国からの資金流入は当初の段階においては，経済・社会インフラを整備していく上で大きな成功を収めた。独立直後は，社会計画のなかで最も有益なプロジェクトが実現されたが，それにもかかわらず，こうしたシステムは首尾よく作動せず，開発プロジェクトを有効裡に主導していく役割を演じるのではなく，徐々に浪費の源泉に転化していくに至った。開発の原動力としての国家の役割に関するコンセンサスが失われるていくにしたがい，途上国に流入する資金は個人的な富の蓄積をはかる戦略に転化したのである。換言すれば腐敗の跋扈と資金の国外流出として表面化したのである。」[Raffinot, 1996；103]

6-4-2　構造調整プログラム

1987年12月，IMFは，いわゆる「強化構造調整ファシリティ」を創設し，途上国のなかでも所得の低い諸国が資金を調達できるようにした。10年後の97年8月現在，強化構造調整ファシリティの対象国とされた途上国79ヵ国のうち，36ヵ国が同プログラムを受け入れることを決定している。強化構造調整ファシリティは，受入国の国際収支を改善し，経済成長を高めることを目的としており，徹底した緊縮財政の実現と通貨の切下げ，国営企業の多国籍企業への売却（民営化），貿易障壁の撤廃，金融の自由化を条件（コンディショナリティ）として定めている。IMFはコンディショナリティを受け入れることを前提として，強化構造調整ファシリティの適用を承認することになっている。またIMFは，これら諸国が金融政策の分野において数値化可能な特別プログラムを採用することを義務づけている。6ヵ月間の経済実績を評価基準期間とし，1ヵ月ごとに国内政策および対外政策を評価・検討する「パフォーマンスの基準」を設定している。IMFはただ単に金融的支援を行うだけではなく，強化構造調整ファシリティを受け入れた国に対して強大な権限をもちつづけている。公表された結果が所期の目的から程遠いものであれば，当該国は激しい非難を浴びせられる。こうしたなか，構造調整プログラムを受け入れた国では，

教育，衛生，社会保障分野の国家予算が劇的に削減されており，貧困者層の生活はさらに悪化するにいたっている。にもかかわらず，構造調整プログラムによって経済を蘇生した国はいまだ皆無である。

なかでも構造調整プログラムを受け入れた国に強要される通貨の切下げと民営化は深刻な影響を与えている。セネガルのエコノミスト，サヌ・ムバイによれば，「1994年1月に平価切下げが行われたアフリカのフラン圏の場合，国営企業の資産は二束三文に評価されて外国企業に売却された。民営化の波が頂点に達した1988年から94年には，国営企業の民営化によってもたらされた譲渡利益は，他の発展途上国では1130億ドルに達したが，アフリカではわずか24億ドルにしかすぎなかった。……1991年の時点でアフリカの資本流出は推計1350億ドル以上に達した。これは投資総額の5倍，民間部門投資の11倍，FDIの120倍である」[Sanou Mbaye, 2002]。

こうしたなか2001年7月，ザンビアの首都ルカサで開催されたアフリカ統一機構首脳会議で，アフリカの貧困を撲滅する戦略としてアフリカの開発のための新しいパートナー（NEPADA : The New Partnership for Africa's Development）を宣言した。同宣言は，外国直接投資のアフリカ大陸への誘致を促進することを最大の戦略目標に掲げている。2002年7月に開催されたG8には，NEPADAの提唱者である，アルジェリア，セネガル，ナイジェリア，南アフリカの国家元首が招かれ，G8は同宣言を支援することを約束した。これは北側諸国のODA（政府開発援助）の削減に対応した戦略であり，ODAに代わり多国籍企業の流入に大きな期待が寄せられている。いまやSSACsのみならず，発展途上国のほとんどすべての政治指導者は，多国籍企業の資金を活用した開発に貧困撲滅の鍵を見いだそうとしている。

[福田邦夫]

参考・引用文献
勝俣　誠（1991）『現代アフリカ入門』岩波新書。
福田邦夫（1999）「一次産品価格形成と国際貿易——サハラ以南のアフリカを中心に」『明治大学社会科学研究所紀要』第36巻第2号。
原口武彦（1995）「構造調整とコートジボアール」原口武彦編『構造調整とアフリカ農業』アジア経済研究所研究双書。

福田邦夫（1979）「国際貿易と国際分業——新国際経済秩序と開発理論」『アジアアフリカ経済特報』No.210, アジアアフリカ研究所。

ミュルダール, G.（1977）『アジアのドラマ（上）』板垣與一監訳, 東洋経済新報社。

Alfred Sauvy, L'apparition du term 《Tiers Monde》, L'Observateur, 14 ,août 1952. sous la plume d'Alfred Sauvy, in Les Tiers Mondes, Collection dirigé par Jean-Claude Grimal et Olivier Mazel, Le Monde-Editions,1994 et 1996. pp. 21-22.（Nouvel Observateur, 1952 年 8 月 14 日号）

L'Atlas du Monde Diplomatique, Paris, 2003.

Bulard, Martine (janvier 2000), La nécessaire définition d'un bien public mondial, Les filmes pharmaceutiques organisent l'apartheid sanitaire. *Le Monde Diplomatique*.

Ciampi, Carlo Azeglio (juin 2002), Statements Inaugural Ceremony, in *The Report of World Food Summit*.

Cline, William R. (1995), *International Debt Reexamined*, Institute for International Economics, Washington.

Cordellier, Serge et Doutaut, Fabienne (1996), (soud la direction de) *La Fin du Tiers Monde?*, Editions la Découvert, Paris.

de Sardan, Jean-Pierre Olivier (février 2000), L'Espoire Toujours repoussé d'une Démocratie Authentique. Dramatique deliquescence des Etats en Afripue. *Le Monde Diplomatique*.

Eric Toussaint, Sortir du cycle infernal de la dette. Le Monde Diplomatique. Octobrre 1997.

FAO News (Februry 1999), Food & Shortage, No. 1, p. 6. Internet Version.

IMF, *International Financial Statistics*, 2003年 1 月号.

PNUD (1997), *Rapport mondial sur le développent humain*, Editions Economica, Paris.

Raffinot, Marc (1996), Financer le développement après la Crise de la dette ? La fin du Tiers Monde ? Les dossiers de l'Etat du Monde. Editions La Découverte, Paris.

René Dumont, Les Tiers Mondes, Collection dirigé par Jean-Claude Grimal et Olivier Mazel, Le Monde-Editions, 1994 et 1996. pp. 141-145.

Sauvy, Alfred, L'apparition du term 《Tiers Monde》, *L'Observateur*, 14, août 1952. sous la plume d'Alfred Sauvy, in Les Tiers Mondes, *Collection dirigé par Jean-Claude Grimal et Olivier Mazel*, Le Monde-Editions, 1994 et 1996. Nouvel Observateur, 1952 年 8 月 14 日号.

Saterday Review, 1960 年 1 月号.

Sanou Mbaye (2002), L'Afrique noir face aux pieges du liberalisme, Le monde diplomatique, 2002 年 7 月（邦訳：清水眞里子訳『グローバリゼイションに向き合うアフリカ経済』）http://www.netlaputa.ne.jp/~kagumi/articles02/0207-5.html

The World Bank (2002), *Global Development Finance, Financing the Poorest Countris*.

Toussaint, Eric (Octobrre 1997), Sortir du cycle infernal de la dette. *Le Monde Diplomatique.*
UNCTAD (2002), *The Least Developed Countries Report 2002*, New York and Geneva.
United Fair Economy.More Bucks for the Bangs. CEO. Pay at Top Defense Contractors. April 28, 2003.

第7章　食料・環境と WTO システム

7-1　国際貿易が推し進めるグローバリゼーションの現実
　　──食料と環境の視点から──

　「グローバリゼーション」という言葉が「規制緩和」「自由化」「国際化」といった言葉と並んで多用され始めたのは，それほど遠い過去のことではない。佐和隆光によると，グローバリゼーションという言葉が日常用語化したのは，1990 年代以降のことである，という [佐和, 2000 ; 190]。流行語は時代を反映している，という考えからすると，グローバリゼーションという言葉によって表される動きこそが，現代世界を特徴づける動きである，ということができる。

　グローバリゼーションという動きは，経済にとどまらず政治・技術・文化等々の人間社会のあらゆる面で生じている現象であり，その捉え方も多様であろう。しかし，経済におけるグローバリゼーションに限っていうならば，それは，国と国との間をモノ，カネ，ヒト，さらには情報などが自由に行き交い，地球全体が一つの市場として均質化していく動きであり，そしてそれは，1970，80 年代頃から次第に支配的な経済観となっていった〈市場原理主義〉ないしは〈市場万能主義〉の考えを背景とした動きである，といってもよい。

　経済のグローバリゼーションは，多様な側面から推し進められているが，その一翼を担っているのが国際貿易である。グローバリゼーションという言葉が多用され始めた 1990 年代を国際貿易の観点から振り返るとき，見逃すことができないのは，1995 年の WTO（世界貿易機関）の設立である。というのは，WTO の設立は，GATT と IMF を両輪とする第 2 次世界大戦後の自由貿易体制のいわば集大成ともいえるものであり，また，貿易にかかわる多様な領域を取り込みながらグローバリゼーションの推進に邁進している様相からして，まさに WTO は〈時代の申し子〉ともいえるような国際機関である，と考えられるからである。

本章のテーマは，現代世界を支配する「グローバル・システム」としてのWTOに焦点を当て，それを21世紀人類全体の課題である食料と環境の視点から一考を加えようとするものであるが，しかし，それにしてもわれわれは，進展するグローバリゼーションのなかで世界中の安価な，あるいはまた多様な商品に慣れ親しみ，いつしかわれわれの日常生活が大変無駄なことや奇妙なことを，またきわめて重大な問題さえも引き起こしていることに気づかなくなっているように思われる。たとえば，「日本人はいま，1人当たり年間約100円の水をフランスから輸入して生活している」とか，「あなたはガソリンよりも高い水を飲んだことはある？」と言ったとき，どれだけの人がその表現の背後にある事実に気づくであろうか。

　日本人はいま，外国から大量の水（ミネラル・ウォーター）を輸入し，消費している。なかでもフランス産のミネラル・ウォーターが多く，輸入量の約80％を占め，その額はフランス産のみで約110億円に達している（2000年）。

　日本は世界のなかでも降水量の多い国の一つであり，飲料水に乏しい国ではない。かつてと比べて日本の水の質が悪化しているとはいえ，ミネラル・ウォーターの源泉は，探せばまだ国内に多く存在していると思われるし，国内生産で必要量を満たすことも可能であろう。にもかかわらず，フランスをはじめとする外国産のミネラル・ウォーターの輸入量は，年々増大し続けている。外国産ミネラル・ウォーターが求められていくことに関しては，それなりの理由が存在するのではあろうが，問題は，遠く離れたフランスから水の豊富な日本に大量の水を輸送することが，はたして望ましい経済行為であるかどうかである。

　遠く離れたフランスから大量の水を運ぶためには，多くのエネルギーが使われているし，また，最終的に廃棄物処理問題につながるペットボトルが水とともに大量に日本に流入しているのであって，この点を考えただけでも，地球環境の汚染に拍車をかけていることが理解される。しかも，ほとんどの人が気づいていないことは，その水がガソリンよりも高い価格で売られているということである。

　そのことに加えて，外国産ミネラル・ウォーター急増の背景には，1982年以降，厚生省の指導，業界の自粛という形で設けられていた小型サイズのペットボトルでの販売規制が1996年に取り除かれたという事実が存在する。業界

団体の話は，あくまでも業界の判断による「自粛解禁」であるとのことであるが[1]，しかし，その背景には「小型ペットボトルへの規制は貿易制限だ」というフランスからの圧力があったとも言われている。いずれにせよ，この規制緩和が，持ち運びに便利な小型サイズのペットボトル入りミネラル・ウォーターの消費を拡大させ，結果として，輸入量を増大させる一因となったことは確かである。

　われわれの日常生活が遠く離れた国の環境破壊につながったり，また，遠く離れた国から運ばれたものがわれわれの健康を脅かしているような事例は，いくつも存在する。エビに対する日本人の旺盛な食欲が，回りまわって東南アジアのマングローブ林をエビの養殖地に変え，結果としてマングローブ林を破壊しているという事実はよく知られているが［石，1998；125／川辺，2001］，日本の林業が衰退するなかで，国内産木炭がマングローブを原料とした木炭に替わり，その輸入の増大がマングローブ林の破壊につながっているという事実も存在する［石，1998；153］。さらに，イギリスではすでに10年ほど前から狂牛病の原因物質として使用禁止措置がとられていた肉骨粉が，遠く離れた日本において使用され，狂牛病を引き起こしたという事実［中村，2001］や，輸入された中国野菜の残留農薬問題など，数え上げれば枚挙にいとまがないほどの問題を引き起こしているのが，いま進展しつつあるグローバリゼーションの現実である。

　これらの現実は，近年，経済活動のさまざまな局面で規制緩和＝自由化が行われ，国家や国民経済の枠を超えた経済活動が急激に拡大したことの現れであるが，そのような現実を生みだしてきた原因の一つが，GATTからWTOへと進められてきた貿易システムに潜んでいるように思われる。〈食料と環境〉の観点からみると，貿易システムとしてのWTOにはどのような問題点が潜んでいるのか，以下，その点を検討することとしよう。

7-2　WTO農業協定と食料問題

7-2-1　ウルグアイ・ラウンド農業合意の内容

　「自由貿易は世界の飢えを解決するための最善の道である，とみなされるようにますますなっている。貿易障壁の撤廃は，国々に『比較優位の利益を取

得』させ，より安価な輸入品によって国内の食料消費をより安上がりにさせることができる，と言われている。GATT のウルグアイ・ラウンドにおいて南の国々は，農業者に対する補助金の撤廃を義務づけられたけれども，北の生産者への補助金はそのまま残っている。農業貿易の自由化は，飢えをやわらげるどころか，南の生産者を北の手厚い補助金が与えられた資本集約的農業システムとの不平等な競争の中に投げ込んで，食料不安を増大させている。何百万人という農民の暮らしが破壊されているようである。代替貿易案，すなわち，小生産者に焦点を当てながら南のより大きな食料自給を促進し，横たわる飢えの原因に取り組むために輸入制限の必要性を認めるという代替貿易案が緊急に必要とされている。」[Watkins, 1996 ; 244]

 GATT の第8回目の多角的貿易交渉＝ウルグアイ・ラウンドにおいてはじめて本格的交渉の俎上にのせられた農業交渉は，1993年12月，最終合意に達し，その結果，農業貿易の自由化はかつてと比べ一段と強化された。
 この農業合意にもとづく農業貿易の新ルールは，WTO の成立とともに WTO 農業協定として WTO 加盟国に受け入れられ，1995年から実行に移されている。1995年から実行に移された新しい農業貿易ルールが世界各国の農業や食料問題に対して及ぼしている影響を見定めることは，「時期尚早」との批判を受けるおそれがあるが，しかしその影響の大きさは，たとえば，日本の食料自給率（カロリーベース）が1994年の46％から2000年の40％へと，わずか6年間で6ポイント低下したことからも十分に窺える。
 この節の冒頭に掲げた一文は，ウルグアイ・ラウンド農業合意のなかに潜む開発途上国の食料不安を助長する危険性をいち早く読み取り，それを批判するとともに代替貿易案の必要を訴えるケヴィン・ワトキンスの主張である。すでに開始されている新しい WTO 農業交渉においては，より徹底した農業貿易の自由化案が農業大国アメリカやオーストラリアを中心とするケアンズ・グループによって提出されようとしているが[2]，その問題を考えるにあたっても，ウルグアイ・ラウンド農業合意の内容を確認し，それがもつ問題点を検討することが必要であろう。
 ウルグアイ・ラウンド農業合意は，表7-1にみられるように，市場アクセス

表7-1 ウルグアイ・ラウンド農業合意の概要

	基 本 的 合 意 事 項
市場アクセス (国境措置)	●すべての非関税国境措置について，その内外価格差を関税化する（関税化方式：従量税，従価税のいずれかを選択／基準年：1986～88年平均） ●非関税国境措置の関税化後の関税，および他の全農産物の既存の関税の引下げ（削減率：先進国＝6年間で全品目の単純平均36％，1品目最低15％の引下げ／開発途上国：10年間で全品目の単純平均24％，1品目最低10％の引下げ） ●ミニマム・アクセスの実施（初年度＝国内消費量の3％→最終年度＝国内消費量の5％） ●現行輸入水準の維持（基準年の輸入量がミニマム・アクセス量を上回っていれば，その輸入水準を維持）
輸出補助金	●輸出補助金の削減（先進国：6年間で予算ベースの輸出補助金36％，数量ベースでの輸出補助金21％を削減／開発途上国：10年間で予算ベースの輸出補助金24％，数量ベースの輸出補助金14％を削減／基準年：1986～90年平均） ●削減約束の対象となっていない産品に対する輸出補助金の禁止
国内農業支持	●生産を刺激する政策，および貿易を歪曲する政策について，「助成合計量」［AMS］の削減（先進国：6年間でAMS支持総額の20％を削減／開発途上国：10年間でAMS支持総額の13.3％を削減／基準年：1986～88年AMS平均） ●「グリーン・ボックス」に含まれる政策については削減対象から除外する

出所：国際連合食糧農業機関編（1998；370），今村ほか（1997；37）

（国境措置），輸出補助金，国内農業支持の三つの内容からなっている。市場アクセスに関しては，GATTの基本原則である関税主義が徹底化され，日本・韓国等のコメのような一部の農産物に対して認められた「関税化の特例措置」を除いて（ただし，日本は1999年度から「関税化」に移行した），すべての非関税障壁の関税化が決定された。また，農業貿易を歪曲するような輸出補助金や国内農業支持についても表7-1が示すような形での削減が決定された。

7-2-2 開発途上国の食料自給とWTO農業協定

ところで問題は，このような合意内容が世界の食料問題に与える影響である。周知のように，FAO（国連食糧農業機関）の推計によると，世界人口約60億人のうち約8億人が栄養不足人口であるとされている。そして，その栄養不足人口は，広くアジア，アフリカの開発途上国に存在する。それらの開発途上国にとって，ウルグアイ・ラウンド農業合意の内容が食料不足の解消に寄与しうるかどうか，がとくに問題である。

ウルグアイ・ラウンド農業合意は，一般に，開発途上国の実情を配慮した内

容になっているといわれている。たしかに，表7-1をみると，三つの合意内容のいずれもが先進国には厳しく，開発途上国には緩やかなものになっているようにみえる。しかし，本当にそうであろうか。

　まず最初に，合意内容のなかで自由化に直接かかわる市場アクセス（国境措置）について検討してみよう。

　市場アクセスの合意内容は，① すべての非関税国境措置を関税におきかえる関税化，② 関税化後の関税および既存の関税の引下げ，③ ミニマム・アクセスの実施，等であるが，このうち，② 関税化後の関税および既存の関税引下げについては，先進国に対して6年間で全品目の単純平均36％，1品目最低15％の引下げが，また，開発途上国に対しては10年間で全品目の単純平均24％，1品目最低10％の引下げが決定されている。開発途上国の引下げ率は先進国の3分の2であり，この引下げ率そのものをみるかぎり，市場アクセスの開放度に関するウルグアイ・ラウンド農業合意は先進国に厳しく，開発途上国に緩やかな合意であったようにみえる。しかし，C. スティーヴンスが，「ウルグアイ・ラウンドは熱帯農業と温帯農業の双方をカヴァーしたが，しかし，注目を集めたのは温帯農業であり，それは最も異論のあった部分である。関税は熱帯産品についても削減されたが，しかしそれはウルグアイ・ラウンド以前から低かった」[Stevens, 1996 ; 77] というように，先進国は，ウルグアイ・ラウンド以前から熱帯産品に対して比較的低い関税率を設定している。一方，開発途上国は，自国の農業を保護し，食料自給を追求するために輸入農産物に対しては非関税障壁や比較的高率の関税を設けていたといってよい。

　そのような状況のもとにある開発途上国が，比較的高く設定してきた関税を24％引き下げるのと，多くの先進国がすでに低い水準にある熱帯産品に対する関税を36％引き下げるのとでは，関税引下げがもつ意味は異なるはずである。市場アクセスの開放度からすると，おそらく開発途上国の関税引下げがより大きな意味をもつであろう。

　さらに市場アクセスに関して，ミニマム・アクセス（最小限の輸入義務）が付け加えられたこともいま一つの問題である。関税化を行った品目は，「輸入がほとんどない場合」でも実施期間の初年度に国内消費量の3％の輸入義務が，しかも最終年度にはそれを5％まで拡大することが義務づけられている。

このような市場アクセスに関する合意事項は，食料純輸入国である開発途上国にとっては大きな脅威となる場合が少なくない。たとえば，ワトキンスは，フィリピンの食料用穀物耕作地の半分以上を占め，約200万人の暮らしがかかっているトウモロコシ生産を取り上げながら，1980年代後半以降，トウモロコシ農家が世界市場にさらされるなかで厳しい窮乏に陥った事例を指摘するとともに，「同様の脅威は，GATT協定による輸入最低量が今後10年間で13.5万トンから21.6万トンに増大され，また追加輸入の関税が100%から50%へと引き下げられるために，今でも現れている」と論じている [Watkins, 1996；251-252]。

　第2の輸出補助金に関する合意についても，同様の問題が存在する。輸出補助金については，先進国が予算ベースで36%，数量ベースで21%の削減を6年間で実施すること，開発途上国については予算ベースで24%，数量ベースで14%の削減を10年間で実施することが決定された。輸出補助金に関する削減率や実施期間に関しても，先進国には厳しく，開発途上国には緩やかな決定がなされている。しかし，ウルグアイ・ラウンド農業合意によって各国が確約した輸出補助金の削減率の一覧をみると，当時，輸出補助金の削減通告を行ったのは，EUのほかに24ヵ国で，このなかから先進国クラブと呼ばれるOECD（経済協力開発機関）の加盟国を除くと，開発途上国として残るのは，ブラジル，インドネシア，ウルグアイなどわずか9ヵ国である。しかも，削減前の先進国側の輸出補助金額は，EU諸国やアメリカなどで年間100億ドル前後（1986～90年平均）に達しているのに対し，ブラジルやインドネシア等の開発途上国側のその額は数千万ドルにすぎないし，ウルグアイにいたってはわずか200万ドルである [GATT, 1994；21]。このような状況のなかでの，先進国に対する36%の削減率と，開発途上国の24%の削減率がもつ意味はまったく異なっている。

　すなわち，農産物に対する輸出補助金は基本的に先進国においてとられてきた保護手段であって，それは多くの開発途上国や日本のような農産物純輸入国にとってはほとんど無縁のものであったといってよい。したがって，たとえ先進国が予算ベースや数量ベースで開発途上国の1.5倍の削減を行ったとしても，ワトキンスが，「補助金付きの輸出量を21%まで縮小させるという公約は，79%の補助金付き輸出がGATTルールのもとで依然として認められるという

ことである」[Watkins, 1996 ; 250] と指摘するように，先進国にはなお膨大な量の補助金付き輸出が可能となる。

第3の国内農業支持に関する合意事項についても，たとえば，研究・普及・教育・検査等の一般サービス，農業・農村基盤・市場等の整備，さらには環境対策等にかかわる助成はいわゆる「グリーン・ボックス」条項によって削減対象外とされた。この条項は，ワトキンスが「アメリカとEUの利益のために便宜が図られた最たる例である」[ワトキンス, 1998 ; 42] というように，アメリカとEUの間で交渉され，決定されたものである。開発途上国がこの条項に該当するような農業者補助金をほとんど持ちえないのに対して，アメリカとEUは膨大な直接支払いの形態の農業者補助金を持ち続けることができるのである。それはワトキンスが指摘するように，北の農業者には手厚い補助金が残されたまま南の農業者には補助金の除去が義務づけられるという「二重基準」(double standard) の貿易ルールである [Watkins, 1996 ; 244]。

ウルグアイ・ラウンド農業合意によってもたらされた新しい農業貿易ルールは，上記の検討からも明らかなように，開発途上国側の小農生産者の立場よりも巨大な農業国，すなわち農産物純輸出国であるアメリカやEU諸国の論理を優先した貿易ルールであり，さらにいえば，巨大なアグリビジネスの利益機会を増大させるための貿易ルールである。農産物輸出国である先進諸国に手厚い保護が残るなかで，第2次世界大戦後，多くの食料を先進国に依存せざるをえない構造に陥っていった開発途上国が，この新しい貿易ルールのもとでかつて以上に門戸開放の方向に投げだされていくことを考えるならば，ウルグアイ・ラウンド農業合意は開発途上国の食料自給を助長するどころか，ワトキンスが指摘するように，開発途上国の食料問題をいっそう困難なものにしていくことが十分に予想される。

7-3 環境に冷たい GATT／WTO

7-3-1 環境問題を無視し続けた GATT

「環境に冷たい」(environmentally unfriendly) として GATT を批判したのは，ティム・ラングとコリン・ハインズであり [ラング=ハインズ, 1995]，また，「WTO

は企業のための機構である。そのルールは，人々や環境をほとんど，あるいはまったく考慮に入れていない」として GATT を引き継いだ WTO を批判するのは，カナダの法律家スティーヴン・シュリブマンである［Shrybman, 1999］。

そもそも，地球環境問題は，経済活動の結果として生じてきた問題であり，過去 1 世紀ほどの間にその経済活動が急激に拡大してきたために起こった問題である。GATT/WTO が推し進める自由貿易は，経済活動の拡大につながることはあっても決してその縮小にはつながらない。したがって，国際貿易と環境の間には密接な関係が存在するのであるが，しかし，GATT は長期にわたってそのことを無視し続けた。

GATT は，環境問題への人々の関心がしだいに高まりをみせ始めるなかで，1971 年，「環境措置と国際貿易に関する作業グループ」（Group on Environment Measure and International Trade）の設置を決定した。しかし，作業グループは発足したものの，1970 年代，80 年代を通じてその活動はまったく行われなかった。1986 年に開始されたウルグアイ・ラウンドでも，当初，環境問題はまったく問題にされなかった。1990 年にいたり，欧米における地球環境問題に対する人々の関心の急激な高まりを反映して一部の締約国から貿易と環境に関する問題を審議対象に組み入れるべきとの提案がなされたが，この提案に対しても多くの国は消極的な姿勢を取り続けた。

GATT の環境に対する冷たい態度はまた，1980 年代から 90 年代にかけて紛争処理小委員会（パネル）に持ち込まれた環境関連の五つの紛争処理事案のうち，四つの事案に関して，環境を理由として貿易制限を行った国の主張を退ける裁定をくだしたことからも十分窺える［詳細については，應和，1996］。とくによく知られている事案は，メキシコ産キハダマグロに対するアメリカの輸入禁止措置に関する事案である。メキシコ漁船が南太平洋で行うキハダマグロ漁において多くのイルカが漁網にからまり，殺傷されていることをアメリカの環境保護団体が問題とし，イルカを殺傷するような方法で漁獲されたメキシコ産キハダマグロの輸入禁止を迫り，それに呼応してアメリカが輸入禁止措置をとったことが発端であるが，メキシコの提訴を受けた GATT は，アメリカの輸入禁止措置を GATT ルールに違反しているとして退けている。

7-3-2 環境と貿易に関するGATTの見解

1970年代，80年代のこのような態度のなかに，〈環境よりも貿易を優先する〉というGATTの一貫した姿勢をみることができるが，その姿勢は，1990年代に入ってGATTが示した環境と貿易に関する見解のなかにより明確に現れている。

環境を無視しつづけたGATTがようやくその重い腰を上げ，環境と貿易の関連を検討し始めたのは，1991年以降のことである。前記の「作業グループ」の活動が再開され，1992年2月にGATT事務局は「貿易と環境」に関する報告書を公表した［GATT, 1992］。

この報告書においてGATTは，〈自由貿易は貿易を拡大する→貿易拡大により各国は経済発展を達成する＝GDP（国内総生産）を増大させる→GDPの増大により，環境保全のための資金が拠出できる→したがって，自由貿易は環境保全につながる〉という論理を展開し，最終的に〈自由貿易は環境保全と両立する〉という結論を導きだしている。しかし，この見解もまた，以下のような問題点を含む，きわめて一面的な自由貿易主義擁護論である。

この報告書がもつ第1の問題点は，貿易拡大それ自体がエネルギー消費と汚染の増大をともなうものである，ということをGATTがまったく考慮していない点である。GATTやWTOと連携をとり，自由貿易の推進に努めるOECDがその後明らかにした「貿易と環境」に関する報告書でさえも，〈貿易の自由化は，運輸量を増大させ，生態学的被害を増加させるであろう〉といわざるを得なかったように［OECD, 1995；251］，貿易拡大は，化石燃料の消費増大をもたらし，海洋や大気の汚染を悪化させると予測される。しかし，GATTはその点にはまったく触れないのである。

そのような問題点に加えて，さらに大きな問題点は，上記の結論を正当化するために持ちだしている，グロスマンとクルーガーによって示された実証研究結果の援用の仕方である。グロスマンらの実証研究は，1人当たりGDPと亜硫酸ガス濃度との関係を探ったものであるが，それによると図7-1にみられるような相関関係が存在し，しかも1人当たりGDP（年間）がほぼ5000ドルに達するあたりから大気中の亜流酸ガス濃度が低下するとされている。GATT報告書は，この実証研究結果にもとづいて，GDPの増大が環境保全ないしは環

図7-1 1人当たりGDPと亜硫酸ガス温度との関係
(グロスマン=クルーガーの実証研究,1991年)

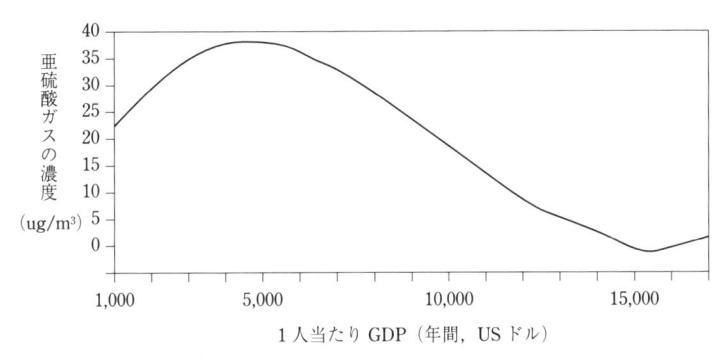

亜硫酸ガスの濃度 (ug/m³)

1人当たりGDP (年間,USドル)

出所：GATT (1992；30)

境汚染の抑制につながる，という結論をくだしているのであるが，しかし，このような結論のくだし方は一面的かつ恣意的である。というのは，この実証研究結果を，経済発展が環境汚染・破壊（少なくとも亜流酸ガスによる大気汚染）を激化させていく，という逆の論拠にも援用することができるからである。

開発途上国と呼ばれる国々のほとんどは，いまなお1人当たりGDPが5000ドルに達しない状態にある。膨大な人口を抱える中国やインドの1人当たりGDPは数百ドルの水準でしかない。それらの国々をはじめとして多くの開発途上国の1人当たりGDPが5000ドルの水準を超えるまでの長期にわたる経済発展過程では，グロスマンらの研究結果に従えば，環境汚染・破壊が激化していく，ということになるであろう。しかも，それはきわめて現実性をもった予測であるといってもよい。

米本昌平が指摘するように，図7-1に示されたグロスマンらの研究結果は，「だから経済発展が必要なのだ，という論拠に読むのではなく，年間の1人当たりGDP 2000ドルの国に対して，どうやって北側なみの環境保全対策をとらせるか」を考えるために用いるべきであろう［米本,1994；189］。

このような一面的な論拠によって正当化されたGATTの〈自由貿易は環境保全と両立する〉という見解は，そしてまたGATTの〈環境よりも貿易を優先する〉姿勢は，WTOに受け継がれ，OECDをはじめとする多くの国際機関

の間で意思統一がなされ [たとえば，OECD, 1995]，正当な考えとして世界の人々に広められているのが現実である。

7-4　食と生命を脅かす WTO

　世界の農産物輸出額は，1990 年の 4140 億ドルから 2000 年の 5580 億ドルへと，10 年間に 30％以上増大している [WTO, 2001]。農産物のすべてが食料ではないが，しかし，農産物のかなりの部分が食料にかかわるものであって，上記の農産物輸出額の増大は，近年，食料の国外依存度を高めている国々が増加しつつあることを示しているといってよい。

　食料輸入が増大するなかでわれわれが考えなければならないことは，輸入飼料が原因とみられる狂牛病の発生，輸入中国野菜の残留農薬問題，等々が教えてくれるように〈食の安全性〉の問題である。食品は人体に直接入っていくものであり，したがってその安全性の確保にはより注意深い配慮が必要であるが，しかし，その点に関しても WTO は貿易を優先し，〈食の安全性〉や〈健康〉を軽視している，といわざるをえない。

7-4-1　食の安全性と WTO のルール

　たとえば，EU が，アメリカおよびカナダの〈ホルモン漬け牛肉〉を健康に害を与えるおそれがあるとして，「疑わしきは市場に導入しない」との予防原則に則り，輸入禁止措置をとったことに対する WTO の態度がそれである。EU の輸入禁止措置を「不当な貿易制限である」とするアメリカの提訴に対して，WTO はアメリカの主張を認め，EU に対して輸入禁止措置の撤回を命じ，さらに，期限までに EU がその裁定に従わなかったために，アメリカとカナダが EU に対してその損失額分として総額 1 億ドル以上の経済制裁を課すことができる，という裁定をくだしている [ジョージ, 2002／ワラチ, 2001]。

　WTO のルールによると，人の健康を害するとしてホルモン漬けの牛肉に対する輸入禁止措置をとる場合には，輸入国側がその科学的根拠を示す必要があるとされている。WTO 協定を構成する「衛生植物検疫措置の適用に関する協定」(Agreement on the Application of Sanitary and Phytosanitary Measures) の第 2 条

第2項における,「加盟国は,衛生植物検疫措置を,人,動物又は植物の生命又は健康を保護するために必要な限度においてのみ適用すること,科学的な原則に基づいてとること及び,……十分な科学的証拠なしに維持しないことを確保する」という規定がそれである。これは明らかに,「現代の公衆衛生政策の柱の一つである予防原則」を否定するルールであり [ワラチ, 2001], また, 現代では製造品の欠陥に関しては製造者に責任があるとする製造者責任のルールが一般化しつつあることからして時代に逆行したルールでもある。

「衛生植物検疫措置の適用に関する協定」はまた,いわゆるコーデックス・アリメンタリウス委員会（食品規格委員会）が定めた食品安全基準を厳守することを定めているが,この点にも食の安全性を脅かす要因が存在する。コーデックス委員会は,FAO（国連食糧農業機関）とWHO（世界保健機関）とが合同でつくった委員会で,食品安全に関する国際基準の作成をその任務としているが,しかし,ワラチらが「コーデックス委員会はいまやその基準が公衆衛生を保護せねばならないと認識しているが,これらの目的は同委員会の貿易促進という事項に優先するものではない」と指摘するように,この委員会は,WTOとの連携のなかで,貿易を優先し,より低い食品安全基準を国際基準に採用しようとしていることが知られている [ワラチ, 2001 ; 118]。

7-4-2 生命体に関する特許とTRIP協定

WTO協定のなかで,さらに〈食や生命〉を脅かすおそれのあるものとして見過ごすことができないのは,「貿易関連知的所有権に関する協定」(Agreement on Trade-Related Aspects of Intellectual Property Rights : TRIP協定)である。特許,著作権等の知的所有権に関する問題がウルグアイ・ラウンドにおいて取り上げられたとき,日本ではマスコミをはじめとしてほとんどこの問題は取り上げられなかったが,しかし,この協定は開発途上国の人々の〈食と生命〉に対してきわめて大きな問題を投げかけている。

その理由は,知的所有権の一つである特許が,近年,種子,動植物,さらには人間細胞にいたる〈生命体〉に対して与えられるようになったためである。この生命体に対する特許がもたらす脅威をいち早く問題とし,TRIP協定への批判を展開するインドのヴァンダナ・シヴァによると,最初の生命体への特許

付与は，1988年にアメリカ特許庁が化学会社デュポンの遺伝子工学的に処理されたマウスに対して与えたものであるという [Shiva, 2001 ; 1]。この特許付与をきっかけとして，以後，モンサント，ノヴァティス，イアン・ウィルマット，PPLといった巨大化学会社によってさまざまな動植物に関する特許申請がなされ，特許が取得されている。

これらの生命体に対する特許は，シヴァが「人類と他の種との遠大な因果関係を持った深遠な倫理的問題を提起している」と言うように [Shiva, 2001 ; 9]，それ自体が大きな問題であるが，とくにインドをはじめとする多くの開発途上国の共同体社会が，集合的に何世紀にもわたって栽培し，改良し，育成した土着の植物の種子に対して，先進諸国の私的企業による特許取得が認められている点が問題である。

たとえば，インド固有の香り米であるバスマティ米の種子に関する特許は，アメリカのテキサス州に本拠のあるライス・テク社（Rice Tec Inc.）が保有し，すでに「カズマティ」「テキスマティ」「ジャスマティ」といったブランド名で販売されているという [Shiva, 2001 ; 57]。本来的にインドの農業者によって改良されてきたバスマティ米の種子に対する特許が，TRIP協定によって守られることになれば，インドの農業者は今後，ライス・テク社にロイヤルティを支払わなければバスマティ米を栽培できなくなるし，もしも，ロイヤルティを支払わなければ，その種子を蓄え，使用するインドの農業者は「泥棒」と見なされることになる。

しかし，アメリカの種苗会社は，インドの農業者に無償で種子を再利用されないように，すでに「ターミネーター」と呼ばれる，遺伝子工学的に再生しない種子を実らせる技術を開発しているのであって，農業者は毎年，そのような技術を持つ種苗会社から種子の購入を強制させられる仕組みができあがっている [Shiva, 2001 ; 82]。

また，アメリカの多国籍化学会社W・R・グレースは，インドで古くから薬用性をもつ樹木として知られ，庶民の生活にさまざまな形で使われてきたニーム（インドセンダン）に対する特許を保有している。その結果，かつてはインドの貧しい人々にも安価に利用される資源であったニームの種子の価格が高騰し，いまではほとんど庶民の手の届かないものになっているという [Shiva,

2001；59］。

シヴァが「生物詐欺」(biopiracy) と呼ぶように，本来，インドのような共同体社会において，何世紀にもわたって栽培，改良，育成された植物に対する特許が，あるいはまた，インドの人々が集合的に見いだした知識に対する特許が，アメリカ型特許法のもとで巨大多国籍企業よって取得され，それが WTO のもとで守られようとしているのが現実である。

7-5　グローバリズムからの転換
　　——ローカリズムの復権を求めて——

　WTO という貿易システムのもとで進展するグローバリゼーションの現実を，食と環境の観点から眺めてみても，上述したようなさまざまな問題が存在する。われわれは，あらためてグローバリゼーションという動きに対して，どのように対処すべきかを考えなくてはならない。

　わずか 10 年ほど前に市民権を得たグローバリゼーションという言葉は，いまや日常用語化し，そしてその語が示す方向は動かしがたいようにみえるし，また，そのような認識も多く存在する[3]。しかし，いま進行しつつあるグローバリゼーションが，この地球上のあらゆる地域の人々の暮らしと環境を脅かしている現実を明らかにし，そのグローバリゼーションに対抗する動きが世界的に広がり始めている，というのもまた現実である[4]。

　デヴィッド・コーテンが 1995 年に著した，*When Corporations Rule the World* は，邦訳のタイトル『グローバル経済という怪物』が示すように，まさにグローバリゼーションという動きのなかで巨大な多国籍企業による世界経済の支配が進んでいる実態を暴いているし，また 1996 年にジェリー・マンダーとエドワード・ゴールドスミスによって纏められた，*The Case against the Global Economy and for a Turn toward the Local* においては，欧米を中心とする 44 名にのぼる執筆者が，グローバリゼーションへの批判を展開している。

　そのうちの 1 人で，環境問題の視点からグローバル経済を取り上げる『エコロジスト』(*The Ecologist*) 誌の創刊者ゴールドスミスは，進展しつつある今日のグローバル経済が，「環境上の緊急事態よりも多国籍企業の直接的利益が優

先されたものである」ことを明らかにしながら,「貿易や経済発展が人間性にどれほどの偉大な価値をもつのかは明らかではない。世界貿易は, 1950 年以降, 11 倍に増大し, 経済成長は 5 倍になったが, しかし, これと同じ期間に貧困, 失業, 社会的分裂, そして環境破壊の計り知れない増大があった。多国籍企業が組織的に行っている環境破壊は無比の犯罪行為である」とまで, 言い切っている [Goldsmith, 1997 ; 248]。

　グローバリゼーションの方向が問題とされるとき, われわれがとるべき方法は, マンダーが言うように,「まず止まって, それから方向を変えること」[Mander & Goldsmith, 1996 ; 17／邦訳, 26] であり, そして転換すべき方向は, グローバリゼーションという動きのなかでわれわれが失ったもの, あるいは失いつつあるものを, 再び取り戻し得るような方向であろう。

　経済のグローバル化が, 貧困, 失業, ホームレス, 食料不安, さらには環境破壊といった問題を深刻化し, 拡大している, という事実を認識し, いま進展しているグローバル経済を食い止めようとする者が, グローバリゼーションやグローバル経済のオルタナティヴとして求めている方向は, 経済のローカリゼーションであり, ローカル経済の復権である。ゴールドスミスは言う,「巨大な手に負えない超国家企業の支配する単一のグローバル経済をつくるかわりに, 小さな企業に支えられ, 地域の市場を賄う, コミュニティーに基礎をおいた, ゆるやかな結びつきの, 多様な地域経済をつくりあげる努力をしなければならない。われわれが目指すべきものは経済のグローバル化ではなく, その反対, つまり経済の地域化（economic localization）である」[Mander & Goldsmith, 1996 ; 502／邦訳, 238] と。

　ゴールドスミスと同様に, グローバリゼーションに対抗し, その代案としてローカリゼーションを主張するコリン・ハインズは, ローカリゼーションを「地域（local）を優遇してグローバリゼーションの流れを逆転するプロセス」と定義したうえで,「ローカリゼーションをもたらす政策は, コミュニティーや国民国家によって経済のコントロールを増大させるような政策である」と言う [Hines, 2000 ; 4-5]。そしてまた, グローバリゼーションからローカリゼーションへの転換は,「けっして抗し難い国家支配への回帰ではなく, 地域住民, コミュニティー, そしてビジネスによって地域経済を再び多様化させるような枠組

みを政府に準備させることである」とも言う [Hines, 2000 ; 5]。

そのような転換をどのように実現していくか，という点についてはなお多くの検討が必要であるが，しかし，貿易システムに限って言うならば，何よりもまずWTOそれ自体の変革が必要である。すなわち，少数の多国籍企業の利益のために貿易を最優先する姿勢から，世界の食料問題や地球環境問題の解決を最優先し，そのうえで必要な貿易がより公正に行われていくような世界秩序をつくりだす国際機関へとWTOを変革することが必要である。しかもその変革はけっして不可能なことではない。というのは，WTO加盟国のうち圧倒的多数を占める開発途上国が，WTO協定に規定された1国1票の議決権を行使しうる可能性は十分に存在するからである。

[應和邦昭]

注
1) 社団法人「全国清涼飲料工業会」からの聞き取りによる。
2) 新聞報道によると，アメリカおよびケアンズ・グループのWTO農業交渉における提案内容は，関税に関して「一律25％未満への引下げ」，ミニマム・アクセス（最小限の輸入義務量）に関しては「一律20％拡大」となっているという（『朝日新聞』2002年9月30日）。なお，ケアンズ・グループとは，ウルグアイ・ラウンド農業交渉に先立って，オーストラリアのケアンズに集まった農産物輸出国をさす。当初，13ヵ国で始まったが，現在は18ヵ国となっている。
3) たとえば，佐和隆光の，「プロセスとしてのグローバリゼーションの進行は，それを食い止めようと，いくらあがいてみても仕方のない，不可逆的な現象なのである」という指摘がそれである [佐和, 2000 ; 191]。しかし，このような認識からは，ほとんど問題解決の方向は見えてこないし，グローバリゼーションの荒波のなかで暮らしが脅かされている人々を納得させることはできないであろう。
4) 1999年12月にシアトルで開かれた第3回WTO閣僚会合が，環境NGOや多くの開発途上国の反対によって頓挫したことは，いま進行しているグローバリゼーションが決して動かしがたい現象ではない，ということを示している。

参考文献
石　弘之（1998）『地球環境報告Ⅱ』岩波新書。
今村奈良臣ほか編（1997）『WTO体制下の食料農業戦略』農山漁村文化協会。
OECD（1995）『貿易と環境』環境庁地球環境部監訳，中央法規出版。
應和邦昭（1996）「国際貿易と環境——地球環境問題へのGATTの対応を中心に」『農村研究』第82号，東京農業大学農業経済学会。

川辺みどり（2001）「アジアにおけるエビ養殖の展開と外部不経済の発生」『漁業経済研究』第 46 巻第 2 号。

国際連合食糧農業機関編（1998）『世界の食料・農業データブック——世界食料サミットとその背景』国際食糧農業協会訳，農山漁村文化協会。

コーテン，D.（1997）『グローバル経済という怪物』西川潤監訳，シュプリンガー東京。

佐和隆光（2000）『市場主義の終焉——日本経済をどうするのか』岩波新書。

ワラチ，R. M. ほか（2001）『誰のための WTO か？』海外市民活動情報センター監訳，緑風出版。

ジョージ，S.（1984）『なぜ世界の半分が飢えるのか』小南祐一郎ほか訳，朝日新聞社。

ジョージ，S.（2002）『WTO 徹底批判』杉村昌昭訳，作品社。

中村靖彦（2001）『狂牛病』岩波新書。

米本昌平（1994）『地球環境問題とは何か』岩波新書。

ラング＝ハインズ（1995）『自由貿易神話への挑戦』三輪昌男訳，家の光協会。

ワトキンス，K.（1998）『農業貿易と食料安全保障——食料自給崩壊のメカニズム』古沢広祐翻訳監修，市民フォーラム 2001 事務局。

GATT (1992), "Trade and the Environment," *International Trade 90-91*, Vol.1, Geneva.

GATT (1994), *The Result of the Uruguay Round of Multinational Trade Negotiations: Market Access for Goods and Services*, Geneva.

Goldsmith, E. (1997), "Can the Environment Survive the Global Economy?" *The Ecologist*, Vol. 27, No. 6.

Hines, C. (2000), *Localization: A Global Manifesto*, London, Earthscan Publisher.

Mander, J. & E. Goldsmith eds. (1996), *The Case against the Global Economy and for a Turn toward the Local*, New York, Sierra Club Books（抄訳：マンダー，J. ほか編（2000）『グローバル経済が世界を破壊する』小南祐一郎ほか訳，朝日新聞社）.

Shiva, V. (2000), "The Threat to Third World Farmers," *The Ecologist Report: Globalising Poverty*.

Shiva, V. (2001), *Protect or Plunder?: Understanding Intellectual Property Rights*, London, Zed Books.

Shrybman, S. (1999), "The World Trade Organization: The New World Constitution Laid Bare," *The Ecologist*, Vol. 29, No.4.

Stevens, C. (1996), "The Consequences of the Uruguay Round for Developing Countries," in Sander, H. and A. Inotai(eds.), *World Trade after the Uruguay Round: Prospects and Policy Options for the Twenty-first Century*, London, Routledge.

Watkins, K. (1996), "Free Trade and Farm Fallacies: From the Uruguay Round to the World Food Summit," *The Ecologist*, Vol. 26, No. 6.

WTO (2001), *International Trade Statistics 2001*, Geneva.

第 8 章　アメリカの貿易と投資

8-1　アメリカの貿易問題の背景

8-1-1　ないがしろにできないアメリカの貿易赤字

　アメリカは，地球上の 200 に近い国と地域のなかで，輸出と輸入のほぼ 1 割ずつを 1 国で占める世界最大の貿易大国である。しかも，この国の国民経済の貿易への依存も，長期的趨勢で見るならば徐々に高まって，20％程度になった。これは，第 2 次世界大戦が終結したころと比較すると 3 倍も高くなったことになる。

　アメリカの輸出品目を見ると，全体の 3 分の 1 は事務用機械をはじめとする機械類が占め，自動車とその部品の輸出も全体の 1 割を占めていて，高度な技術の発展した工業国の側面を窺わせる。しかし反面では，原材料や補充品などが 2 割以上を占めているほか，農産物輸出も 1 割を占めているという，まったく別の局面ももっている。一方，輸入については，4 分の 1 が原材料と燃料，電気機械や事務用機械など機械類がやはり 4 分の 1，さらに自動車とその部品が 2 割弱，一般消費財が 2 割といった比率をなしている。一言にして，あたかも非先進国であるかのような工業製品の大量輸入国の様相を呈している。ただし，あとで見るように，これらの数字については，海外展開した多国籍企業からの製品輸入などが決して小さくない比重を占めていることをふくんで理解しなければならない。

　アメリカの貿易の全体像を概観すると，最近はおおよその数字で，毎年 8000 億ドルほど輸出して，1 兆ドル以上輸入し，2000 億ドル以上の貿易赤字をつくっている。この巨額の貿易赤字は，アメリカとしては長年にわたって放置できない問題でありつづけたものであり，本章で検討することも，この巨大赤字をどう解消するかをめぐる政策にかかわってくる。

8-1-2　自由貿易をさけびつづける意外な保護主義国家

　アメリカといえば，自由貿易を前面に打ちだして，世界をリードしている国というイメージがあるかもしれない。しかし，この国はその建国の当初から外交的には二枚舌をつかってきた国であった。ある局面では海外で発生した事件に介入し帝国主義的野心を示すかと思えば，別の局面ではモンロー主義の精神をかざして自国に不利と判断される問題にそっぽをむくといったぐあいである。国際連盟の設立を提案しながら加入しなかったのも，国際貿易機関（ITO）の設立に積極性を示しながら批准を拒否して流産させたのもアメリカであったし，イラク戦争の正当化のために国連を利用しながら開戦にあたっては国連を無視するというケースもその一例である。

　アメリカの貿易政策についても，このようなアメリカ外交の伝統と関連させながら考察するとよく理解できる。独立後は，北部は商工業を発展させるために保護貿易を，南部はイギリスに棉花を供給して工業製品を入手するために自由貿易を，それぞれ有利な政策だと考えていた。南北戦争後は，勝利した北部の政策が全米の政策になったため，保護主義が前面にでてきた。さらに1929年の大恐慌のあと，1930年にはスムート・ホーレイ法が成立し，税率59％という高関税で自国産業の保護を強行し，各国の反感を買ったのも，その文脈でのことだった。第2次世界大戦前のブロック化は，このアメリカのやり方に各列強が反発した結果であったし，大戦はそのブロック化が原因となって勃発した。アメリカは実質的に保護主義の国として成長してきたうえ，かなり世界経済で自国本位の態度をとってきた国であることがわかる。

　第2次世界大戦後は，冷戦がはじまり，ソ連圏に対抗するため西側の復興と成長をすすめるねらいで，アメリカは自由貿易の推進をはかり，かなりの程度世界貿易の自由化はすすんだ。このころアメリカ産業の競争力は大変強力で，自由貿易がアメリカにとって有利でもあった。自由貿易の国というイメージは，この経緯から生じたものである。1970年代以降，金融界に自由化の嵐がおこり，やがて全米の経済界をおおう規制緩和の大波となったときも，ウォール街とビジネス・リーダーたちの要求する経済政策は，自由主義の路線にそうものであり，共和党はそのような意向を代弁してきた。アメリカの経済政策が自由主義的であるとの印象は，このような路線と関連するものでもあった。

しかしアメリカでは，繊維，鉄鋼，自動車といった外国製品の大量の輸入によって被害を受けるたびに，それぞれの産業界が議会に圧力をかけ，政府には保護主義的政策を要求してきた。労働界も，外国製品流入が雇用の減少をまねいているとして，輸入圧力には抵抗してきた。民主党は，企業と労働組合の支持をあつめながら，産業界と就業者の保護を主張し，政権にあるときはその主張を実行してきた。アメリカでは共和党と民主党とが交互に大統領をだしてきたが，議会では近年にいたるまで約半世紀間は民主党の力が強く，保護主義的な政策が実施されることが多かった。

8-1-3 保護主義が議会からでてくる

アメリカ合衆国憲法によると，「諸外国との通商を規律する」ことは，議会の権限のひとつとさだめられている（第1条第8項）。大統領ないし行政府は，議会から権限を委託されたり義務づけられてはじめて，その範囲内で外交戦略や通商政策を実行できるし，しなければならない。それゆえアメリカの通商政策の歴史は，議会が立法をとおして大統領に，どの程度の政策執行の権限と義務を，どのくらいの期間にわたって付与するかという歴史でもあった。アメリカの通商に関する立法は，第2次世界大戦後の期間だけでも，小きざみに何回もおこなわれてきたが，これはそのためであった。

ところで議会では，上院であれ下院であれ，議員は特定の地域の代表であったり，ロビーで特定の業界や団体の圧力を受ける者であったりするため，かなり近視眼的になりがちである。したがって，多少とも全国的視野で長期的展望のもとに政策を立案しやすい立場にある大統領とは，対立をおこしやすい。しかも，アメリカの議員は各自の判断で行動する傾向が強く，たとえ党で全国的長期的方針をたててもそれにしたがわず，あくまで自分を支援してくれる地元や圧力団体の意向にそうように行動する。国民感情としても，アメリカでは伝統的に，議員の善悪二元論的な単純な演説に同調しやすい傾向がある。「貿易で一方的に黒字をためこむのは卑怯であり悪である」と演説すれば，一部の冷静な論者の言い分などには耳をかたむけず，すくなからぬ国民が容易についてくる，というのがアメリカの風潮である。

貿易問題で議会が保護政策論に傾斜し，摩擦への対抗策がしばしば議会で過

熱してしまったのも，このようなアメリカの制度と風潮の反映であることを知っておくと理解しやすい。通商の権限が最終的に議会にある以上，結局は大統領がおれて，アメリカ全体が保護主義に傾斜していく，という構図になっているのである。

8-2　アメリカの貿易と投資の密接な関係

8-2-1　直接投資増大の時代と政府の対応

　ところで，アメリカ企業が直接投資をつうじて海外での経済活動から利益をあげようとした歴史は長い。それは，すでに多国籍企業という用語が生まれるずっと以前，すなわち19世紀末にさかのぼる。ただし当初は，カリブ海地域やラテン・アメリカ諸国にたいして原料と資源の確保によって利益をあげようというもので，多くは農業と鉱山に投資していたのであった。

　その流れに大きな変化が生じたのは1950年代末からであった。第2次世界大戦後にアメリカ軍が西ヨーロッパに展開したこと，マーシャル・プランとドイツ復興支援政策が一定の成果をあげこの地域の安定した経済成長が展望できるようになったこと，西ヨーロッパの経済統合がスタートして従来の民族国家の枠をこえる広大な市場の出現が期待されるようになったことなどによって，アメリカ企業のヨーロッパ進出の諸条件がととのったためであった。アメリカ企業は，このころから西ヨーロッパ諸国の製造業に直接投資を強化していった。それは，従来の海外投資とはまったく異なる新しい様相を呈しており，こうして生まれた企業形態に多国籍企業という名称が使われるようになったのだった。

　一方，ヨーロッパ企業も，やや遅れて1970年代には相当の対米投資を展開するようになった。さらに1980年代になると，後述のように日本企業も対米進出を展開する。さらに，その後は日本以外のアジア諸国もアメリカに生産と販売の拠点をつくっていく。アメリカの企業も，ヨーロッパ以外の諸国や諸地域に投資を展開して対抗したことはいうまでもない。こうしてアメリカ資本は，いまや世界中に投資するとともに，世界中から投資を受け入れている。それにともなって，国境をこえた企業間の合弁と吸収・合併が頻繁におこなわれるようになり，いまや世界の大企業で外国の資本となんらかの関係をもたないで営

業している企業はないといってよいくらい，諸資本間の提携は一般化した。

現在のアメリカ企業による民間直接投資残高の総額は，概数で1兆7000億ドルほど，一方アメリカにたいする諸外国民間企業の直接投資残高の総額は1兆5000億ドルほどに達する。この数字がいかに大きなものであるかは，アメリカの現在のGDPが概数で10兆ドル，EUが8兆ドル，日本が5兆ドル，イギリスが1兆4000億ドル，オーストラリアが4000億ドルほどであることと比較すると理解されよう。20世紀半ばまで考えられなかった国境をこえた大規模な投資が，約半世紀のあいだに一気に進展してしまったことは，国際経済史上，驚異にあたいするといってよい。

各国企業を対外投資の方向に導いた誘因には，戦後アメリカやヨーロッパに形成された大量消費社会という格好の輸出市場があげられよう。しかし，その誘因だけで，これだけの対外投資が現実化するわけではない。輸出合戦は関係諸国に景気の浮沈や雇用の増減に大きく影響し，国内経済に深刻な問題を生みだし，やがては貿易摩擦という形で諸国間の対立へと進展せざるをえなかった。その結果，問題解決のひとつの方法として現地生産への転換が追求されるようになる。それを側面から支援する方向に作用したのが，各国政府の税制面での優遇措置であった。たとえばアメリカのばあい，海外生産のために材料や部品をいったん輸出して製品化したあと再輸入するさい，関税は付加価値分だけにしか課税しないという在外生産促進関税の措置をとってきた。他方，多国籍企業を受け入れた開発途上諸国側も多くの税制上の優遇措置をとってきたため，これらの企業が競争で海外の低廉な労働力を活用しながら先進国市場に商品を供給する傾向に拍車をかけることになった。

こうして活発化した海外生産と，それによって生みだされる製品の対米（対先進諸国）輸出が，また新しい貿易上の摩擦を生む，という循環がつくられていったのである。

8-2-2　無視できないアメリカの海外生産と企業内貿易

したがって，アメリカの貿易を考えるさい無視できないのが，多国籍企業の活動があたえる影響である。多国籍企業の経営戦略のひとつには，海外の低廉な労働力を生産に活用することもふくまれており，アメリカ企業の多国籍化

は1960年代以降急速にすすんだ。1970年代には,アメリカの失業者総計と海外のアメリカ系企業で雇用される現地人の総計がほぼ同じになり,それは1980年代にも変わらなかった。要するに,国内で雇用を減らして,その分を海外で雇用してきたのである。海外での生産が増大する分,国内での生産は不要になり,「アメリカ経済の空洞化」がすすむのである。

生産の海外移転がすすんでも消費需要が減少するわけではないから,海外の子会社からアメリカの親会社への製品輸出が増大する。親会社も子会社に部品などの提供をすることが多くなる。これが企業内貿易であり,その大きさも無視できないものになってきた。たとえば1980年代になると,カナダやアジアのアメリカ系子会社は,すでに輸出全体の6～7割を本国アメリカに輸出するようになったのだった。アジアの国々が不当にアメリカに輸出攻勢をかけているなどとはいえないものであることがわかる。

アメリカの対日輸出とアメリカ系企業の日本での生産の合計と,日本の対米輸出と日系企業のアメリカ現地生産の合計は,ほぼ同じで均衡している。このことはかねてから指摘されていたことである。日本が不当に多くアメリカに輸出しているという指摘はあたっていないのである。

8-3 アメリカの通商政策の展開

8-3-1 歴史的に新しい課題としての通商政策

アメリカの経済活動は,1920年代までは,政治の介入をあまり大きく受けなかった点にひとつの特徴があった。しかも,この国は,広大な国土をもち,かなりの資源を保有していたうえ,国内市場も大きく,資本主義が発展していくために外国との経済関係の必要性を感じることが少なく,第2次世界大戦が終結するまでは,比較的孤立した経済を維持していた点にもうひとつの特徴があった。

アメリカの経済に国家が大きな役割をはたすようになったのは,1929年の大恐慌を経験した1930年代のことであった。しかし,それはニューディールという形で国内の経済政策にかぎられていた。対外的には当時ラテン・アメリカ諸国に政治的な接近をはかったことがあるが,対外経済政策として明確なも

のがあったわけではなかった。第2次世界大戦とその後にはじまった冷戦に対応して，アメリカ政府はIMFや世界銀行の設立に相当のイニシアティヴを発揮したが，それは国内の深刻な経済問題に対応したものではなかった。外国との経済的な関係において，アメリカの議会や政府が大きな役割を演じるようになったのは，さらに新しい話であり，それは1960年代からだったのである。

なぜ1960年代だったのか。アメリカは，第2次世界大戦でこれといった戦災を受けなかったばかりか，逆に戦争で疲弊していく諸国に武器と食料を送りこんで世界中の7割の金準備を集中していた。しかもアメリカは，大戦終結直後には，世界の工業生産の過半を制していた。そればかりか，大戦後に冷戦が激化すると，アメリカは西側陣営の結束をはかるために自国市場を可能なかぎり解放して，西側諸国の経済発展をささえる政策をとってきた。アメリカは，輸出と援助という両面の形態をとおして，世界にむかって大量の物量を提供する国だったのである。

しかし，1950年代にヨーロッパが，ややおくれて日本が復興をとげると，大量の輸入品がアメリカに流入しはじめ，ときには国内産業が打撃を受けることさえおこるようになった。なかでも1955年に問題になった「ワンダラーブラウス」は，その典型であった。日本からの1着1ドルという安値，といっても，このころは1ドル360円の時代であり，初乗り鉄道運賃が10円といった当時の日本の物価としては相当高額の商品だったのだが，それがアメリカにとっては最初の貿易問題になったのだった。こうしてアメリカは，対内政策にくわえて対外経済についても国家が経済にテコ入れをするようになったのである。

しかし，このころは，輸入の増大する分野の生産を発展途上国にゆだね，アメリカは技術的に高度な産業に集中することで，やがては解決できた。

8-3-2 保護主義の全面展開

ともあれ，こうして自国市場を世界に開放して各国の自由な対米輸出に寛大だったアメリカの産業界が外国製品の流入に脅威を感じるようになった。議会には自国産業保護への機運が高まり，1961年に民主党のケネディー政権が成立したあと，最初の本格的な通商法が議会で可決される。それが，1962年に成立した通商拡大法であった。これによってアメリカは，輸入の急増によって

国内産業が被害を受けたばあい，緊急に輸入を制限して当該産業を救済する措置をとることになった。この緊急避難措置をさだめた規定は，「逃避条項（エスケープ・クローズ）」といわれ，GATTでは「セーフガード条項」と呼んでいるものに相当する。

ところで1960年代にいたっても，アメリカの製造業各社がすべて技術的優位を失ってしまったわけではなく，依然として新製品開発はアメリカがもっともすすんでいた。全体としてみれば，海外の競争相手にたいして製品の質と価格の両面で，アメリカ企業は優位性をたもっていたのだった。ところが，日本がアメリカから導入した技術を改良したり自主開発して，いっそう優良な製品を，いっそう低価格で，ますます大量に，しかも急速にアメリカに持ちこんでくるようになると，アメリカ産業界はかつて経験したことのないような深刻な打撃を受けることになった。こうしてアメリカ貿易史上例を見ない摩擦が日米間でくりかえし発生することになった。

8-3-3　特別な意義をもった日米間の貿易摩擦

貿易をめぐって日米間で最初の本格的な摩擦となったのは，繊維をめぐる摩擦であった。以前にも「ワンダラーブラウス」問題のように綿製品をめぐって摩擦が生じたことはあったのだが，当時は数ヵ月の事務レベル協議で解決していた。ところが日本からの羊毛・化学合成繊維が大量に流入したことを1968年の大統領選挙でニクソンが問題視して選挙公約にとりあげてからは，佐藤栄作首相とのあいだで大きな政治問題に発展，71年秋の仮調印にいたるまで2年半をかけた戦後日米関係でもっとも険悪な対立状態になったのだった。

しかし，それだけでは終わらないで，つぎにカラーテレビをめぐる摩擦がおこった。日本では1960年にアメリカからブラウン管を輸入して組み立てることでカラーテレビの生産がはじまったのだが，あっという間に国内需要をみたす段階をこえて対米輸出を展開しはじめ，その数はピークの1970年代半ばには年間約300万台に達した。摩擦と交渉は，1960年代後半からあしかけ10年におよび，1977年には日本のカラーテレビの輸出を自主規制するという形で抑制し，最終的にアメリカで現地生産をすることで日本からの輸出に歯止めがかけられた。しかし，現地生産もまた増大してアメリカ企業に打撃をあたえ，

現在ではアメリカ企業のアメリカ国内でのカラーテレビ生産はゼロになってしまった。

　繊維とカラーテレビの摩擦に並行しておこった，もうひとつの大きな摩擦が日米鉄鋼摩擦であった。日本の製鉄業は第2次世界大戦でほぼ完全に破壊されたが，戦後はアメリカから技術を導入して1960年代には巨大製鉄所がいくつか建設された。1970年代にはソ連，アメリカとともに年産1億トン以上が可能になり，世界の鉄鋼需要の3分の1をまかなえるほどの急成長をした。その日本製の鉄鋼がアメリカに流入し，1960年代末から1970年代全体をとおして日米関係が険悪になった。日本は輸出自主規制をすることが強いられ，一応の解決をみるのだが，しかしアメリカの五大湖周辺の鉄鋼工業地帯は壊滅的な打撃を受けてしまったのである。鉄の街ピッツバーグは，いまやまったく別の街に変貌してしまったし，アメリカ最大の鉄鋼メーカーだったUSスティール社もいまは存在しない。

　繊維や鉄鋼につづいておこったのが自動車摩擦であった。自動車産業は，アメリカ最大にして，もっともアメリカらしい工業だったのだが，日本の自動車工業は，鉄鋼と同様，世界の需要の3分の1をまかなえる産業に成長したばかりでなく，まもなくアメリカをしのぐ世界最大の自動車生産国になった。日本製自動車の対米輸出は，1970年代に急増し，1980年には年間180万台をこえた。アメリカは労使一体で政治問題化して対抗するという大騒動になった。1981年には日本側が輸出自主規制を受け入れ，その後アメリカ現地生産を増加させることになったが，アメリカ側もデトロイトをはじめとする自動車工業地帯がなかばゴーストタウン化するほどの打撃を受けたのだった。

　日米間の問題として見れば，1980年代は，それ以前に摩擦のおこっていた繊維，鉄鋼，カラーテレビ（家電）などにくわえて，工作機械，自動車，政府調達品目，牛肉とオレンジ，コメ，建設，スーパーコンピューターなどで，摩擦が全面化したのが特徴であった。しかも，摩擦はそれで収束せず，1990年代になると，さらに電気通信・サービス・金融・住宅・医薬品にも拡大したのだった。

　貿易のトラブルがあらゆる領域にわたって発生し，かつアメリカの主要産業を破壊し，工業都市を荒廃させ，歴史ある巨大企業を廃業状態に追いこんだこ

とが，アメリカ経済にどんなに大きな打撃になったか理解されるだろう。そればかりかアメリカの貿易赤字は，アメリカそのものの威信をきずつけるものでもあった。こうしておこるべくしておこったのがジャパン・バッシング（日本たたき）であった。

　もともと，日本企業はバッシングのような仕打ちには弱い。一方，議会でジャパン・バッシングをするとテレビの視聴者には受けるし，選挙の得票にもつながる。しかも，アメリカ国民は日本の実態をあまり理解していないから，バッシングはやりやすいことであった。多少とも良心的な市民が「アメリカのやりかたはやや身勝手ではないか」という疑問をだしても「アメリカは日米安保条約により自国の犠牲で日本の安全をまもってやっているのだから，経済面で日本側が相応の負担をするのは当然だ」とやり返してやれば，たいていのアメリカ人は納得してしまうという程度のものだったのである。

　ところで，アメリカが非常に大量の輸入をしてしまうことにも理由がなかったわけではないことを一言しておきたい。この国は，もともと世界各地からの移民でつくられてきたために，いろいろな国の商品の購入に抵抗が少なかったこと，そのうえ第2次世界大戦後に大きな消費ブームがおとずれ，市民がそこそこの所得で，住宅から自動車，衣料品から食料品まで，大量の消費物資を購入しては廃棄するという消費習慣がついてしまったことは見のがせない。アメリカ人の大量消費は，同じ先進国でもヨーロッパ人の消費のしかたとはかなり異なるのである。「集中豪雨的輸出」とか「どしゃぶりのように輸出する」といわれた日本の輸出を容易に受けつけてしまう要因を，アメリカ側は十分にもっていたのであった。

8-3-4　あいつぐ保護立法

　アメリカと貿易摩擦を引きおこした国は日本だけではなかったが，以上に見てきたことを考えれば，日本経済の猛威がアメリカ経済にとっていかに特別な意義をもっていたことか理解されよう。当然ながら，このような経緯のなかで，議会には輸入制限措置を講じるべきだとの強硬論があいつぎ，つぎつぎと保護主義的な立法措置がおこなわれたのだった。

　1974年の通商法は，繊維，鉄鋼などの日米摩擦のさなかに成立したもので

あった。これは，1962年の通商拡大法を保護主義の方向に修正したもので，とくに注目されたのは，いわゆる「201条」と「301条」であった。

「201条」では，エスケープ・クローズ発動の要件が緩和された。そして，日本への対抗措置として多用されるようになった。鉄鋼，家電，自動車などがつぎつぎと槍玉にあげられ，じつに案件の半分は日本にたいするものとなった。基本的に「201条」は，アメリカの競争力の弱い産業を防衛するためのものだったのである。

日本でもすっかり有名になってしまった「301条」は，「諸外国の不公正な貿易慣行」にたいして大統領が対抗措置を発動することを規定した条項である。これによると，アメリカ企業が他国市場に参入しようとしたとき，うまくいかなければ政府に提訴できる。政府は1年間相手国と交渉するが，それでも解決にいたらないときは，一方的に制裁措置をとることができる，とするものである。関税は100％の高率をかけることが普通である。日本は，自動車，半導体などで，被害を受けた。基本的に「301条」は，アメリカの競争力の強い産業の輸出力をいっそう拡大するための法的枠組みという面をもっていた。

しかし，これでも日本からの輸出攻勢をくいとめることはできず，5年後に新たな法的対応がとられることになった。1979年の通商協定法では，ダンピングに関する条項が改定され，以後201条ではなく反ダンピング条項を発動することが一般的になった。これは，ある国が不当に安い価格で売りこんできてアメリカ産業に被害をあたえていると認定されれば，ダンピング課税をしようというものである。そして企業からの提訴があれば，政府はたいていダンピング認定をしてしまうことになる。日本は，鉄鋼，化学製品，スーパーコンピューター，などでダンピングの疑いをかけられることになった。こうして1980年代をつうじて360件ものダンピング調査がおこなわれ，その過半に制裁関税（反ダンピング課税）を賦課した。

そればかりではない。1984年の通商関税法では，反ダンピング条項を強化してダンピングにたいする制裁を強めるとともに，301条を強化して輸出振興をはかるための制裁措置をとりやすくした。しかし，それでも貿易摩擦は解消することはなかったのである。

第8章　アメリカの貿易と投資

8-3-5 為替の調整から経済構造の調整へ

アメリカの貿易収支は1960年代末から悪化しはじめ，1971年には赤字に転落していた。しかもその後のあいつぐ保護立法でもアメリカ貿易の赤字体質は改善されなかった。1981年にスタートしたレーガン政権は，強いアメリカを演出する方法として強大な軍事力とともに高いドルを維持する戦略をとっていたのだったが，そのドル高政策のために事態はいっそう悪化して，1980年代中葉には赤字は1000億ドルをこえてしまった。こうなっては，背に腹は代えられぬということになり，レーガン大統領は思い切って方向転換をはかるべく，いっそう根源的な対策，すなわちアメリカの商品価格全体を引き下げ，貿易相手諸国の商品価格を全体として引き上げてしまおうという，ドル高是正（ドルの切下げ）の手段をとることにしたのだった。こうしておこなわれたのが，1985年の先進国間でのプラザ合意であった。

この対策によって，たしかにアメリカの貿易収支は一時的には改善した。しかし，それでも対日貿易の大きな赤字は基本的に動かなかった。日本の企業各社は生産効率を向上させることでドル安・円高に対応したからである。それだけ日本経済の底力は強かったのである。そこで当時のブッシュ・シニア政権は，半導体，農産物，電気通信など多岐にわたる日本の対米輸出をくいとめるための交渉を，いくらやっても日本側の貿易黒字が減らないのは，「日本がアメリカとは異なる経済構造をもっているからだ」，「日米間の経済問題を解決するためにはその構造をかえなければならない」とまで考えるにいたった。こうして，日本のような外国の市場をアメリカ企業のためにいっそう開放させることを目標とする長期戦略的な交渉が「日米経済構造協議」である。

ここでは，公共投資の増額，大店法の改正，などがつぎつぎと協議されたが，そもそもこのような協議は資本主義経済の常識からして異例のことである。それも，最大の資本主義大国が強要するのだから，異常なことというほかない。ところが，それでも対日赤字は減らなかった。そこでクリントン政権の時代になると，つぎの手として打ちだされたのが，「結果主義」といわれる考え方だった。要するに何をやってもだめなら，どうでもいいから，結果的にシェアはいくらいくらになるようにしてくれ，というわけである。こうして，たとえば「日本での外国製半導体の市場シェアは20％とする」ことを決めた日米半導体

協定のような形をめざす協議方式がとられるようになった。1993年からはじまったいっそうすすんだ長期戦略的な交渉としての「日米包括経済協議」では，自動車，保険，政府調達などに結果主義を基礎においた市場開放が模索された。しかし，市場の開放度を客観的に示す基準がさだめられず，包括協議は最終的に失敗したのだった。

それにしても，機会の均等は主張しても結果の均等は主張しないことを伝統的に理念のごとく考え，それゆえにこそ社会主義を忌避する傾向が強かったアメリカ市民は，結果主義という考え方をどのように受けとめたのであろうか。

8-3-6 「スーパー301条」と「スペシャル301条」

経済構造の変更まで迫るようになったアメリカの議会が，そのころ成立させた法律が，1988年の包括通商競争力法である。この法律の成立とともに，いわゆる「301条」を強化したものである「スーパー301条」，「スペシャル301条」がスタートすることになった。

「スーパー301条」（正式には「通商法第310条」）は，1974年の通商法第301条を強化したものなので，このように通称されている。アメリカの貿易上の利益をそこなう貿易障壁をもつと考えられる国を「優先交渉国」として指定し，その国の「貿易慣行」の変更をもとめる交渉をし，交渉が不調なときは制裁措置を発動するというものである。これによって，調査開始までの手続きがいわば自動化された。しかも，この法律の特徴は，相手国が不公正な貿易をしているかどうかはアメリカが一方的に決めるという「一方的主義」と，日本にしばしば強要したように数値目標を設定しその実施を迫る「結果主義」にあった。当然このやり方に各国とくにヨーロッパ諸国の猛烈な反発があった。そのなかで，日本は「優先交渉国」（制裁対象国）に指定され，日本の人工衛星とスーパーコンピューターの政府調達部門や木材製品が是正されるべき「貿易慣行」に指定された。日本のほかにも，ブラジルやインドなどでいくつかの部門がターゲットにされた。その後もアメリカは，相手国がこのような一方的制裁をWTOでの協議および紛争解決メカニズムの場に持ちこむことには警戒しながらも，手ごわい競争相手と二国間で交渉し，アメリカが内国法として規定した制裁措置をちらつかせながら圧力をかけるという手法を常用している。

「スペシャル301条」(正式には「改正関税法第337条」)のねらいは, アメリカの競争力が強い航空, 宇宙, コンピューターソフト, バイオテクノロジーなどで, 知的財産権をフルに活用して, 競争相手が育たないうちにアメリカの強い国際競争力を固定化しようとすることにある。まさに競争力に自信のある産業や将来の重点産業の競争者を撃退する法的装置である。「スペシャル301条」の発動は, 「スーパー301条」と同様の手続きをとることになっている。「スペシャル301条」が成立すると, アメリカはさっそく日本のほか, 韓国・台湾・中国・タイ・インドなどのアジアの新興工業国, メキシコやブラジルなどラテン・アメリカの成長のいちじるしい諸国をこの条項の監視対象国にリストアップした。

　「スペシャル301条」成立後のアメリカ企業のなかには, 映画, 音楽, 出版などで知的財産権を振りかざして稼ぐ傾向が拡大した。その収益は, 自動車産業の収益をこえアメリカ経済の稼ぎ頭になったのだから, ないがしろにはできない。だがアメリカ企業はそれでもあきたらず, 知的財産権を武器に国際的な訴訟をおこしてまで稼ぐばあいが多い。モトロール社が自動車電話に関してヨーロッパ各社を, 全米ビジネスソフトウェア協会が台湾とシンガポールの企業を, はては事業もしていないペーパーパテントをもつ個人発明家が日本のセガエンタープライゼズを, それぞれ訴えては特許使用料を請求するといったぐあいである。まさに, モノの貿易で優位性を維持できなくなったアメリカは, サービスや金融とともに, 知的財産権の分野に活路を見いだしたのだった。それにともなって現在のアメリカでは, 雇用も知的財産権関連部門にシフトしてきている。

　こうしてアメリカは, 「301条」, 「スーパー301条」, 「スペシャル301条」の3法を縦横に駆使した一方的制裁をますます多用するようになった。とくに, アメリカが自信をもつ電気通信関連の貿易の対抗者には強い圧力をかけつづけている。この法律の施行後, 1990年代になってアメリカ経済は好況に転じたが, 保護主義をゆるめるどころか, 政権が民主党のクリントンに移ってからも, 依然として不評の保護主義を緩和しなかった。強くなったアメリカの競争力を永続化し, 優位な先端部門で知的財産権を振りかざして他国の追随をゆるさず, 成長してくるアジア経済をまだ弱小なうちにアメリカン・スタンダードに組み

こもうとしたのだった。保護主義の徹底ぶりが窺われる。

8-4 通商政策の国際戦略

8-4-1 国際的な枠組みの利用

　現在のアメリカの貿易政策は，三つの方向をもっている。ひとつは，自国の通商法をつかって二国間交渉をしながらアメリカの利益を追求する道で，日米協議はその例である。もうひとつは，WTOをつうじて世界全体に自由化を要求したり，WTOの紛争解決メカニズムを積極的に活用しながらアメリカの利益を追求する道である。そしてもうひとつが，地域の貿易自由化の体制づくりで，NAFTAやAPECをつうじた貿易政策がそれである。WTOも，NAFTAやAPECも，1990年代前半のごくわずかな期間のあいだに成立したことは，たんなる偶然ではない。WTOの成立には長年にわたって難色を示しつづけたうえ最後に合意するとともに，ほぼ同時期にNAFTAやAPECを実質的にスタートさせたのは，アメリカが新しい目標をつかんだからであった。そのころのアメリカは，一方では二国間交渉を，他方ではWTOをとおして，二正面から自国の企業の利益を擁護したり推進したりする方向をかためたのだが，過去のこじれた貿易交渉を回顧するとき否定しがたい不安が残った。それを解消するために，さらにもうひとつ，身近な地域的協議体を組織して，アメリカの理想と考える貿易のおこなわれる世界を実験的につくり，その世界への拡大をはかってはどうだろう，ということである。NAFTAやAPECの構想を推進することがWTO設立への合意とセットになったのであった。

　NAFTA（北アメリカ自由貿易協定）は，1994年発効したもので，その人口3.8億人はEUとほぼ同じである。じっさいNAFTAには，EUに対抗する保護政策のねらいがこめられて成立したという一面がある。加盟国は，一方で関税を近い将来（10年から15年）撤廃して域内の貿易・資本・金融の自由化をすすめることにしているが，他方では知的財産権などの面で域外にたいして強力な保護政策をとることにしているからである。NAFTAは，まずアメリカへの貿易依存度の高いカナダをしたがえたアメリカ・カナダの協定を土台にして，やや抵抗を示していたメキシコを取りこみ，アメリカのめざす自由貿易の世界

のミニチュア版をつくり，そこにラテン・アメリカをさそいこみ（FTAA 南北アメリカ自由貿易圏），将来的にはそれを世界に拡大していこうという意図ももっているが，このようなアメリカの引きまわしをラテン・アメリカ諸国は警戒している。

　APEC（アジア太平洋経済協力会議）については，1980 年代末にオーストラリアから提案があったものだが，最初の首脳会議が非公式ながら開催されたのは，ようやく 1993 年にシアトルにおいてであった。アメリカが APEC に関心をよせはじめた背景には，アメリカの東側で EU の統合がすすみつつあるときに西側のアジアで高度な成長がつづいていたため，そのアジアを早い段階でアメリカの承認できるルールのなかに取りこもうというねらいがあった。それゆえ，貿易の自由化と開かれた経済協力を表面ではうたっていても，背後にアメリカの自国利益優先が見えかくれしていて，それに警戒する諸国も多いばかりか，マレイシアをはじめアジア各国にはアメリカに反発する国も多く，しだいに無意味化しつつある。そもそも APEC は，世界の人口の半分がふくまれるほどの巨大な経済協力の協議体であり，いったい何ができるのかという疑問がかねてから出されていた。じっさい，1997 年に発生したアジア通貨危機・経済危機にたいしては有効な対策を打ちだすことができなかった。

　WTO については，アメリカ議会は自国の貿易政策を制限するとの懸念をいだき，その設立になかなか承認をあたえようとしなかった。しかし，ひとたび批准してこれが発足してからは，アメリカは一転して WTO を積極的に活用している。アメリカは，一方では，自国に不利な貿易慣行にたいしては通商法 301 条を発動して競争相手国を威嚇したり制裁したりしながらも，他方では，情報・通信のような先端技術を応用した分野のモノの貿易，サービス，金融，知的財産権関連，農産物など，アメリカの強い分野では WTO を活用して各国に自由化を迫り，紛争がおこれば各国の支持をとりつけながら WTO に持ちこみ，その紛争解決メカニズムを積極的に活用するのである。アメリカは世界でもっとも WTO を活用している国なのである。

　アメリカの WTO にたいするこのようなスタンスにたいしては世界各国や市民団体からの批判も強く，1999 年にシアトルでの WTO 閣僚会議を引きまわそうとしたクリントン大統領の策動が失敗におわったことは大変印象的なでき

ごととなった。

8-4-2 無視しがたい農産物輸出と武器輸出

アメリカの貿易について，以上でふれてこなかったが無視できない項目がいくつか残されている。そのひとつが，農産物輸出に関する項目，すなわち，保護主義的であったヨーロッパとは対照的な対応をしてきた点である。あいつぐ戦争で農業と食糧自給の大切さを知ったヨーロッパ諸国は，第2次世界大戦後は農業を保護する政策を展開し，自給率を高めてきただけでなく，巨額の補助金を支出して農産物輸出を奨励してきた。アメリカは，このようなヨーロッパ諸国やそれに同調する国々にたいして，ウルグアイ・ラウンドの交渉のなかで補助金廃止と農産物輸入制限撤廃を迫ったのだった。結果的にアメリカは，補助金の新規分設定禁止と既存分削減，そして輸入制限の関税化をかちとった。しかし当のアメリカは，1955年いらい「ウェーバー（免除）項目」と呼ばれる輸入制限をしている品目をたくさんもっている。「自国の輸入制限はいいが他国の輸入制限はみとめない」という身勝手さに各国の批判があるが，アメリカはそれを変更する意思を示していない。

最近は，バイオテクノロジーの発達をアメリカ農業保護の新しい戦略として利用するようになっている。ハイブリッド革命によって大増産できるようになった品種の種子の特許を独占し種子を売って稼ぐことがアメリカの新しい商法になっている。

武器輸出もアメリカにとって無視できない項目である。アメリカは依然として世界最大の武器輸出国で，この分野で世界市場の2割強をにぎっている。一方，武器輸入国の大半は貧困な発展途上国であり，湾岸戦争やイラク戦争がおこれば世界各地の武器需要はさらに増加，武器貿易はのびるのである。

武器の輸入は，発展途上国ばかりではない。日本やヨーロッパ諸国を防衛力強化のプロジェクトに巻きこみ，戦闘機や遠距離防空システムの整備についてアメリカと共同開発を仕組む。そこにアメリカの特許で稼ぐ機会も生まれるのである。

8-5　今後とも深刻な貿易摩擦はつづく

　アメリカは，経済大国であるうえ，貿易依存度も高い国である。そのアメリカが20世紀後半の相当長期間そして最近ふたたび政府の財政赤字をかかえ，貿易赤字とならんで「双子の赤字」を背負っている。巨額の貿易赤字は，それ自体もさることながら，それが原因となっておこなわれるアメリカのさまざまな貿易政策が各国の経済成長に圧力となってきた。弱体化する国内産業にたいする保護措置の本質は，相手国にたいする制裁，この一言にあったからである。
　いまや為替のコントロールで貿易政策を解決しようとすることはほとんど不可能になった。1990年代には実需と無関係の金融取引が圧倒するようになり，くわえてこの時期に発達したデリバティブズのために，為替の調整をすると思わぬところに大きな被害をもたらす危険性が拡大したからである。今後，発展途上国との摩擦，WTOに加盟した中国との摩擦が大きくなることが懸念される。日本については，日本本土からの対米輸出は減少してきたが，日本企業がアジア展開してそこから対米輸出している事例が増大しており，アジアとアメリカの貿易摩擦の新しい形態として，今後とも問題はなくなりそうにない。そればかりか，NGOとの衝突という新しい形態の摩擦がおこって，1999年のシアトルに見たような事例がふたたび発生することも考えられる。
　アメリカはサービスや知的財産権でいまだ強い競争力をもち，自由貿易主義をテコに世界貿易に不動の支配力を強化しようとしている。ところが，世界は容易にはしたがわない。そのために用意されたのがNAFTAやAPECであるが，南米諸国はアメリカの支配に不満をもち，アジアでもマレイシアのマハティール元首相をはじめとする各方面からアメリカにたいする危惧がだされている。また，アメリカの長期戦略にたいして，多元主義的関係をつくりあげつつあるEUが世界貿易のなかでアメリカとの対抗を強めていくことが予想される。
　ところで，いまのところ鬼が金棒をにぎってしまったようなアメリカの知的財産権を振りかざした世界貿易支配にとって，最大の対抗者になってきつつあるのが，日本やEUからのアメリカ政府への反発ではなく，はからずも中国をはじめとするアジアの新興工業国での海賊版（コンピューターソフトのコピー）

の製造・販売にあることはなんとも皮肉なことである。アジアの海賊版は、アメリカの構築しようとしている貿易のルールをはじめから無視したものであり、その流布と横行は、かつての日本企業の攻勢などとくらべると、はるかにアメリカ企業にとって手ごわい相手となることはまちがいない。それは、今後の世界の貿易にとって、これまでの貿易摩擦の経緯からは想像もできない深刻な影を及すことになるだろう。

［瀬戸岡紘］

参考文献
『米国経済白書』各年版（エコノミスト臨時増刊），毎日新聞社。
河村哲二『現代アメリカ経済』有斐閣，2003年。
グリーンバーグ『資本主義とアメリカの政治理念』瀬戸岡紘訳，青木書店，1994年。
佐々木隆雄『アメリカの通商政策』岩波書店，1997年。
中本　悟『現代アメリカの通商政策』有斐閣，1999年。
萩原伸次郎『アメリカ経済政策史』有斐閣，1996年。
横田　茂編『アメリカ経済を学ぶ』世界思想社，1997年。
U. S. Census Bureau, *Statistical Abstract of the United States*, Washington, DC.
アメリカ統計要覧：http://www.census.gov/statab/www/
アメリカ商務省：http://www.doc.gov/
ホワイトハウス：http://www.whitehouse.gov.

第 9 章　ヨーロッパの貿易と投資

9-1　資本主義世界史上の一大変化としてのヨーロッパ統合

　いま世界各地には，諸国（諸地域）を包括するリージョナルな統合やリージョナルな協力がすすんでいて，そのこと自体はめずらしくないものに見えている。しかし，内実をしらべていくと，自由貿易協定（FTA）が多く，多面的で通貨をふくむ重要な経済政策項目をふくんだ強力な統合となると，ヨーロッパの事例だけが突出していることがわかる。今日の世界史の大きな潮流となったリージョナルな経済統合は，基本的にはヨーロッパにはじまった運動であるというばかりでなく，ヨーロッパが世界のこの潮流をリードしているのである。

　これまでの資本主義の歴史がそれぞれの国民経済としての発展と競争と衝突の歴史であったことを考えると，現代のこの現象はきわめて異例のことといえそうである。したがって，その意味を理解することは，現代世界経済システムの基本的傾向のひとつを把握するうえですこぶる大切であり，そこに本章の課題がある。

　ヨーロッパの経済統合は，もともとは戦争への反省から生まれてきたものである。今日，戦争といえば，その舞台はパレスティナであったり，チェチェーンであったり，あるいはアフガニスタンであったり，イラクであったりと，非先進地域であるが，この血なまぐさい蛮行の舞台は，百数十年まえから数十年まえまでの世界史においては最先進地域としてのヨーロッパそのものだった。ヨーロッパの中・西部ないしその近辺を主戦場としたものだけでも，フランス・オーストリア戦争，フランス・プロイセン戦争，くりかえされたバルカン戦争，第 1 次世界大戦などがあげられる。とくに第 1 次世界大戦のあとは，ふたたび戦禍をくりかえすまいと，国際連盟の設立，不戦条約の締結，ヨーロッパ合衆国構想の議論などがすすんだが，それにもかかわらず，戦後 20 年で，第 1 次をはるかにしのぐ第 2 次世界大戦が勃発してしまった。

ヨーロッパ統合のプランは，なかでも戦争で被災することの多かったライン川をはさむ地域の安定を模索するなかではじまった。この地域は，たびたび戦争で対抗してきたヨーロッパ大陸の2大強国ドイツとフランスが川をはさんで対峙しており，しかもライン川の周辺には重工業発展にとって不可欠の資源である石炭と鉄鉱のそれぞれのヨーロッパ有数の産地がひかえており，相手国をだしぬくためにこの一帯を支配しようという衝動をいつも生みだしていた。戦争を恒久的に排斥するために，この地帯の石炭と鉄鋼の共同管理を，当事国のフランスと西ドイツにくわえて，主唱者のフランスが，その北に位置してドイツとも接するベネルックス3国と，南に位置する同じラテン系のイタリアをさそいこむ形で実現しようとした構想，ヨーロッパ石炭鉄鋼共同体（ECSC）が，今日大きなうねりとなったヨーロッパ統合の直接のはじまりであった。

　その後の世界史は，しばらくのあいだ米ソ冷戦の長期化と激化にみまわれ，これら両超大国に東西からはさまれた西ヨーロッパが内部で対立を引きおこしてはいられないような環境がつづいたこと，やがてアメリカの多国籍資本が流入するようになったこと，さらにその後は日本からも企業進出がすすんだことなどのために，ヨーロッパの経済力の強化の必要性が恒常的に認識される状況がつづいたことが，統合の路線継続を維持させた。

　そればかりか，ベルリンの壁の崩壊とソ連の崩壊により，冷戦が終結しても，世界経済のうえでアメリカのプレゼンスがいっそう高まり経済のグローバル化が進展すると，そこからヨーロッパの資本と経済を擁護するために独自の政策的対応の必要性が実感されるようになった。ヨーロッパの経済統合は，このような世界史的環境にまもられる形ですすんだのであった。

9-2　EUへのみちのりとしくみ

9-2-1　多難で長期にわたった統合へのみちのり

　戦後のヨーロッパの少なからぬ国々は，それまで世界各地にもっていた植民地や勢力圏での搾取収奪によって資本主義的発展をはかるという生き方がゆきづまっていた。これらの国々が以後も資本主義的先進国として存続しつづけるためには，別な方法で市場を確保しなければならず，その方法として考えられ

た道が，各国の市場を相互に開放してヨーロッパ域内に大きな市場を形成し，そのなかで資本主義の維持発展をはかるというものであった。当時はまた，米ソ冷戦が進行し，地理的に両超大国にはさまれるところに位置するヨーロッパは，いやおうなしに各国バラバラに経済的発展をのぞむことが不可能になっていた。ヨーロッパの統合は，このような時代的背景に後押しされて推進されたことも見のがせない。

　統合は，上述のように石炭と鉄鋼の6ヵ国共同管理からはじまった。これを契機に，軍事統合（EDC）や政治統合（EPC）も構想されたが，試行錯誤のなかで，まずはECSCの経験をふまえつつ当時は石炭にかわる未来のエネルギーと目された原子力の共同開発（Euratom）をすすめるための条約，そしてもうひとつ，経済統合こそ優先されるべきだという原則的な理解から経済共同体（EEC）の設立条約（ローマ条約）に，1957年，前述の6ヵ国が調印し，翌1958年1月から発足させた。

　1967年には，EEC，ECSC，Euratomを運営する諸機関が統合され，ヨーロッパ共同体（EC）と呼ばれるようになった。1968年には，EECの関税同盟と共通農業政策も完成した。関税同盟が完成したということは，域内の関税と数量制限を撤廃し，域外にたいしては共通の関税をかけるということであり，関税に関するかぎりEC全体があたかも一国のようになったことを意味する。共通農業政策は，域内の農産物には単一の価格を設定し，まず農業というもっとも基礎的な産業を保護することから出発して域内経済全体の安定と発展をはかっていこうというもので，EECの諸政策のなかでは関税とともにもっとも重要な経済政策のひとつであった。

　統合のつぎの目標は必然的に通貨の統合にむかうことになるのだが，これは多難な過程となった。まず域内の各国通貨の変動幅を一定の枠内にしぼりこみ，ドルにたいしてもその変動幅を一定の枠内におさえる方式（スネーク制度）が採用された。その後ブレトン・ウッズ体制が崩壊してドルが下落してからは，変動幅をそれぞれ緩和して運用しようとしたが，石油危機でそれも維持できなくなると，ドルから離れてヨーロッパ各国の通貨を共同でフロートさせるようにした。しかし各国の経済は，1970年代に入る前後から停滞し，「イギリス病」とか「オランダ病」などと呼ばれた深刻な不況にみまわれ，そのなかで各国は

利害対立を克服する余裕を失い，共同フロートから離脱する国があいついだ。さらに1979年の第2次石油危機を契機に，混乱は1980年代前半にむけてさらに深刻化し，悲観論（ユーロペシミズムと呼ばれた）が支配した。この時期は，統合の多難な時期だったといえる。

その悲観論をのりこえる努力として，統合の推進がふたたび加速されることになった。具体的には，域内をヒト，モノ（商品），サービス，カネ（資本）が自由に移動できるようにする単一市場をつくろうというもので，これはなんとか1992年末までに目標がほぼ達成された。一方，通貨については，域内の変動幅をふたたび縮小し，それをささえるために域内のバスケット通貨ECU（エキュー）がひと足さきに導入された。ところがドイツ統一にともなうインフレ懸念から，1992年にはマルク買いと他の通貨の売りが横行し，強い通貨と弱い通貨の並存はヘッジファンドにつけいられる隙をつくってしまい，このような通貨制度は破綻することになった。

原因は，通貨の主権が各国にあって各国通貨間に強弱の差が存在していたからだといってよい。この問題を克服するには，通貨の主権を超国家機関に移し単一通貨を導入するしかない。ヨーロッパの基軸通貨となっていたマルクをもつドイツは，当初その方向には消極的であったが，域内経済全体の安定のためには同意せざるをえなくなり，1998年にはドイツ金融センターのフランクフルトにヨーロッパ中央銀行を開設するということで折合いをつけ，1999年には統一通貨ユーロが発足，2002年1月1日からは各国通貨にかわってユーロ紙幣とユーロ硬貨が一般に使用されるようになった。

9-2-2 EUのしくみ

1992年は，上記の諸変化とともに，ヨーロッパ連合条約（マーストリヒト条約）が調印されたという点でも，ヨーロッパ統合にとって因縁深い年であった。この条約を契機として，従来ECとは別個におこなわれていたところの，外交や安全保障面での共通政策（CFSP）と，警察や司法の分野での協力（CJHA）とをすべて統合して，政治の領域をふくむいっそう強大な統合体を設立することになった。それが1993年からはヨーロッパ連合（EU）と呼ばれるようになった機構である。じつは上述の通貨統合も，EUの経済面での統合強化の一環

として企図されたものであった。

　ECには，1973年にイギリス，アイルランド，デンマークが加盟して西と北の方向に拡大し，1980年代にはギリシア，イスパニア，ポルトガルが加盟して南の方向にも拡大した。そして，EUになってからは，さらにオーストリア，スウェーデン，フィンランドが加盟し，15ヵ国からなる連合体になった。2003年の春には，さらに10ヵ国が翌2004年から加盟することが決まり，EUは東の方向にも大きく拡大することになった。

　EU 15ヵ国で人口3.7億人，GDP 8兆ドルの巨大市場を擁する機構を運営していくためには，相応の機関が存在する。主要な機関としては，ヨーロッパ連合閣僚理事会，ヨーロッパ委員会，ヨーロッパ議会，ヨーロッパ裁判所，ヨーロッパ会計検査院の五つ，さらに，経済社会評議会，地域評議会，ヨーロッパ中央銀行，ヨーロッパ投資銀行がもうけられている。これらのうち，立法機関に相当するのがヨーロッパ連合閣僚理事会，行政機関に相当するのがヨーロッパ委員会，司法機関に相当するのがヨーロッパ裁判所であり，ヨーロッパ議会，経済社会評議会，地域評議会は，いずれも基本的に諮問機関とされている。

　ヨーロッパ連合閣僚理事会が立法機能を担ってヨーロッパ議会が諮問委員会にとどまっていることは，EUがいまのところ国家連合であって連邦国家にいたっていないことを物語っている。閣僚理事会は，通常は政策分野ごとに，たとえば財政問題については蔵相理事会，農業問題については農相理事会というふうに開かれ，重要案件については各国首脳によるヨーロッパ理事会（EU首脳会議）で審議されることになっている。

　ヨーロッパ委員会は，現在は委員長および副委員長をふくめて20名で構成されている。各委員は，通商とか農政などの専門分野を担当し，諸国の閣僚に相当するものとなっている。その委員のもとにおのおの総局や各局が配置され，それぞれの総局や局には相応の職員が配置され，総勢1万7000人におよぶ膨大な官僚機構を形づくっている。本部はブリュッセルにある。

　ヨーロッパ議会は，諮問機関であるとともに，閣僚理事会と共同で立法機能をはたすことがある。定員は626人，議員の任期は5年とされている。最近は，EU全体にわたる政党の横断的連携もすすんで，中道右派の「ヨーロッパ人民党」と中道左派の「ヨーロッパ社会党」が比較的大きな勢力となっている。

ヨーロッパ中央銀行は，ブリュッセルの行政機関から一応独立した機関として，政策金利を決定したり，ユーロ圏の物価安定をはかったりしている。
　外交や安全保障面での共通政策については，政府間の協力というレベルのものであって，経済の分野で実現されたような超国家機関を形成するにはいたっていないが，コソボ紛争でのアメリカを中心とする空爆を機に，ヨーロッパ独自の共通外交政策と安全保障政策が強くもとめられるようになった。さらに2003年には，フランスやドイツをはじめとする多くの反対があったにもかかわらず，イラク戦争を阻止できなかった経験から，ヨーロッパ共同の軍事力をもつべきだという意見も急速に強まっている。EUが経済だけでなく政治的にもアメリカとの関係で対等の立場にたつようになったいま，この分野での協調は今後とも拡大していくものと見られる。
　警察や司法の協力についても，各国間の協力というレベルのものであるが，EUの拡大と統合の深化にともなって今後とも増大することが予想される移民や難民さらに国際犯罪に対応していくために，その重要性が増している。
　経済面での統合がこれら政治面での協力を不可避的にもたらしていることを考えると，EUが政治統合へと進化していくことも決して不可能なことではないといえるだろう。しかし，いまのところ連邦国家の樹立は将来のひとつの可能性とされ，現実的な協力体制を一歩ずつ積みあげているのが現状である。

9-3　EUの主要な活動と三つの共通政策

　EUの活動の主要な柱は，共通の経済政策をとること，共通の外交および安全保障をおこなうこと，そして警察や司法で協力すること，という三つの領域におよんでいる。これらは，通常，国家がおこなうことであるが，EUが加盟各国から権限を委譲されて，しだいしだいに本来の国家がおこなう事項に関与するようになっていることを示している。
　これらのうち経済の領域に関する政策については，共通の農業政策，共通の通商政策，および共通通貨ユーロにもとづく金融政策，という三つの共通政策分野がある。これらのうち，農業政策と通商政策は1958年のEEC設立いらいの伝統的な政策であり，EU全体をあたかも一国のようにして実施されている

ものであるが，金融政策については現在のところユーロを導入した11ヵ国について，ヨーロッパ中央銀行を中心にして実施されている。

9-3-1 重要な位置を占めてきた共通農業政策

　ヨーロッパ先進諸国は，19世紀から20世紀にかけての工業化過程のなかで，工業に専念して農業は後進国にゆだねて輸入すればよいとの考え方に傾斜していった。それが危険な政策であることを思い知らせたのは，両大戦における農業をふくむ産業の荒廃であった。各国はその苦い経験から，人間の生存にとって物質的基礎となる生産物をつくりだす農業の重要性を認識し，第2次世界大戦後は農業の保護と生産力向上につとめるようになった。

　EUは全体として見れば，いまやアメリカをしのぐ世界最大の農産物生産の主体となった。EU内部では，とくに農業を大切にしているフランスとオランダがそれぞれ第1位と第2位を占め，おのおの400億ドル前後の高い生産水準を維持して，他の諸国を圧倒している。農業は後進国の産業というイメージは，これを見るかぎり完全に払拭される。EUの農業重視の政策は，アメリカの市場型農業の生産力向上とともに，農業が現代では先進国の産業となったことを物語っている。いまヨーロッパを旅行すると，農村地帯がどこへいっても非常に美しい景観をなしていることに驚く者が多いが，それらは自然にできた景観ではなく人工的につくられたものである。

　共通農業政策（Common Agricultural Policy：CAP／キャップ）は，EEC設立いらいのEUのもっとも重要な共通政策をなしてきた。この政策の要点は，①域内の農産物には単一の価格を設定し，②域外からの安価な農産物には輸入課徴金をかけ，③域内の割高な農産物の輸出にさいしては差額分を補助する，ということをとおして域内の農業と農民を保護育成することにある。これらのことを実現するために，「ヨーロッパ農業指導保証基金」がもうけられ，一方で域内の農業生産力向上のための指導をしつつ，他方で農家への価格保証のための支出をしている。この政策が，域内の農業と農民の生活を保護しながら域外の農業と農民に打撃をあたえているために，一方でEUが巨額の財政負担に苦しみながら，他方で域外諸国との貿易摩擦を引きおこすという問題を生みだしている。

EUが農業を重視してきた背景には，農業大国であるフランスが工業国ドイツを包摂するように主導しながらヨーロッパの経済統合を推進してきたことを否定できない。EECはフランスの農業とドイツの工業の結婚だといわれたこともあり，フランスはこの農業重視政策のために輸出競争力を大きくのばして，全輸出に占める農産物輸出の割合を20％ほどに高めてきたのだった。その結果，アメリカなどの農業大国との貿易摩擦が避けられなくなった。域外の諸国が生産性を向上させて安価な農産物を輸出しようとしても，この制度のために輸出は抑制されてしまう。逆にEU諸国の農民が農産物を輸出するさい，輸出補助金を受けられるEUの農民とくらべて不利な立場にたたされる各国の農民は打撃を受けざるをえないからである。そればかりか，この政策の結果，EU農業の国際競争力は強化された。1980年代になると農産物輸出でアメリカと肩をならべ，ついにはアメリカをこえるほどになったのである。そのことが，GATTのウルグアイ・ラウンドやWTOの閣僚会議などの場で，アメリカやオーストラリアなど新大陸の農業大国と摩擦をおこしてきたのだった。EUの農業発展は，今日では，生産過剰による農業不況をまねきかねないという問題を生んでいる。

　共通農業政策に関しては，もうひとつ，EUの財政支出に限界がきているという重要な問題がある。EEC発足当初，ヨーロッパの農業人口は20％ほどを占めており，農業保護は非常に大きな意味があった。それゆえEC予算の4分の3が農業政策にあてられていたのだった。しかし，このことはEU財政を強く圧迫するために，農業予算を縮小することは懸案になっていた。1999年のEU首脳会議でも，この分野の予算の削減を取り決めた。とはいえ，いまもEUの予算のほぼ半分近くが農業政策にあてられている。2004年にはEUに10ヵ国の新規加盟が予定されているが，加盟予定国の農業人口は20％ほどであり，現在の農業政策を変更しないかぎり，ふたたび膨大な農業対策予算支出が必然化し，EU財政は破綻することが必至と心配されている。

9-3-2　共通通商政策とヨーロッパの貿易および投資

　EUの域内で共通の通商政策をとることは，共通の農業政策をとることとならんで，EUのもっとも古くから重視されてきた政策であり，いまも重要な政

策となっているものである。

　共通通商政策は，将来にむけて現在もすすめられている完全な市場統合のために，重要な意味をもっている。市場統合という目標は，すでに EEC が発足したときいらい掲げられてきたもので，まずは関税同盟からスタートした。関税同盟については前述のように，域内のすべての関税と数量制限を廃止すること，および域外にたいして EU として共通の関税をかけることの2本を基調とするもので，EEC 発足後の最初の10年で達成された。さらに1992年末までに，モノ（商品），サービス，カネ（資本），ヒトの域内移動の自由化を達成，共同市場が形成された。今日の EU の共通通商政策は，この共同市場をいっそう徹底して，あたかも一国の市場のように完全な統合を実現することにあるとされている。

　その目標をにらみながら，現在の EU がおこなっている共通通商政策は，おおよそのところ以下のようなものがある。① 域外の国や他の自由貿易圏との関税協定や通商協定を EU として締結すること，② WTO のような国際的な貿易機関にたいして EU として交渉すること，③ EU 域外からの輸出攻勢にたいして共同して反ダンピング課税や輸入課徴金の設定をしたり，緊急輸入制限（セーフガード）の措置をとったり，相手国への自主規制を迫ったりすることによって EU 域内産業を防衛すること，④ EU の産業を育成し，国際競争力を強化し，域外への輸出を奨励すること。

　これらのことについて若干補足しよう。まず域外の国や地域との協定については，以前から EEC 構成国が海外の国や領域と連合の協定をもっているばあい EEC とも連合するとの規定がつくられていて，旧宗主国がむすんでいた旧植民地との協定を EEC 全体との協定として活用できるようにしていた。EEC は，1964年，アフリカの旧植民地諸国と協定をむすび（ヤウンデ協定），その後も協定を増やしていった。それらは，1975には，アフリカ，カリブ，太平洋の46の諸国との協定に発展した（ロメ協定）。もっとも，ロメ協定は開発途上国の発展には必ずしも貢献できなかったため，協定に負担を感じるようになった EU 側が協定に参加した諸国の自己責任をもとめるようになって，2000年には新自由主義的な色彩の強い新協定，コトヌー協定へと改定された。アフリカ，カリブ，太平洋諸国との関係強化があまり成功的でなかった反面，EU

はアジア諸国との貿易を 1970 年代以降拡大してきた。いずれにせよ，EU 経済がたんにヨーロッパ内部に閉じこめられたものではないことを物語っている。

国際的な機関をつうじた交渉については，EC 時代から GATT と協調する方針をつらぬき，自由貿易を推進して今日にいたっていることを確認しておきたい。WTO 成立後も EU として多角的な自由貿易を推進する方向ではたらきかけているのである。とくに GATT や WTO の，一方的な制裁を強行しようとするアメリカにたいして，日本と協力しながらアメリカの行動を牽制している意義は小さくない。また，GATT のウルグアイ・ラウンドの農産物交渉に関しては，EU は日本とともにアメリカの市場主義的な自由化要求に対抗したし，WTO においても，農業が工業と同じように市場原理を適用されることに反対し，環境保護などをふくめた多面的機能があることを，EU は日本とともに主張している。

このことに関連して，域外からの攻勢への対応について，日本との関係を付言しておきたい。日本から EU への輸出が急増したとき，たとえば 1980 年代にはビデオデッキや自動車などの輸出をめぐって，EC は日本と摩擦をおこしたこともあり対日制裁が検討されたこともあったが，全体として見ると，日本と EU との関係は，アメリカとの関係のような対立的な側面より，協調的な側面が多いといえる。

産業育成については，巨大化したヨーロッパ市場のなかで独占が支配することを抑制し，競争が維持されるような政策がとられている。1989 年いらい，アメリカの反トラスト法なみの規制力をそなえた EC 競争法が成立し，M&A が制限されるようになったのもそのためである。また，石炭・鉄鋼などの伝統的産業を保護する一方で，エレクトロニクスや航空など新産業分野の育成にも補助することにしている。しかし，EU の新産業分野の成長は，アメリカ，日本，アジア諸国にくらべて必ずしも顕著なものではない。

9-3-3 市場統合への諸政策

共通通商政策を効果的なものにするためには，いうまでもなく市場統合をすすめることが重要な意味をもっていた。1960 年代に完成された関税同盟は，1990 年代になると以下のように市場統合にむけて多面的な成果を見るように

なった。

　まず，金融サービスの自由化は，1990年代に順次すすめられた。その結果，EU域内で免許を取得した銀行が域内であれば出店が自由におこなえるようになったうえ，域内でユニバーサル・バンキングが可能になった。また，EU域内で免許を取得した投資会社は域内で出店できるようになった。とはいえ，こうしてEU規模での金融活動が自由になった結果，国境をこえた提携・統合がすすむ一方で，各金融機関はますます競争にさらされ，いっそう激しい業界再編が進行することになった。1998年には，8ヵ国で証券取引所の統合をすすめていくことも合意された。

　資本移動の自由化は，1990年に達成された。こうしてEU域内での資本移動の完全自由化が実現されたいま，産業立地の再編が激しさを増すことになった。

　しかし，すべてが順調にすすんでいるわけではない。労働力移動の自由化については，商品や資本の移動とは同列にならべられないやっかいな問題が付随する。犯罪，テロリズム，麻薬の密輸など，経済問題をこえる問題がつきまとうからである。したがって，外国や域外からのヒトの無制限な流入をゆるしてしまうことが主権の侵食につながるという理由で，イギリスをふくむ若干の諸国が完全な自由移動に留保をもうけているのが現状である。

　税制の統一は，非常に重要な領域だが，さらにやっかいな課題でもある。もし税率に差があれば，その高い国から低い国に資本も労働力も流れていってしまうために，各国が重視してきた独自の産業政策や歴史的につくりあげてきた社会保障のあり方が破壊されてしまう。各国民の生活と不可分に関係している税制の調和をはかったり，その統一を射程におさめることは困難をきわめている。

9-3-4　市場統合と対外摩擦

　EUの輸出と輸入の合計はどちらもきわめて大きく，2000年の15ヵ国の合計でみると世界全体の4割近い数字に達する。しかし，加盟各国の輸出も輸入もその3分の2近くが域内でおこなわれている。したがって，もしEUを一国として見たてたばあいの輸出は8550億ドルほどで，アメリカとほぼ同じ程度

である。EU全体を一国と見たてたばあいの輸入は，むしろアメリカより少ない。これは，EUのGDPや総人口をアメリカのそれらと対比したばあい，アメリカに匹敵するか，むしろそれ以下といった水準である。

ところで，EUの市場統合がすすむことは，アメリカとの大きな摩擦を生むと懸念されることが多かった。しかし，通商と投資に関するかぎり，農業に見るような深刻な対立にもいたらなかった。その理由は，こまかく分断された各国の市場が大陸規模で統合され巨大な市場として立ちあらわれてきたことが，すでに巨大化したほかならぬアメリカ資本が進出していくうえでも有利だったからである。ちなみにこの点を，すでにEEC発足まもない時期に指摘して過激なまでに警告を発したのは，セルヴァンシュレベールであった（『アメリカの挑戦』）。かれの指摘したとおり，1960年代から，自動車をはじめとしてあらゆる産業がアメリカからEEC諸国に進出した。「多国籍企業」という用語がつかわれるようになったのは1960年代初頭からであったが，まさにこの現象を反映したものであった。

アメリカ企業の挑戦にたいして，1970年代に入ると，ヨーロッパ企業もアメリカに上陸するようになり，やがてヨーロッパに進出したアメリカ企業の投資総額をしのぐようになるが，全体としてアメリカ資本がヨーロッパに進出するばあい直接投資により生産と市場を強力に支配しようとするのにたいして，アメリカに進出したヨーロッパ資本は，総額が大きくても個別には規模の小さいものが多いうえ，間接投資の比重が高く，生産にたいする支配力が弱いところに特徴があった。

近年，産業構造が世界的な変貌をとげ，半導体，コンピューター，ソフトウェアなどの領域が重要な競争の舞台になってきたが，EUの共通通商政策と競争力強化政策にもかかわらず，これらの領域でヨーロッパ産業界は，アメリカとアジアに圧倒されている。その失地を回復するためには，いっそう徹底した産業政策が必要となるのだが，そのことは産業界の地殻変動，企業倒産と失業の増大，ヨーロッパ諸国が長年かけてつくりあげてきた福祉社会の破壊などの深刻な問題に直面せざるをえないのである。

9-3-5 通貨統合と金融政策

EU の共通経済政策のうち第 3 のものが通貨統合と金融政策である。ただし，これまでに見てきた農業と通商にたいして，こちらは当面のところ EU 全加盟国にわたるものではなく，ユーロを導入した 11 ヵ国で実施されているものである。

ところで通貨統合は，為替変動がなくなるために長期の経済活動に見通しをあたえるという大きなメリットがある。これにより，域内の貿易は活発になり，資本の移動も容易になる。したがって，EEC がスタートしたときから通貨統合は大きな目標であった。しかし，その実現は少なからぬ識者から空想の世界の話とさえいわれてきたことであった。

それも無理はない。1979 年には，ヨーロッパ通貨制度（EMS）の設立が決定され，EC のバスケット通貨としてヨーロッパ通貨単位（ECU／エキュー）がつくられたのだが，この時点では通貨の主権が各国に残されていたため，いずれかの国が経済危機にみまわれると EMS の共同歩調がくずされざるをえなかった。この経験から，各国の離脱をまねかない方策をとることが肝要であることを思いしらされ，その後いろいろ試行錯誤をくりかえすなかで単一通貨導入以外に有効な方途はないとの認識にいたった。通貨統合は，そのような過程の末におこなわれたのだった。

通貨統合にあたっては，各国の経済指標を一定の基準値のなかに収斂させる，きびしい収斂条項がもうけられた。物価の安定，金利の安定，為替の安定，財政赤字の解消，政府債務の解消などがその内容であったが，基本はインフレ対策にあったといってよい。いずれかの国でインフレが発生することは，導入される新しい通貨の価値を下落させ，ひいては通貨統合を失敗させる危険なものだと考えられたからである。

このような考え方のもとに，ヨーロッパ通貨同盟（EMU／エミュー）が 1999 年 1 月 1 日成立，共通通貨ユーロが導入された。当初は企業や金融機関のあいだの決済，株式や債券の取引など，現金を使用しない分野で使用されるところからスタートしたが，2002 年 1 月からは一般市民が通常の生活で使用する通貨としても利用されはじめ，マルク，フラン，リラなどの各国通貨はほどなく回収され，現在では 11 ヵ国の通貨はすべてユーロにとってかわった。

ユーロをささえる司令塔となっているのがヨーロッパ中央銀行（ECB）である。ECB の政策は，どこの国の中央銀行とも同様に，公開市場操作をおこなうことや各種ファシリティーと総称されるさまざまな手段を講じることである。その金融政策が EU の共通政策ばかりでなく，加盟国全体の経済の安定に影響をあたえることはまちがいない。しかし，ECB の金融政策でもっとも重要な課題とされていることは，依然として物価の安定，要するにユーロ導入にあたってやっと達成されたインフレの克服の成果を維持しつづけることにある。

インフレをまねかないとしても，ユーロ導入後の EU の金融政策には，いくつもの問題点がある。まずなんといっても，ユーロがとりあえず 11 ヵ国でスタートしたため，未加盟国を残して EU 全体としての統一性に欠けていることをあげなければならない。しかし，そのほかにも，つぎのようなものがある。

第 1 に，各国の経済事情にはバラつきが残されたまま金融政策だけを統一しても，その有効性に限界があること。とりわけ財政の主権は各国にあり，財政政策は各国でとりおこなわれているため，各国で異なる産業政策や税制が施行される。このことは，金融政策が ECB にゆだねられているのとは対照的な構図になっている。EU としての財政は加盟各国 GDP の合計の 1 ％程度にすぎないのだから，こちらの側から各国間格差を調整することも非常に困難だという状態にある。

第 2 に，通貨はユーロで統一されたのに，各国には依然としてそれぞれの中央銀行が残されており，ECB と各国中央銀行との二重構造をなしていること。しかも，ECB が各国の中央銀行の監督権をもたないために，その力量を十分発揮できない状態にある。

第 3 に，ユーロが当分はドルなみの強さをもつ国際通貨にはならないだろうとの懸念があること。それは，EU が政治統合をはたしていないうえ，軍事力も NATO という形で事実上アメリカ軍に掌握されているために，有事に強いといわれるドルと同等の地位はさしあたり期待できないだろうというわけである。

ユーロの信認はいかほどになるのか。それは，国際的にユーロがどこまで利用されるようになるかにかかっている。

9-4　経済的格差への対応

9-4-1　経済的格差の縮小は EU の死活問題

　以上の共通政策にくわえて，将来は外交や安全保障も共通化を追求し，EU の内的広がり，すなわち EU の深化をはかることが目標とされている。しかし，資本主義的基盤のうえで政策の共通化をすすめるうえでは，まだまだ避けてとおれない課題がたくさんある。なかでも，エネルギー供給，交通，通信などを統合していくことは肝要なものである。

　まず，エネルギーについては，天然ガスのパイプラインの延長，単一電力市場の実現と電力自由化などが目標となっている。これによってエネルギーのコスト削減が可能になるというわけである。つぎに，航空・運輸・鉄道の域内の合理的な輸送ネットワークを整備することは，輸送コストの削減を可能にする。さらに，情報通信ネットワークの整備も，通信コストの削減の道をひらく。これらを実行していく前提として，研究開発の共同も必要とされている。そのために，民間レベル主導の研究開発協力（Eureka），政府レベルの研究開発協力（COST）にくわえて，EU としての研究開発協力も何本かある。たとえば情報通信分野のヨーロッパ情報技術開発戦略計画（ESPRIT／エスプリ計画）はその重要な柱のひとつとなっている。

　EU 域内の格差を縮小していくことは，EU それ自体の存続と発展を左右する重要な課題である。したがって，これらの計画は，各国間に存在していた格差を是正していくうえで有効なものと期待され，EU では構造政策として重視されている。その証拠に，EU は総予算の約 3〜4 割を構造政策にあてているのである。

9-4-2　それでも拡大する格差

　しかし，それにもかかわらず，政策目標とは逆にむかう力の作用をおさえることはできず，一方で格差は拡大する。資本主義のもとでは，市場規模が拡大し，競争が激化することは，必然的にさまざまな経済的格差を生みだしてしまう。とりわけ，共通政策以外の分野での格差は拡大する傾向にある。

まずは，企業間格差が広がっている。一般に，統一通貨の導入で通貨の通用範囲が拡大したことが，広範囲な市場を対象として行動する巨大企業，多国籍企業に有利に作用した。
　国境をこえた企業買収も，企業間格差を拡大している。ドイツのダイムラー・ベンツとアメリカのクライスラーの合併は，巨大市場に即応した生産と販売の戦略を確立して，他社との差をひらくことをねらったものであった。イギリスのばあい，サッチャーの新自由主義的改革のなかで，イギリス企業による外国企業の買収が増大した。ブリティッシュペトロリアムがアメリカのアモコ石油を買収したのもその一例である。しかし，逆に近年ではイギリス企業が買収されるようになって，イギリス人の不安をかきたてている。EU域内でも，フランス・テレコムがイギリスのボーダフォン子会社を買収するとか，BMWがロールスロイスを買収するとか，ドイツのヘキストがフランスのローヌプーランと合併するなど，多数の事例がある。フランスのユジノールはイスパニアとルクセンブルクの鉄鋼メーカーを合併して世界最大の鉄鋼メーカーにおどりでた。日本企業もふくめて，ヨーロッパに進出した企業の域内での再編・統合も同様にさかんである。グローバリズム時代に即応するために，ヨーロッパに立地する企業が拡大したヨーロッパ市場を縦横に活用して生きのこりをかけた再編を展開し，それが新しい巨大企業の支配を生みだしているといえる。
　これにともなって，地域間でも開発のすすむ地域と捨てられる地域とを生み，地域間の活況の程度の格差を広げている。どの企業も，労働力の安いところに生産拠点を集中し，販売は全EU規模で展開するように，工場立地再編とマーケティング政略の立て直しをはかる。最近では，とくに東ヨーロッパ諸国のEU加盟を見通して，拡大EU域内の労働力の低廉な地域に工場進出して，賃金の上昇した既存地域から撤収する企業があらわれている。フォルクスワーゲンなどは，そのようにしている一例である。
　拡大した市場のなかで，各国間での産業の棲み分けがすすんでいる。しかし，それもすぐ変化する。たとえば，イスパニアはもともと農業を分担するものとの予測もあったが，自動車など比較的低廉だった労働力を生かした工業が展開した。しかし，それもつかのまのことで，EUが東に拡大するとその生産力は東方に移転されることになった，という例がある。

富める者と貧しい者とのあいだの経済的格差も拡大している。産業競争力を強化する方向をおしすすめることが失業手当や福祉予算を削減することと表裏一体のものであることは，かつてレーガン政権期にもアメリカで見られたことであった。労働市場についても，アメリカや日本にくらべてヨーロッパは硬直的だとして，流動化がすすめられている。しかし，それが戦後ヨーロッパの歴史的成果であった福祉社会の破壊と失業率の増大につながることは避けられない。労働者，市民の生活水準の格差是正と失業救済のために一定程度まで充当する資金としてヨーロッパ社会基金（ESF）が用意されているが，上昇の懸念される失業率を抑制するための対策は基本的に各国政府の財政支出にたよるほかない。ESFについても，EUの東方拡大によって必要となる予算は大きくなるばかりなので，広がる貧富の差をおしとどめるにはあまりに少ないといわなければならない。

9-4-3 軽視できないイギリスと北ヨーロッパのケース

ここで，ヨーロッパが一体化していくうえでいつもあらわれてくる困難を象徴しているものとして，イギリスと北ヨーロッパのケースを見ておこう。

イギリスの立ち遅れは，ユーロにはじまった問題ではない。そもそもEEC成立のさいも，イギリスは参加するどころか，EECの向こうをはってEFTAを組織した。しかし，まもなくEFTAに見切りをつけ，EECへの加盟申請をする。加盟が実現したのは，EEC発足から15年も経過した1973年であった。

イギリスは，伝統的に大陸とは独自の社会的・経済的慣行をもっていた。企業経営も，労働者の声を経営に反映しようという姿勢の強い大陸諸国にくらべるとアメリカの市場型資本主義に近い。むしろイギリスの様式がアメリカに展開されたのが，市場型資本主義だといってもよいくらいである。

イギリスは，さらにEUに統合されることで，金融帝国としての誇りと一体であった独自の金融政策を失うばかりでなく，イギリス経済の象徴であったロンドンの伝統あるシティーの金融センターとしての地位の衰退にも大きな懸念をいだいてきた。というのも，植民地を失ってからのイギリスは，金融市場としての地位の低下も避けられず，その対応措置として外国からの資金流入流出をまったく制限しないうえ，外国の法人や個人の受け取る利子や配当に源泉課

税しないなど，外国の資金がロンドンにあつまりやすい環境をつくってきた。せっかく確保した戦後のこの利点をどうして放棄できるものか，というのがイギリス金融界の意向である。

アメリカ流の規制緩和によるたんなる競争力強化策が競争力のない企業の工場閉鎖などをまねいてイギリス経済の混迷を深めたことへの反省から，ブレア政権期になってからEUとの関係を改善して，イギリス経済再生を考えようという機運も盛りあがってきた。しかし，戦前からの歴史的遺産である金融帝国としての地位を最大限活用しつつ，戦後世界で生きていく術を自力で一定程度つくりあげてしまったイギリスが，容易にEUに溶けこもうとしない理由はそれなりに存在しているのである。

金融といえば，もう一国，スイスを見のがせない。スイスは，EUはおろか，NATOにも，国際連合にさえも，いっさい加盟していない。EUとの調和を避けて，伝統的な「銀行秘密」をまもることで，世界からツューリッヒに資金をあつめて，この国の豊かさの一端をささえてきた。たとえば「番号口座」の制度は，個人名さえ匿名にできる徹底した秘密主義でまもられており，情報をもらす者があれば高額の罰金および禁固刑が課せられることになっている。こうした慣行は，ナチスからユダヤ人の持ちこんだ資金をまもるなかで定着したもので，この国の長くて苦しい歴史のなかでつちかわれてきたものだけに，簡単にEUに入って失いたくない特性だといえる。

一方，北ヨーロッパ諸国は，もう少し異なった理由からEU加盟やユーロ導入を躊躇してきた。国によってEUへの対応の程度に差があるが，いずれにせよ，EUの将来にむけてけっして軽視できない問題である。

デンマークは1973年にECに加盟したが，1992年の国民投票ではマーストリヒト条約批准を拒否した。翌年の再投票でようやく批准したものの，1999年には通貨統合の第一陣に参加を見送った。

スウェーデンのEU加盟はさらにおくれて1995年となった。しかも，1999年の通貨統合の第一陣への参加も見送った。

ノルウェイは，1972年の国民投票で，反対票51％というスレスレのところでEC加盟を見送り，1992年にふたたび国民投票でEU加盟をはかったが，それも見送りとなった。したがってユーロの導入もしていない。この国は，1970

年に北海で油田が発見されたのを機に,もともと強かった海運業とあわせて,ユーロ圏に入るよりドル建ての貿易をすすめるためにドル圏に入っているほうが有利だと考えるようになった。それはまた,歴史的につちかってきた社会保障制度を維持していくうえでも枢要なことだと考えるようにもなったのだった。時間がたつほど,新しい事情がくわわって,加盟が遠のいていった事例である。

過去の歴史的背景と現在の経済的地位のどちらからも,ヨーロッパ諸国のEUへの統合の障害となるものが,つねに存在していたり,新たに生じたりすること物語っている。

9-5 容易でないヨーロッパのリージョナリズムの航路

2004年からはEUに新たに10ヵ国が加盟して25ヵ国体制になることが決まっている。EUのこの大きな拡大に対応して,内的にも統合の深化をはかる努力がなされており,またそこに多くの難題もひそんでいる。

そのひとつがEU憲法の制定にむけての努力である。憲法については,2003年春の段階では草案の準備中にあるが,そこでのひとつの焦点が大統領制の導入ということになっている。また,共通外交政策を深化させるために,EUの外相ポストの設置も射程に入っている。大統領制導入や外相ポストの新設については,当面のところ,主としてEU内小国からの反発が強い。かつて,ECを深化させる過程で「ヨーロッパ連邦」とか「統一ヨーロッパ」といった名称も提案されたが「ヨーロッパ連合」に落ちついたように,一気に統合過程が進展することには困難がともなうといえる。統合過程は,今後ともさらに進展するものと思われるが,そこには相応の困難も横たわっているといわなければならない。

EUの拡大にともなって,無視しがたい重要問題になってきたのが財政問題である。EUの予算は加盟各国GDPの合計の1％程度にすぎない。現在は,その半分近くが共通農業政策に,3分の1以上が構造政策に支出され,残るわずかな金額が域内への政策実施費用と行政経費などにあてられている。今後,10ヵ国の新規加盟が実現することになっても,EUの従来の方針を維持しようとするかぎりは,共通農業政策と構造政策に投入される費用が大幅に不足をき

たすことになる。それでは予算によって恩恵を受ける分より負担する分が多いドイツ，オランダ，スウェーデンらの諸国をふくむ国々からの反発も予想されるから，予算自体は容易には増額が期待されない。「アジェンダ2000」とよばれる中期財政計画では，共通農業政策への予算支出を削減し，構造政策の重点を後進地域への支援や雇用促進などの施策に整理限定するとしたが，それでもこの難題に対応するのにはとても足りないといってよい。

　NATOが先行して東方拡大をしたのにつづいて，EUも東方拡大をすることになったのだが，東ヨーロッパ諸国の加盟がEUの理念を掘りくずす危険性もないとはいえない。新規加盟国はもとはボリシェヴィズム型の社会主義国であったが，そういう国は市場経済に編入されたとき，一転してもっとも荒々しい市場原理をふりかざす舞台に変貌しないとはいえない。ヨーロッパには，伝統的に社会民主主義の路線が強く影響をあたえてきた。それが市場型として特徴づけられるアメリカ資本主義とは異なるところの，労使共同と福祉社会に特徴づけられるヨーロッパ資本主義を彩ってきた。最近の10〜20年は，社会民主主義の路線をとる政権の浮沈があいついでおり，そこにアメリカ流のグローバリズムがいやおうなしに押しよせている。東ヨーロッパ諸国をむかえたEUが，今後これとどう向き合えるのか。その点に，ヨーロッパが統合をはかって自らのアイデンティティーを維持しようと努力してきた意味を根本から問われる時がくるであろう。

　リージョナリズムとしての統合と，それにのしかかる形で迫ってくるグローバリズムの進行するなかでは，目立たない静かな動向として，ローカリゼーションの運動も進行している。すなわち，各国で地域の独自の動きが活発化してきたのである。かねてからのバスク，カタロニア，ノルマンディー，ブルターニュなどの運動にくわえて，スコットランドの自立化の動きなどは，その例の一部である。ヨーロッパには，こうして，幾層もの新しい波が，伝統的な制度や価値観に攻撃をかけている。ヨーロッパの貿易と投資は，さまざまな可能性の存在するなかで，それら幾層もの動向の展開のしかたに左右されながら，いずれかの道を歴史に刻印していくことになる。

［瀬戸岡紘］

参考文献

相沢幸悦編著『欧州通貨統合と金融・資本市場の変貌』日本評論社，1998年。
田中・長部・久保・岩田『現代ヨーロッパ経済』有斐閣，2001年。
長部・田中編著『統合ヨーロッパの焦点』日本貿易振興会，1998年。
長部・田中編著『ヨーロッパ対外政策の焦点』日本貿易振興会，2000年。
マリオ・モンティ『EU単一市場とヨーロッパの将来』田中素香訳，東洋経済新報社，1998年。
ヨーロッパ委員会：http://europa.eu.int/
ヨーロッパ中央銀行：http://www.ecb.ent/

第10章　新興経済の貿易・投資政策
―― 経済的自立に向けて ――

10-1　はじめに

　大部分の発展途上国は植民地・従属国としての歴史をもち，ラテン・アメリカ諸国を除けば，その多くが政治的独立を果たしたのは第2次世界大戦後のことであった。独立後の途上国は，経済的自立に向けた新たな挑戦に着手したが，それから半世紀ほどが過ぎた今日でも依然として多くが貧困と停滞に苦しんでいる。ただし，なかには相対的に優れた成果を記録し，これまでに新興経済として脚光を浴びてきたところもある。

　1970年代には，ブラジル，メキシコ，韓国，台湾，香港，およびシンガポールなどが新興工業国（NICs）として台頭し，世界的な注目を集めるようになった。1980年代には，ブラジルやメキシコが停滞に陥っていく一方で，東アジアではタイやマレーシアなども高成長を達成することになった。そして1990年代には，東アジアの優等生に加え，停滞からの脱却を目指すラテン・アメリカ諸国，計画経済から市場経済への移行を進める旧ソ連・東ヨーロッパ諸国，さらには中国やインドなどの巨大国家までもが，エマージング・マーケット（emerging market）と呼ばれる新興市場として世界的な投資ブームを引き起こしたのである。

　ところが，21世紀を目前に控え，新興経済は次々と深刻な通貨・金融危機に陥ることになった。とりわけ，1997年7月のタイ・バーツ危機を皮切りとした「アジア通貨危機」は，その後グローバルな金融危機へと発展し，新興市場を中心に世界各地を巻き込んでいった。なかには短期間でマクロ経済指標が改善した国もあるが，過去数年あるいは数十年にわたる果実を瞬く間に奪い去る危機の衝撃は，多くの波紋を呼び起こしたのである。

　本章の目的は，紆余曲折を経ながらも世界経済におけるプレゼンスを拡大し

てきた新興経済について，その貿易・投資政策を念頭に置きながら分析することである。新興経済の台頭は，とりわけ貿易・投資などの諸政策について多くの議論を引き起こし，その議論からある種の普遍的モデルが構築されることで他の諸国に対しても多大な影響を与えてきた。しかし，20世紀最後の数年間に途上国の優等生たちを襲った通貨・金融危機は，新興経済の諸政策に，あらためて多くの問題を投げかけている。以下では，戦後初期の開発政策を概観し，そのなかで台頭した新興経済の貿易・投資政策を見ることから始めることにする。

10-2　開発への着手と NICs の台頭

10-2-1　国家主導の輸入代替型工業化

　戦後初期の発展途上国における主要な開発政策は，輸入に依存する工業製品の国産化を目的とした輸入代替工業化であった。これは，政治的独立を堅持するためには経済的自立が不可欠であり，外国製品への依存から脱却する必要があるとの認識にもとづいていた。国や時期によって違いはあるが，一般には関税や輸入制限を用いて国内市場を保護すると同時に，国家が各種育成措置を実施するという政策が採用された。そのため，貿易や為替は統制され，市場メカニズムの作用も抑制されることになるが，当時は途上国経済の特有な状況が重視されており，国家が稀少な資源を動員して工業化を推進することに一定のコンセンサスが存在していた[1]。また，市場メカニズムを排除し，中央指令型の生産・分配計画にもとづく工業化を進めていた社会主義諸国が，市場に基礎を置く西側先進諸国を上回る成長を示していたことも，国家主導の工業化を正当化する一つの要因となっていた。

　輸入代替工業化は国内市場向けの工業化であるため，インド，ブラジル，そして中国など，潜在的市場規模が大きな国ほど成功の見込みが高いと考えられていた。とりわけ，対象産業が簡易な消費財から耐久消費財や重化学工業へと進むにつれて，最適生産規模（規模の経済）を維持し得るだけの受け皿がなければ効率性が著しく低下するので，国内市場の重要性はさらに増すことになる。また，市場規模のほかにも輸入代替工業化の成功には不可欠な条件があった。

一つは，生産性向上に対するインセンティブである。国内市場規模にも左右されるが，一般に保護政策は競争を阻害し，長期的成長に不可欠な技術革新，経営革新，あるいはコスト削減などに対する努力を怠らせる可能性が高い。そのため，保護と同時に生産性向上への取り組みを喚起することが必要となるのである。もう一つは，国際収支上の問題である。自立に向けた工業化とはいえ，現実には多くの途上国が資本蓄積不足や技術的遅れのために外国からの借款，技術輸入，そして資本財輸入を不可欠としており，対象産業の高度化がその傾向をさらに強めることになる。したがって，それらの返済や支払いをまかなうための外貨獲得手段を確保することも，成功に必要な条件である。

　これらを克服する一つの手段が工業製品の輸出であった。つまり，工業化を通じた経済的自立の達成に変わりはないが，外国への販売が市場の制約を打破し，生産性向上を喚起し，外貨の獲得につながると考えられたのである。1964年に第1回会議が開催された国連貿易開発会議（UNCTAD）における途上国の要求によって，1970年代には工業製品や半製品を中心に先進国が一般特恵関税制度を導入するようになった。これは先進国が途上国からの輸入に対して一方的に低関税を適用するもので，途上国の輸出拡大に一定の枠組みが用意されたことを意味していた。その頃には，しだいに工業製品輸出を拡大する途上国も現れ始め，世界の注目を集めるようになるのである。

10-2-2　NICsの台頭

　1979年に経済協力開発機構（OECD）は『新興工業国の挑戦』という報告書を作成し，1960〜70年代に世界の工業生産と製品輸出に占めるシェアを急速に拡大させた新興工業国（NICs）としてラテン・アメリカ（ブラジル，メキシコ）や東アジア（韓国，台湾，香港，シンガポール）の途上国を取り上げた。前者は輸入代替による成長が限界に達した後に，後者はその成長が終わる前に，外向き政策への移行を進めたことで世界経済におけるプレゼンスを高めたのであった[2]。ここで外向き政策とは，①輸出競争力を強化するための切下げをともなう為替レートの統一，②輸出生産に必要な投入財の自由な貿易と支払制度，そして③輸出生産に対する財政的奨励措置や輸出収益の免税措置などを指している。ただし，一口にNICsといってもすべてが同様な政策を採用した

わけではなく，外向きの度合いもさまざまであった。以下ではいくつかのNICsについてその特徴を見ていくことにする。

ブラジルとメキシコは早くから輸入代替工業化を進めていたが，1960年代頃にはその歪みも現れ始めた。ブラジルでは輸入代替の対象が資本財や耐久消費財へと進むにつれて経常収支が悪化し，1964年の軍政成立を契機として，小刻みな為替レートの切下げと輸出奨励策に着手した。それと同時に，積極的な外国企業の受入れと国営企業による重化学工業化を推進し，1968〜73年には「ブラジルの奇跡」と呼ばれる高成長を達成した。この間に輸出・工業生産・GDPの年平均成長率はすべて2桁を記録するが，工業生産やGDPの成長に大きく貢献したのは不平等な所得配分が生みだした富裕層による内需拡大であった。1973年末の第1次石油危機は重化学工業化のコストを増大させるが，ブラジル政府は多額の借款導入によって大型開発計画を継続し，積極的な輸出奨励策も進められた。

メキシコは，輸入代替の進展につれて外国企業への依存を強め，重化学工業などの基幹部門では赤字の国営企業を数多く抱えていた。これらは「メキシコの奇跡」と呼ばれる1960年代の安定的成長に寄与する一方で，財政赤字と経常収支赤字の拡大要因となった。1970年代になると経常収支改善のために輸入制限の強化と輸出拡大に着手するが，公共投資の増大が財政赤字と対外債務をさらに拡大させた。その結果，1976年には22年ぶりの通貨切下げを実施し，国際通貨基金（IMF）の救済措置を受けることにもなった。ところが，膨大な原油埋蔵量の発見と第2次石油危機が追い風となり，石油収入を担保に多額の借款を導入することで国家主導の資源開発と大規模な重化学工業化に乗りだしていった。

韓国や台湾では消費財の輸入代替が順調に推移していたが，将来的には市場の狭小さが成長の障害になると考えられていた。さらに，1950年代後半には戦後の資本蓄積を支えたアメリカの援助方針が変更され，輸出可能な天然資源に乏しい両者が工業化を継続するには新たな外貨獲得手段が必要となった。そのため，1960年代中頃までに切下げをともなう為替レートの統一，輸出奨励策の導入，輸出加工区の設置とそこへの外国企業の誘致などを実施し，工業製品の輸出拡大に着手した。また，1970年代には政治・軍事的状況の変化と国

内の資本・中間財需要の増加に対応するために重化学工業化が推進された。とりわけ韓国は，強力な国家支援，技術輸入，そして多額の借款を拠り所として，経済性と競争力を確保するために規模の大型化を追求した。その際，国内市場の狭小さが隘路となることを防ぐために，戦略的輸出産業として育成することが打ち立てられた［金，1991；210］。

以上のように，NICs のなかでもその内実にはさまざまな違いがあった。ラテン・アメリカでは東アジアに比べて外向きへの移行が限定的で，補助金や保護制度も輸入代替に偏重していたが，その特徴は両地域における輸出成長の相対的な格差に現れていた。前出の OECD の報告書によれば，世界の製品輸出に占めるブラジルと韓国のシェアは 1963 年時点で同じ 0.05％ であったが，1976 年には韓国が 1.20％ へと急増し，ブラジルも 0.41％ に拡大したものの両国には 3 倍の格差が生まれていた。メキシコと台湾も 1963 年にはほぼ同じシェア（それぞれ 0.17％，0.16％）を占めていたが，1976 年にはそれぞれ 0.51％，1.23％ となり，2.4 倍の格差が発生した。また，韓国と台湾では 1970 年代のうちに製品貿易収支が黒字へ転換したのに対して，ブラジルとメキシコでは逆に赤字が拡大するという違いもみられた。

10-3 NICs の分化と市場主義の高まり

10-3-1 NICs の明暗

1980 年代に入るとラテン・アメリカ NICs と東アジア NICs は大きく明暗を分けることになる。メキシコは石油輸出を担保に借款依存型の工業化を進めたが，輸入自由化と通貨ペソの過大評価が重なり貿易赤字を拡大させていた。そのうえ，1981 年に国際金利が上昇するなかで石油価格が下落に転じると，メキシコの債務返済能力は急速に失われていった。利払いをまかなうための短期債務が増大し，資本管理の不備にともなう国内資本の逃避が事態をさらに深刻化させた。そして，1982 年 8 月にメキシコ政府は外国民間銀行に対して公的債務の繰り延べを要請するに至り，民間資本の流入途絶と深刻な経済危機に陥ることになった。さらに，債務繰り延べと経済危機はブラジルを含むラテン・アメリカ諸国のほぼ全域で発生し，当地域はいわゆる「失われた 10 年」を迎

えることになるのである。

　東アジアNICsのなかにも巨額の債務を抱える国は存在した。韓国の場合，一国の債務規模を示すGNPに対する総債務の比率は1980年48.7%，82年52.3%であり，ブラジル（同30.6%，36.1%）やメキシコ（同30.3%，52.5%）を上回るほどであった。しかし，輸出額に対する総債務の比率では韓国（同130.6%，131.6%）がブラジル（同304.8%，395.4%）やメキシコ（同259.2%，311.5%）を大幅に下回っており，1982年の債務返済比率（元利支払額／財・サービス輸出額）もブラジル（同81.3%）やメキシコ（56.8%）と比べれば相対的に低水準（22.4%）に保たれていた。輸出は外貨獲得能力（＝支払能力）を示す指標であり，韓国が深刻な危機を回避するうえで重要な役割を担っていたのである[3]。

　危機に直面したラテン・アメリカ諸国はIMFの支援を受けるが，その際の付帯条件は債務国の救済よりも債務返済を重視する厳しい内容であった。財政と経常収支の赤字を削減するために緊縮政策や通貨切下げを求められたが，緊縮政策は深刻な国内不況を招き，それを補うはずの輸出も停滞した。政府支出と輸入削減を通じて捻出された資金は債務の利払いに回され，多くの国でスタグフレーションと社会不安が発生し，貧富の格差が著しく拡大した。

　また，累積債務危機はアフリカ，東欧，および南アジアなど世界各地で発生し，途上国や社会主義国の挑戦は大きな壁に直面することになった。対照的に，東アジアではNIEs[4]と改称された東アジアNICsが平等な所得分配をともないながら1980年代も概ね順調な成長を持続し，さらに東南アジア諸国連合（ASEAN）のタイ，マレーシア，インドネシアも輸出主導の高成長を記録するようになった。1980代に「世界の成長センター」に飛躍した東アジアは，発展途上地域の優等生として羨望のまなざしを集めたのである。

10-3-2　「ワシントン・コンセンサス」と市場主義

　ラテン・アメリカにおける混乱の長期化は，債務繰り延べや緊縮政策といった流動性危機への対応だけでは問題解決に不十分なことを示していた。そのため，1980年代後半以降は，債務の証券化や元本および利払いの削減など，累積債務の抜本的処理策が実施されることになった（第5章を参照）。また，多く

の規制や政府介入が歪んだ資源配分をもたらし，保護政策や国営企業の存在が効率性を阻害しているとの認識から，各種の自由化・規制緩和や民営化も本格的に進められることになった。これらは従来の国家主導型モデルから決別して自由市場に身を投じることを意味していた。1990年代になるとメキシコを皮切りにこれらが実行に移され，債務問題の解決と成長の回復に対する期待が高まっていった。その結果，アメリカの低金利という追い風もあり，メキシコ，ブラジル，そしてアルゼンチンなどを中心に，多額の外国民間資本が再びラテン・アメリカへ流入していくのである。

　ラテン・アメリカの市場主義的政策は，その後「ワシントン・コンセンサス」と呼ばれる普遍的政策基準としてIMFや世界銀行に支援を求める他の諸国にも影響を及ぼすことになった。その内容を簡潔に言えば，財政を均衡化し，公共支出を教育・インフラ投資に転換し，通貨を競争的水準に維持し，貿易・直接投資・金融を自由化し，国営企業の民営化と規制緩和を進めることが成長につながるという政策パラダイムである。これには1980年代のアメリカやイギリスで市場を万能視する新古典派経済学が隆盛したことが影響していた。つまり，かつては市場の失敗や国家の役割が重視され，自由市場の採用が疑問視されていた途上国に対しても，融資条件として自由化を強制することでその考えが適用されたのである。折しも，1980年代末にはソ連・東欧の社会主義経済が崩壊し，世界的に自由市場が支持される状況にあった。市場メカニズムを排除した計画経済の破たんは，対極にある自由経済の勝利と解釈され，市場主義を後押しする結果となったのである。

　また，東アジアの経済成長は途上国における市場重視を正当化する根拠とされた。つまり，介入主義的な内向き政策に偏重した多くの途上国が危機に陥るなかで，外向き政策を採用したNIEsが輸出主導の高成長を持続したため，新古典派の多くはNIEsの成功要因を自由市場経済下での比較優位に沿った効率的資源分配に求め，小さな政府と自由市場が途上国でも有効なことを示す実例だと考えたのである。また，1980年代後半にASEAN諸国が輸出指向型の多国籍企業による直接投資に牽引されて輸出主導の高成長を果たすと，自由経済に対する評価は一段と高まりをみせた。直接投資の自由化に加え，現地での企業活動を円滑化する貿易・資本・金融の自由化が，多国籍企業誘致のために推奨

されるのである。

ただし，現実に東アジアが「ワシントン・コンセンサス」に適合するほどの市場主義的政策を採用していたのかといえばそうではなかった。とりわけ韓国と台湾の経験をそれと比較すれば，十分に適合していたのは財政規律と通貨のみで，貿易・直接投資・金融の自由化や民営化などは満たされていなかった。つまり，韓国や台湾は「ワシントン・コンセンサス」が要求するような政策で成長を実現したのではなく，言い換えれば，「ワシントン・コンセンサス」は過去の両者をはるかに上回るペースと領域で自由化を推進することをラテン・アメリカ諸国など多くの国々に要求していることになる [Rodrik, 1996 ; 17-18]。

10-4　東アジアの成長要因と経済的自立

10-4-1　東アジアの経済成長をめぐる議論

外向きの成長を果たしたとはいえ，東アジアでは多くの規制や政府介入が実施されていた。新古典派のなかにも政府介入の存在を認めたうえで積極的に評価する「疑似自由市場論」と呼ばれる議論がある [ウェード, 2000 ; 34-36]。それによれば，東アジアは自由貿易ではなかったが，保護が生みだす国内向け生産に対するインセンティブを各種の政府介入によって相殺し，結果として中立的な貿易体制を構築したのであった。たとえば，韓国や台湾は国内市場保護を継続する一方で，過大評価された通貨を切り下げ，輸出収益に対する減税や輸出奨励策（外貨割当，低利融資など）を実施した。輸出向け生産に必要な財の輸入には関税免除や戻し税が適用され，輸入規制品でも一定の条件を満たせば輸入できるなど，輸出者が保護貿易にともなう不利益を被ることは少なかった。これらが創出した中立的インセンティブは，内向きに偏重した他の途上国とは異なり，自由市場と同様な比較優位に沿った効率的資源配分をもたらし，高成長につながったと考えられたのである。

効率的資源配分を強調する新古典派に対して，政府の意図的な市場運営を重視する議論もある。リビジョニストと呼ばれる研究者たちによれば，韓国や台湾の政府は故意に価格を歪めて利益の見込める投資機会を創出し，新技術の速やかな実用化や特定産業の成長を可能にする高水準の投資を促したのであった。

つまり，政府がインセンティブ，コントロール，リスク分散などを駆使して民間の資源配分過程を誘導し，自由市場がもたらすものとは異なる投資水準および投資構成を実現したのである [同上；39-44]。たとえば韓国では，輸出，R&D，新製品導入などの成果基準に応じて事業拡大を認可したり，リスクの高い産業に参入する代償として高収益部門のライセンスを与えたりすることで，必要な投資を誘発した [Amsden, 1989；14-15]。リビジョニストは市場の役割を軽視するわけではないが，政府が投資増大と特定の経済活動を民間企業に促すことで成長を加速させた点を重視し，IMFや世界銀行が画一的に要求する自由市場に対して疑問を投げかけたのである。

　これらの議論は市場を重視する世界銀行にも影響を及ぼすことになった。1993年に世界銀行は『東アジアの奇跡』（以下『奇跡』）という報告書において，日本を含む東アジアの成長は「市場指向から政府主導にわたる政策の組み合わせによって達成された」[世界銀行, 1994；10]と説明し，政府介入に一定の評価を与えたのである。ただし，『奇跡』の立場は効率的資源配分を重視する「疑似自由市場論」に近いもので，「資源配分過程の誘導」には否定的であり，特定産業の振興策についても成功しなかったと結論している。しかし，日本，韓国，および台湾については価格の歪みがメキシコ，ブラジル，そしてインドなどよりも大きかったことを認め，また輸出実績に応じて優遇金融，外貨，あるいは新規事業の許認可などを割り当てる「コンテスト・ベースの競争」が強力な輸出インセンティブを生みだしたことにも注目した。そして，これらの政策には高度な政府の能力が必要であったと指摘し，日本，韓国，そして台湾の政府を高く評価したのであった。

10-4-2　政府の能力

　他の途上国とは対照的に韓国や台湾で介入主義的政策が成功したのは，政策手段そのものよりも，政府の能力に違いがあったと考えられている。韓国や台湾の政府は，長期的経済目標を優先する政治的指導者と有能かつ誠実な官僚機構で構成されていたが，その背景には所得の平等性と教育水準の高さという特有な初期条件があった [Rodrik, 1994；38-40]。

　初期条件としての所得の平等性は，強力な産業集団や地主階級が存在しない

こと，そして所得の再分配を緊急に実施する必要性が低いことを意味していた。そのため，政府は長期的視野で経済目標を設定し，それに必要な制度改革や政策手段を特定勢力からの抵抗や圧力なしに進めることが可能であった。また，官僚機構は高い教育水準が生みだした有能な人材で形成され，効果的な政策の立案・実施と信頼性の確保に努めていた。政府介入は汚職や贈収賄などの温床にもなり得るが，官僚に十分な報酬と雇用の安定を保証したうえで不正行為に対する厳格な罰則を定めることによって，その回避に注意が払われていた。また，政府介入は民間の健全な活動を妨害する恐れもあるが，内外の経済・産業調査や民間との頻繁な情報交換を通じて，官民の協働的な関係を構築することに努めていた。

　ただし，韓国や台湾で高成長を担ってきた政治体制は権威主義開発体制と呼ばれ，非民主的な性格を帯びていたことも事実であった。東西冷戦の最前線という地政学的位置もあり，アメリカの支持を背景に国力強化のための経済目標を最優先し，民主主義や労働者の権利を抑圧していた。権威主義体制下で開発に失敗した国が多いことを考慮すれば公平性をともなう高成長を実現したことは評価に値するが，現在それを他の途上国に適用しようとすれば，世界的な批判を浴び，政治的・経済的に孤立する恐れがある。

　もちろん，韓国や台湾の経験が他の途上国に重要な示唆を与えていることに変わりはない。政策を実施する主体としての政府の能力は，一国の経済運営にとってきわめて重要な要素である。しかし，今日では世界的に市場経済化・自由化が要求されており，政府主導の介入主義的政策の余地は一段と狭められている。かつて冷戦下では政治的配慮もあって途上国の例外措置を許容してきた先進国も，現在では国内産業の保護を不公正と見なし，自由化圧力や反ダンピング措置の適用を拡大している。先進国の市場に依拠しつつ，自らは貿易・産業政策を自由に選択するということがもはや不可能な時代になったのである。

10-4-3　東アジアの成長と直接投資

　政府の重要な政策的役割の一つは，外部環境（世界経済環境）の変化に対応することである。外部環境の変化は，とりわけ政治・経済力に乏しい途上国の政府にすれば，否応なしに突きつけられる強制的側面がある。もちろん，閉鎖

的な経済体制を確立すればその影響は緩和されるが，そうした試みが経済を困難な状況に追い込むことは歴史が証明している。むしろ，外部環境の変化に積極的に対応し，それを自国の成長に利用してきた国々が成功を収めているのである。ただし，そのための手段や方法はさまざまな国内要因にも拘束されている。強力で有能な政府ならば外部環境がもたらす機会や問題に迅速かつ適切に対処できるが，脆弱な政府は判断が遅れるか誤った措置をとることにもなりかねないのである。

NIEsがいち早く外向き政策へと転換したことも，外部環境の変化に対する政府の適切な対応の所産であった。負の変化としては韓国や台湾におけるアメリカの援助方針の変更を指摘したが，外向き政策への転換には機会としての外部環境の変化を首尾よく捉えた側面もある。1960年代頃，先進国企業は競争の激化によって海外に輸出生産地を模索するようになった。これは工業化と外貨獲得を切望するNIEsにとって一つの機会であり，技術や外国市場へのアクセスを期待して下請生産を受け入れたり，輸出加工区を設置して直接投資を誘致することでそれに対応した。先進国企業にとっても，外向き政策を採用し，インフラが整い，安価で優秀な労働力を擁し，さらには一般特恵関税の適用も期待されるNIEsは恰好の進出先であった。このようにして先進国企業との関係を構築したNIEsは，資本・技術・市場を国外に求めた工業化を推進し，輸出主導の経済成長を実現したのである。

ただし，NIEsのなかでも直接投資に大きく依存したシンガポールと，地場企業による下請生産を重視して直接投資を制限した韓国や台湾とでは大きな違いがあった。都市国家であるシンガポールは，マレーシアからの分離独立やインドネシアとの確執もあり，国際的安全保障を確保するために先進国企業の直接投資を積極的に誘致した。他方で，1970年代の重化学工業化にも表れているように，韓国では経済的自立に対する意識が強く，外向き政策においても地場企業が担い手となる工業化を追求したのである。後者の場合，先進国企業とのつながりは下請生産という形態できわめて重要な役割を果たしたが，それは地場企業の技術・資本蓄積を目的として採用されたものであった。その結果，当初のOEM（相手先ブランドによる下請生産）がしだいにODM（自社デザインによる下請生産）やOBM（自社ブランドによる生産）へと発展し，国際

的な競争力を有する地場企業が育成されたのである。

　1980年代後半になると，タイ，マレーシア，およびインドネシアなどのASEAN諸国も輸出主導の高成長を果たすようになる。これは主に，日米貿易摩擦や円高の進展によって海外生産の拡大を目指す日本企業や，経済成長にともなうコスト高が進んだNIEs企業の労働集約的工程を受け入れることで実現されたもので，言い換えればシンガポールと同様な直接投資主導型成長である。1985〜90年における各経済の直接投資に対する依存度（国内総固定資本形成に占める直接投資額の比率）をUNCTADの統計で見てみると，韓国1.9％，台湾5.1％，シンガポール59.3％，タイ10.2％，マレーシア43.7％，そしてインドネシア7.6％となっている。これらの数値からも，政府の指向する工業化の方向性を理解することができる。

　付言すれば，地場企業を担い手とする工業化を目指していた韓国は，後述する通貨危機の影響でIMFに直接投資の自由化を迫られ，1998年以降は直接投資に対する依存性を強めている。さきの依存度の数値を示せば，1990〜95年には0.8％であったが，1998年5.7％，1999年8.3％，そして2000年には7.1％と上昇している。韓国経済にとっては大きな転換である。

10-5　新興市場ブームと今後の課題

10-5-1　自由化の進展と新興市場

　1990年代に世界経済はグローバル化の時代を迎えることになった。国境を超えて人，物，金，情報，そして技術がますます活発に移動するようになり，世界各国の相互依存性はさらに強化された。グローバル化は，交通，通信，情報処理などの技術進歩にともなう不可避的側面をもつが，この時期におけるその進展には市場に対する信奉も大きな役割を果たしていた。つまり，途上国において国家主導の内向き政策が頓挫し，社会主義経済の破たんによって冷戦体制が終結すると，アメリカやイギリスで高まっていた市場主義の思想と政策が主に国際機関などを通じて世界的に浸透することになったのである。

　ラテン・アメリカの債務危機に対する処方箋を皮切りに，市場主義は「ワシントン・コンセンサス」としてロシア・東欧の急速な市場経済化やインドにお

ける国家主導型経済の自由化に影響を与え，他の多くの国々も同様な政策を勧告あるいは要求された。高成長を続けていた東アジアもその例外ではなく，介入主義的であった韓国などにおいても産業や金融の自由化が進められた。経済の破たんや停滞は市場の自由な働きを妨げていることが原因であり，その主犯である規制や政府介入は排除されなければならない。また，たとえ過去に政府介入が成功したとしても，そのような行為自体が本来は不公正であるし，成長を最大化するためにも不適切であるという考えが広がり始めた。1990年代における経済のグローバル化とは，言い換えれば「世界レベルでの市場経済化」ということである。

こうした動きを投資家は好感し，前述のようにメキシコ，ブラジル，アルゼンチンなどのラテン・アメリカ諸国は1990年代になると多額の外国民間資本を引きつけることに成功した。これらに東アジア，インド，ロシア・東欧などを含めた諸国は，エマージング・マーケットと呼ばれる新興市場として投資ブームの対象となり，グローバル化の象徴的な存在になるのである。ところが，自由な移動を原則とする国際資本市場とのつながりの強化は，これらの諸国の不安定性を高めることにもなった。その結果，資本・金融の自由化を進めた新興市場は，1990年代のうちに次々と深刻な通貨危機に見舞われるのである[5]。

最初の危機は1994年末に「ワシントン・コンセンサス」の優等生とされたメキシコで発生した。危機は「テキーラ効果」として周辺のラテン・アメリカ諸国などにも波及し，短期資本の移動が引き起こす「21世紀型危機」と認識されるようになった。1997年には，過去数十年にわたって途上国の羨望を集めてきたタイ，マレーシア，インドネシア，そして韓国などの東アジア諸国が深刻な通貨・金融危機に直面した。その口火を切ったタイは1年前まで資本流入の管理を世界銀行に賞賛されていたし，韓国はタイの通貨危機において支援国の立場にあったが，どちらもIMFの統治下に入ることになった。両国とも国内に固有の問題を抱えていたのは確かであるが，突然の市場（という名の少数の巨大銀行や投資集団）の変化を考慮すれば，危機はあまりに不幸な出来事と言わざるをえない。翌98年には，ロシアやブラジルに危機が伝播したことで世界的な金融恐慌のリスクが高まり，短期資本の移動や資本・金融自由化の進め方が正面から問題視されるようになるのである。

新興市場のなかでも市場経済化あるいは自由化の進め方には大きな違いがあり，それを反映して外国資本の流入形態，危機の度合い，さらには成長率などもさまざまに異なっていた。通貨危機の直接の影響が相対的に小さかった中国やインドでは資本取引が制限されており，外資流入の主要形態である直接投資も完全に自由化されていたわけではなかった。急進的な市場経済化を進めたロシアでは，社会主義体制最後の10年間でさえも1.9%あった年平均成長率が1990～95年にはマイナス9.8%にまで落ち込み，漸進的改革で同時期に12.8%の高成長を遂げた中国と大きく明暗を分けた。ロシアも1997年になるとプラス成長を実現するが，財政赤字の拡大が続き，その翌年に危機に陥ったことはすでに指摘したとおりである。

10-5-2　新興経済の今後に向けて

　前項では国際資本市場との関係強化と危機の発生について述べたが，この問題は貿易・投資政策とも深くかかわっている。1990年代に新興市場を襲った「21世紀型危機」は，資本勘定の大幅な振幅（多額の資本流入とその流出）に起因するものと考えられている。これはたしかに正しいが，危機の発生を準備する多額の資本流入は，経常収支の赤字を埋め合わせる形で生まれるものである。経常収支は貿易・サービス収支と所得収支で構成されるが，これらの赤字が拡大することによって巨額の資本流入が必要となるか，あるいは外貨準備が減少する。メキシコ，タイ，そして韓国などでは危機の発生前に経常収支赤字が拡大したが，通貨の切下げ観測などによって資本が流出に転じてしまい，外貨準備の減少と通貨危機が発生したのである。

　この3ヵ国についても当てはまるが，途上国は慢性的な経常収支赤字を抱えているのがむしろ一般的である。資本移動の自由化による外資流入の促進は，国際収支上の天井を打破することで成長の制約を緩和する一方で，世界を自由に動き回る投機マネーに自らの経済・社会生活を委ねることにもなる。1990年代初頭には，経済の規模においても水準の面でも優れていると考えられた西欧や北欧の先進諸国が通貨危機に陥ることがあった。途上国が最善の政策を実行したとしても，危機を完全に遮断することはきわめて困難である。

　直接投資は債務を生みださないため，外資導入のなかでも望ましい形態であ

ると考えられている。しかし，直接投資が経常収支に与える影響を考慮すれば，必ずしもそれが正しいわけではない。工場の設立時には進出企業の輸入によって貿易赤字が拡大することもあるし，安価な労働力の利用を目的とした直接投資の場合は，現地での生産が輸入財への依存を続けることで，輸出が拡大しても貿易収支が大きく改善するとはかぎらないのである。そのうえ，技術・ライセンス料や投資収益の支払いという形で，ホスト国の経常収支赤字を拡大させることにもつながりかねない。直接投資を誘致するために進められる貿易や資本移動の自由化は、これらを促進する効果も有しているのである。

　また，多くの途上国が直接投資の誘致競争を展開し，労働集約製品の輸出拡大に乗りだしているため，「合成の誤謬」問題も取りざたされている [UNCTAD, 2002]。つまり，安価で豊富な労働力を抱える国がつぎつぎと輸出指向工業化を採用することによって，労働集約製品の過剰生産による価格下落，多国籍企業に対する交渉力の低下，立地上の優位の変化の速さなど，数多くの問題が懸念されているのである。工業化の初期時点において，労働集約工程の誘致は余剰労働力を吸収する効果を期待できるが，より低コストの国からの競争圧力がつねに存在している。したがって，安定した成長を持続させるためには国内における裾野産業の発展や産業構造の高度化が不可欠であり，適切な政策措置が重要性を増すことになる。ところが，この際にかつての NIEs のような政策選択の自由がなければ，それに首尾よく対応することは不可能である。結果として，多国籍企業などによるグローバルな生産活動に組み込まれることが長期的な発展の障害となる可能性さえ生みだすのである。

　貿易・投資や資本移動の自由化は，その全体的な効果を適切に分析しながら慎重に進める必要がある。当事国の特質や発展段階によって望ましい政策（自由化の進め方）は異なるし，その時々の外部環境も十分に考慮しなければならない。自由化はつねに万能ではなく，それを一律に進めることは政策余地の放棄にもつながりかねない。本来，自由化は自由化それ自体が目的ではなく，そこから得られる利益の獲得を目指すものである。現在の世界環境はたしかに自由化を要請しており，強力な政策規律を有する WTO の発足が独自の政策をさらに困難なものとしている。しかし，自由化に耐えうる経済基盤を構築することは自由化への第一歩である。その準備がないままに自由化を進めることは，

むしろ自由化しないことから生じる不利益よりも大きな損害を被ることになる。多くの国々において経済的自立に向けた挑戦は続けられているが，21世紀の貿易・投資政策はこれまでの経験を十分に考慮して再構築されなければならない。先進国を含めて，画一的な自由化がこれまでの成功をもたらしてきたわけではなく，有効な各種の政策措置が存在していた。その政策措置も，当然ながら万能な唯一無二のものがあるわけではなく，国や時期によって異なるものであった。今後も新興経済の台頭と発展を実現するためには，当事国の政策立案能力の向上と，WTOなどによる政策余地の供与が不可欠といえる。

[小林尚朗]

注
1) たとえば，①長年の被支配体制により資本蓄積が不十分である，②多くの途上国では市場メカニズムが有効に機能しないため政府が代替的な役割を担う必要がある，③先進国の構造変化にともなう一次産品の需要低迷がそれを主要輸出品とする途上国の交易条件を長期的に不利化させる傾向にある，などが途上国に特有な状況と考えられていた。詳しくは絵所（1997；12-29）を参照のこと。
2) 報告書ではNICsとして南ヨーロッパの4ヵ国（ギリシア，ポルトガル，スペイン，ユーゴスラビア）も挙げているが，本書ではラテン・アメリカと東アジアのNICsについて考察する。なお，香港においては当初から輸入代替工業化は採用されていなかったことを付言しておく。
3) 債務指標は，World Bank, *World Debt Tables 1990-91*, Washington, DC, The World Bank. による。韓国は重化学工業化の推進のために1974年の為替レートを79年末まで固定し，実質レートの上昇を招いていたが，1980年に固定レートの切下げと管理フロート制への移行を通じてウォンを36％切り下げ，輸出の不利を緩和させた。その後も実質レートの安定に配慮した結果，債務増大にもかかわらず輸出成長が信用喪失を防いだのであった。なお，1970年代にNICsが累積債務を膨らませた国際的背景については第5章を参照のこと。
4) NICsのなかで1980年代も高成長を持続したのは東アジアNICsだけであったが，そのうち香港と台湾は正式な「国家」ではないので，NICs（Newly Industrializing Countries）はNIEs（Newly Industrializing Economies：新興工業経済）と改称されることになった。以下，本章でNIEsという場合，韓国，台湾，香港，シンガポールを指している。
5) 新興市場ブームとメキシコおよびアジアの危機について，詳しくは第5章を参照のこと。

参考文献

ウェード, ロバート (2000)『東アジア資本主義の政治経済学——輸出立国と市場誘導政策』長尾伸一・畑島宏之・藤縄徹・藤縄純子訳, 同文舘。
絵所秀紀 (1997)『開発の政治経済学』日本評論社。
金正濂 (1991)『韓国経済の発展——「漢江の奇跡」と朴大統領』サイマル出版会。
世界銀行 (1994)『東アジアの奇跡——経済成長と政府の役割』白鳥正喜監訳, 海外経済協力基金開発問題研究会訳, 東洋経済新報社。
平川均・石川幸一編著 (2001)『新・東アジア経済論』ミネルヴァ書房。
毛利良一 (2001)『グローバリゼーションと IMF・世界銀行』大月書店。
Amsden, Alice H. (1989), *Asia's Next Giant: South Korea and Late Industrialization*, New York, Oxford University Press.
Rodrik, Dani (1994), "Getting Interventions Right: How South Korea and Taiwan Grew Rich," *NBER Working Paper*, No. 4964.
Rodrik, Dani (1996), "Understanding Economic Policy Reform," *Journal of Economic Literature*, Vol.XXXIV (March 1996).
UNCTAD (2002), *Trade and Development Report 2002*, Geneva, United Nations.

第11章　中国のグローバル・システムへの移行とその問題点

11-1　問題は何か

　いま中国は「世界の工場」といわれ，日本国内は中国製商品で溢れかえり，企業は中国へと堰を切ったようになだれ込んでいる。新聞紙上では毎日なんらかの形で中国経済が報道され，中国経済を抜きにしては，日本経済はおろか，世界経済も語ることができない。
　その中国は，2001年末に念願だった世界貿易機関（WTO）への加盟を果たした。その後も中国は，ASEANや日韓との自由貿易圏（FTA）の形成を提唱するなど，対外的な経済開放に積極的な姿勢をとっている。13億人の人口を擁し，国内総生産（GDP）で世界第6位，外国直接投資受入額で米国に次ぐ世界第2位，貿易額で世界第7位の経済大国がグローバル・システムへと移行することで，自由貿易体制が強化され，競争原理がさらに世界全体に普遍化することになる。では，グローバル・システムへの移行は，中国で生活する13億の人びとにはたして何をもたらすのか。本章では，この問題を考えていく。

11-1-1　何が問題なのか？
　中国は2002年にアメリカを抜いて日本への輸出額が世界で最も多い国となった。アメリカが次いで第2位である。ヨーロッパの主要3ヵ国（イギリス，ドイツ，フランス）を合計しても日本への輸出額は中国の半分に満たず，高級ブランド品を大量に輸出しているイメージが強いフランスも，日本への輸出額は中国の約10分の1程度である。
　最初に，あなたの身の回りにある"Maid in China"を探してみてほしい。洋服，ライター，コンピュータ・マウス。すぐにいくつもの"Maid in China"が見つかったはずである。「気づいてみれば身の回りは"Maid in China"だらけ」。そんな実感をもつだろう。

おそらくそんな実感が背景となり，また日本がバブル崩壊後の平成長期不況のなかで失業率が上昇気味であることもあって，2001年頃から日本でも「中国脅威論」が言われるようになった。
　しかし身の回りの"Maid in China"のラベルをもう一度確認してもらいたい。馴染みの日本メーカーの名前はなかっただろうか。ブランドは日本メーカーで生産国は中国の，洋服，テレビ，ライターなど，実は日本に輸出されている多くの"Maid in China"は"Maid in China by Japan"である。
　そして多くの"Maid in China"が"Maid in China by Japan"であるという事実が，実は中国の対外経済関係や中国経済自体を理解するうえできわめて重要なヒントとなるのである。中国からの輸入品の多くが"Maid in China"ではなく"Maid in China by Japan"であることから，わたしたちがまず理解しなければならないのは，問題の所在が単独での中国一国にあるのではなく，"Maid in China by Japan"として，投資や貿易などの経済活動を通じて中国と日本さらには中国と世界が"リンク"しているそのあり方にこそあるのだということである。

11-1-2　輸出大国中国の素顔
　では視点を身の回りから中国に転じて，実際に"Maid in China"の製品が作られる生産現場をみてみよう。中国のあるアパレル合弁企業を例にとる［石原編, 1998］。いまあなたが着ている洋服を生産している工場だと思ってもらっていい。出資比率は中国側30％，外資側70％である。この合弁企業の生産は次のようになされる。原材料に関しては外資側が国際市場で調達し，それを用いて合弁企業が洋服を生産する。生産した洋服は外資側が引き取り，主に日本などの海外市場で売る。合弁企業が生産した洋服を外資側に受け渡す際の価格は洋服1着当たり70〜75ドル，それを外資側が海外で小売りする際の価格は350ドルである。したがって外資側には運搬コストや諸税などを除いても250ドル程度の利潤が入る。一方，合弁企業自体には1着あたり15ドルの加工賃が入るだけである。しかもそれを実際に生産した労働者が受け取る賃金はもちろんさらに安い。ちなみにこうした企業の工場で働いているのは農村から来た若い女性労働者が圧倒的に多い。

表11-1 中国の簡易現代史

1949年	中華人民共和国成立	計画経済+閉鎖経済	社会主義体制導入期		
1966年	文化大革命発動		混乱期		
1976年	文化大革命終結				
1978年	改革開放路線採択		改革開放初期	(国内)価格制度改革	(対外)経済特区
1989年	天安門事件(六・四事件)	市場経済+開放経済	改革開放停滞期		
1992年	社会主義市場経済路線(改革開放の加速)		改革開放加速期	国有企業の所有制度改革	経済特区の全国化
2001年	WTO加盟(開放政策の完成)				

　日本への輸出額世界ナンバーワンの中国だが，その輸出額の約半分はこうした外資との合弁企業や外資の100％出資企業，外資の委託生産によるものが占め，また輸出だけではなく外資系企業は中国国内でもその販売シェアを伸ばしているというのが実態である。

　想像してほしい。日本で，馴染みの企業が次々と外資の軍門にくだり，日本側の受け取る利潤はごくわずかで，そこで働く労働者はさらに低賃金に甘んじている。その外資系企業が国内市場を席巻し，外資系企業の軍門にくだらなかった企業は倒産していく。そんな光景がもし日本国内で日々繰り広げられたとしたら，おそらく強烈な危機意識を抱くはずである。それは中国人も同じである。日本で日本人が中国に対する危機意識を抱くのと裏腹に，中国では多くの中国人が外資系に飲み込まれていくという危機感を抱いていることを知ってもらいたい。では，中国はなぜ，またどういう経緯で今日の対外経済政策をとるにいたったのか，なぜ中国の企業は外資に有利な（自分に不利な）合弁をするのか，またそこで働く人びとはどういう理由でそこにたどり着いたのか。

11-2　中国の改革開放政策の経緯

11-2-1　中国現代史の素描

　簡単に中国の現代史を振り返っておこう（表11-1）。中国は，19世紀後半から20世紀前半までほぼ1世紀にわたり帝国主義列強による侵略・植民を受け

た。いわゆる「半植民」状態である。1949年に中華人民共和国が誕生し,「半植民」状態を払拭し,今日まで中国は中国共産党の執政下にある。しかし1949年から今日までの50余年には大きな分水嶺がある。それは1978年末に開かれた共産党の会議（第11期三中全会）である。

　1978年までの中国は国内的には計画経済体制をとり,対外的には基本的に鎖国政策をとっていた。しかし1978年末に開かれた共産党の会議（第11期三中全会）から大きく政策の方向転換をし,「改革開放」政策と呼ばれる路線を採用し,今日にいたっている。ここで「改革開放」の「改革」とは国内の経済体制を計画経済から市場経済へと転換することを意味し,「開放」とはとりもなおさず対外開放を意味する。もちろん改革開放は一夜にしてできたわけではない。特に中国は改革の手法として「漸進的改革」と呼ばれる手法をとっており,今日まで長い時間をかけて改革がなされてきた。

　まず,国内の「改革」に関しては,80年代に価格制度改革が実行され,徐々に計画価格から市場価格に移行していった。これにともない,80年代の特に後半は物価の高騰に見舞われ,狂乱物価への市民の不満が高まったことなどを背景に1989年に天安門事件（六・四事件）が起こる。天安門事件以降,政権内部で改革派の責任が追及され,代わって保守派が主導権を握り,1992年まで改革開放は一時棚上げにされた。しかし92年に開かれた党の第14回大会で再び改革派が主導権を握り,「社会主義市場経済」を建設することが路線として採択されると,改革開放は一気に加速する。この時期になると価格制度改革はすでに一段落しており,改革の焦点は国有企業改革にしぼられた。

　次に,対外「開放」政策に関しては,78年末の改革開放路線採択を受けて,翌79年には深圳,珠海,汕頭,廈門など四つの「経済特区」が設けられた。そしてこれが今日まで続く中国の開放政策の原型である。経済特区のねらいは,① 外資の誘致と利用を行い,その先進技術と管理知識を導入,社会主義の現代化建設に寄与する。② 対外経済技術協力の実験の場とし,内外の情報交流の橋渡し役として対外経済関係発展の基地とする。③ 対外開放を実行し,各種形式の経済特区の実験場とする。④ 中国を世界に向けて開放し,国際分業と国際市場競争の前哨基地とする,というものである。重要な点は,外資導入によって輸出加工区を設置しようという発想である。

そのために中国が採用した優遇措置は，外資企業への大幅な企業所得税（法人税）の軽減と「２免３半」といわれた免税であった。すなわち利益が出てから最初の２年間は税を免除し，次の３年間は半分免除するという措置がとられた。

　84 年にはさらに 14 の沿海都市と海南島が経済特区に加わり，さらに 80 年代後半には，長江デルタ，福建省南部デルタ，珠江デルタ，遼東半島，山東半島など，農村部も含めて一群の対外経済開放地帯が形成された。

　このように，外資導入をカナメとする開放政策は，四つの経済特区から始まり，徐々に経済特区を拡大する方向で進展した。80 年代末に対外開放地域が沿海地域ほぼ全域にまで拡張されると，外資を導入し輸出加工貿易業を発展させることが，中国の経済発展戦略モデルとして語られるようになったが，89 年の天安門事件以降 92 年までは開放政策も足踏みをする。92 年の第 14 回党大会から再び開放政策が加速し，対外開放は沿岸地域だけではなく内陸部にまで広げられ，対外開放地域が全国化する時代を迎える。党大会の開催された翌 93 年の１年間で外資受入額が 80 年代の 10 年間に受け入れた外資額の総和を超えるという，急速な勢いで外資導入が伸長した。その後，97 年，98 年をピークに外資受入額は上げ止まるが，中国が WTO に加盟した 2001 年には再び増加している。

　このように日本が戦後長いこと資本の自由化を制限してきたのとは異なり，中国の対外開放政策は，初期から資本の自由化を軸に展開したことが特徴である。

　では貿易の自由化に関してはどうだったのか。中国の貿易額推移をみると外資受入額と同様に 92 年以降急速に拡大している。しかしここで気をつけるべきは，貿易額急増の一因は，原材料輸入加工貿易や委託加工・組立貿易がもたらす見かけ上のふくらみにもあるということである（輸入した中間資材を加工して輸出する場合，その中間資材は輸入時と輸出時の計２回貿易額としてカウントされる）。また中国のこの 20 年間の輸出構造の変化をみると，食料，鉱物燃料，非食用原料などの第一次産品の割合が減り，かわって機械・輸送設備などの産業構造上高度な産品の割合が増加している。しかしこの点についても中国経済の産業構造の高度化が進んだ結果だと簡単に結論づけることはできない。

外資の対中投資は，投資規模や投資リスクの小さい繊維産業などから始まり，続いて家電やオートバイなどの業種，さらに遅れて自動車や通信機器などの業種への投資がなされた。つまり外資対中投資は産業構造の低度のものから始まり，高度なものが遅れて始まったのであり，中国の輸出構造の産業高度化は，こうした外資対中投資の産業構造高度化を反映している面がある。貿易に関しては，資本の自由化にともなって貿易額が増加し，外資対中投資の高度化にともなって輸出構造が高度化したという具合に，資本の自由化の結果として貿易の量や内容が変化してきた面が強く，貿易の自由化自体に積極的に取り組んできたわけではない。90年代にも自動車の完成車輸入に対して制限措置をとるなど，完成品輸入に対しては一貫して抑制的な政策をとってきた。つまり中国の対外開放政策の特徴は，あくまでも外資を受け入れ，輸出加工区をつくるという初期の「経済特区」の発想に凝縮されているといっていいだろう。

11-2-2　窮地に立つ民族資本

90年代に怒濤のようになだれ込んできた外資は，なにも輸出だけを目指してきたわけではない。外資は13億の人口を擁するこの巨大市場も当然マーケットとして視野に入れてきた。実際に90年代後半に，全国工業企業販売額に占める外資系企業の割合は上昇し，99年にはその割合は13.8％となった。業種別にみると，洗剤は外資合弁企業の市場シェア率が約50％を占め，カラーテレビは40％，冷蔵庫は33％，エアコンは40％，洗濯機は29％と，外資による市場占有率はかなり高い。

もともと改革開放政策から間もない80年代，中国の市場環境は生産が需要に追いつかない「売り手市場」の状態であって，各中国企業はたとえ生産効率が悪くても「作れば売れた」時代であった。そうした環境のなかで，地方政府主導の活発な企業投資が行われ，生産能力が増大し，90年代初期には「売り手市場」から「買い手市場」へと市場環境が転換し，「作っても売れない」時代に入る。そこにきて怒濤のように外資がなだれ込み，中国市場に大きく食い込んできたのである。生産効率が悪く資金力も技術力もない国有企業，特に中小の国有企業は，在庫を積み上げ，赤字をふくらませ続けるようになる。企業が銀行から受けた融資は返済できない過剰債務となり，銀行からみればそれは

不良債権という形で積み上げられた．こうして90年代半ばには，中国の銀行の不良債権比率は25％程度に達し，金融システム不安の発生が危惧されるまでにいたった．また国有企業の赤字を補填したり，不良債権を抱えた銀行に公的資金を注入するといった財政出動による解決も，財政自体の緊迫化により困難となると，赤字国有企業を売却するなどして整理したいという要求が非常に強まってきた．開放政策による外資導入は，輸出の半分が外資によるものであるなど，中国経済に対する貢献も大きいが，一方で，その外資系企業により多くの国有企業が駆逐され始めたのである．しかし中国は社会主義を掲げる国であり，中国政府の掲げる社会主義の公式定義は，所有制度に関し「公的所有制を主体とすること」である．したがって国有企業を簡単に売却，倒産させることはイデオロギー上できない．そこで90年代半ばに登場するのが，「抓大放小」（大きい企業をつかんで，小さい企業を手放す）と呼ばれる政策である．

11-2-3　国有企業政策の転換

もともと中国の対外開放政策は，外資を導入し輸出加工貿易をすることを旨とする「経済特区」がその原型である．90年代に経済特区を全国化する段階になると，一つ大きな問題に直面する．それは経済特区構想での主役は外資系企業であって国有企業ではないということである．経済特区が最初に設けられたときのように，限られた狭い領域で展開されている間は問題はない．しかしそれが全国化すると「公的所有制が社会主義の柱である」とする理念と背反してしまうのである．すでに中小国有企業は外資系企業などとの競争のなかで財務状況を悪化させているという現実がある．「公的所有制を主体とする」という社会主義の理念を維持すべく，開放政策を転換し外資導入を制限するのか，それとも「公的所有制を主体とする」という社会主義の柱を捨てるのか，中国政府は苦しい二者択一を迫られる局面を迎えた．

中国政府が採ったのは「抓大放小」政策である．「抓大放小」の主な内容は次の2点にまとめることができる［上原，1999］．

① 通信，交通，電力，ハイテク産業，一部の重工業などの1000社の国有大企業と企業集団を選定し，これらの企業の経営困難の救済，低利融資などの資金の優先的供給による技術的改造支援，他企業の合併の支援，メイ

ンバンク制の実施による企業支援の強化など，国家支援を集中する。
② 労働集約的一般加工業や商業・サービス分野の国有資産をエネルギー，交通・通信，重要素材，水利などの基礎産業，機械，電子，石油化工，自動車製造，建築業などの支柱産業，金融業などへ移転し，大企業，企業集団を中核とした企業組織構造の最適化，つまり規模の経済化をはかる。

　つまり，国有資産を国の重要産業（エネルギー，交通・通信，インフラ，ハイテク産業など）に傾斜させ，当該産業の大型国有企業や大型の国有企業グループを重点的に保護・育成するということである。正面から論じられていることはいかにも積極的であるが，これは裏を返せば，重要産業ではない中小国有企業は切り捨ててもよいということであり，その意味では，対外開放政策の転換か，「公的所有制を主体とする」という社会主義イデオロギーの放擲かという二者択一に対し，後者を選択したことを意味する。もちろん共産党は「公的所有制を主体とする」という理念を捨てたとは口が裂けても言わないが，「公的所有制を主体とする」を「質的に公的所有制を主体とする」とのちに社会主義の定義変更を静かに行っている。ここでの「質的に」の意味だが，公的所有制企業の企業数や従業員数，生産額が全体に占める割合など，"量"的指標によって公的所有制が主体であるかどうかを測るのはやめようということである。そうではなく重要産業に関して「公的所有制が主体である」ことが維持されていれば，それは"質"的には「公的所有制が主体である」といえるのだとして容認しようということである。結局，社会主義の定義を後退させる途を選択したのだが，それは漸進主義的といわれる中国の改革手法によくみられることで，経済の現実（国有企業の赤字増大と政府財政の逼迫から赤字国有企業を手放さざるをえないこと）を結局のところ追認せざるをえなかったからである。

　この中央政府の政策動向を地方政府は「赤字中小国有企業売却へのゴーサインが出た」と的確に読みとり，90年代半ば以降，中小国有企業の売却や倒産が一挙に加速した。95年には11.8万社あった国有企業数は，2001年には国有株支配企業を含めても約4.6万社と，わずか6年でおよそ3分の1にまで減少した。この国有企業数の減少は，倒産，吸収合併，売却，国有株支配ではない株式制企業への改組などによるものである。

11-2-4 開発主義とナショナリズム

こうして多くの中小国有企業は，あるものは倒産し，あるものは吸収合併され，あるものは株式企業に転換するなどして国有企業としては存在しなくなったわけだが，これは共産党にとって重大な副作用をもたらした。というのも国有企業はもともと共産党にとって社会統治のツールでもあり[1]，共産党の物的な存立基盤であるという政治的性格をもっていた。その国有企業が減少していくことは，同時に党の存立基盤が脆弱化することを意味しているからである。つまり党の存立基盤を新たに確保しなければならないという課題を突きつけられたのである。この頃から中国共産党は自らの新たな存立基盤を"開発主義"と"ナショナリズム"に見いだし始めたように思われる。後者のナショナリズムに関しては，労働者，農民といった階級の前衛党から国民政党へという形で階級政党からの脱皮をはかりつつある事態に表れている。これは2002年に開かれた第16回党大会で「三つの代表論」が正式に採り入れられたことで党の既定路線となった。「三つの代表論」の核心は，「共産党は広範な人民の利益を代表しなければならない」というもので，この「広範な人民」のなかには資本家も含めてよいとした。前者の開発主義に関しては，党の政策が生産力水準だけを問題にする生産力至上主義になってきている事態に表れている。特に90年代後半からは経済成長率の数字が政府の政策を左右する重要なファクターとなってきており，高い経済成長率を達成することに，政策目標として高い優先順位が与えられるようになった。

ここで経済成長率の推移をみてみよう。78年末の改革開放路線採択以来，中国はかつての日本や韓国と同じかあるいはそれを上回る高度経済成長を遂げてきた。79年から2000年までの実質国内総生産（GDP）は年平均9.6%上昇した。しかし90年代前半の年平均成長率12.0%をピークに，90年代後半になると年平均成長率8.3%と成長が鈍化してきている。高い経済成長率の達成が至上命題となりつつあるなかでの成長鈍化である。そこで高度経済成長を維持すべく改革開放をさらに一段と加速すること，つまり「速やかにWTOに加盟する」ことが成長率の鈍化した97年頃に党中央の方針として決定されたと思われる。ちなみに当時の政府系研究機関の試算では，WTO加盟は実質GDP成長率を1ポイントほど押し上げる効果があると計算されていた。その後，中国

はWTO早期加盟に向けて本腰を入れ，（アメリカによる中国大使館誤爆事件などがあり中米関係が悪化したため一時期WTO加盟交渉が遅れたが）2001年末に念願のWTO加盟を果たすことになる。

11-3　中国のWTO加盟

ここでは，まず，加盟に際して中国政府が行った，関税の引下げや規制緩和を含む経済自由化措置の実施について整理する［中国WTO加盟に関する日本交渉チーム，2002］。

11-3-1　約束された自由化措置

自由化措置の約束は非常に大部にわたっており，一覧することはそう容易ではない。

まず，関税については，WTO加盟文書の一部である譲許表に定められた税率を超える関税を，中国がWTO加盟国からの輸入品に対して課さないという約束がなされた。具体的には，全譲許品目（7151品目）の単純平均税率を，加盟時（2001年）の13.6％から，引下げスケジュールの最終年（2010年）には9.8％まで引き下げる。そのうち鉱工業品（6174品目）は2001年の12.7％から2010年には8.9％まで引き下げ，農産品（977品目）は2001年の19.3％から2010年に15.0％まで引き下げる。譲許表の猶予期間は，ほとんどの品目について，2006年7月1日までとされており，2010年まで猶予期間があるものは合成繊維などごく一部の品目である。

工業製品のなかでは，IT関係はコンピュータなどを含め，情報技術協定（ITA）によって多くの製品で2005年までにゼロ，一般機械は9％に引下げ，鉄鋼・金属製品が4～6％に引下げなど，低い関税率となる。一方，引下げは行われるものの，家電ではエアコンが10～20％，冷蔵庫が15％，カラーテレビが30％，自動車が25％（2006年から。シャーシ，車体は10％），カメラが20％など，平均より高い関税率にとどまるものが，加工組立製品に多くある。化学品については，ほとんどの製品について，化学ハーモナイゼーションの水準（0～6.5％）に引き下げる。農産物では，穀類と一部の植物油について関

税割当が導入されるが，その他の品目は，関税のみが適用される。

サービス貿易では，電気通信・保険・証券の外資比率上限の引上げ，流通サービスの地理的制限，外資比率上限の撤廃，銀行の人民元業務拡大などが約束された。また，貿易関係での価格規制の緩和や貿易手続きの担当官庁の一体化，処理の画一化なども目指す。投資関係では，内外企業の無差別取り扱い，TRIM協定，TRIPS協定の遵守などを約束した。この結果，ローカル・コンテント要求や輸出入均衡要求は禁止される。また，TRIM協定の禁止措置に加え，輸出要求や技術移転要求等のパフォーマンス要求を条件としないことを約束した。これらを受けて，国内の法改正が行われている。さらに，中国の繊維・繊維製品について特別セーフガード・メカニズムを受け入れ，貿易相手国の懸念に配慮した。また，対中経過的セーフガード措置を認めた。

11-3-2 資本の自由化か貿易の自由化か

90年代に中国の輸入の8割以上は完成品ではなく，中間資材であり，また輸出の9割は完成品輸出であった。そしてこの輸出入の約5割は外資によるものであった。では80年代，90年代を通じて形成されてきたこうした外資を利用した中国の組立加工貿易基地化は，WTO加盟によって加速されるのか，それとも別の方向へと変化を迫られるのか。

まず貿易についてだが，たしかに単純平均税率は2001年の13.6％から2010年には9.8％に引き下げられることになっており，全体としてみれば，輸入を促進する効果があると思われる。しかし仔細にみてみると，2005年の関税が，エアコン10～20％，カラーテレビ30％，カメラ20％と完成品輸入に関しては明らかに抑制する意志が読みとれる。また自動車の完成車に対しては現行の45～87％から2005年には25％と一見大幅な引下げにみえるが，2001年1月に「車両購入税」を課し，実際の販売額は自動車1台を100として180～190程度になる。しかも車体やシャシーなどの自動車部品は，関税率を2005年に10％に引き下げるとしており，完成車の関税は高めに部品の関税は低めに設定している。つまり完成品輸入は抑制し，中間資材を輸入して組立加工貿易を今後も発展継承するという産業政策の意図が読みとれる。

輸出に関しては，WTO加盟で中国企業にとっての輸出環境は改善されると

思われる。他国からの最恵国待遇を受け，貿易紛争を解決する場を得る意味は大きい。

次に投資についてだが，すでにWTO加盟が時間の問題となっていた2001年の時点で外資対中投資は大幅に伸長している。今後もおそらく対中投資は増加すると思われるが，その理由は，第1に，WTO加盟により，外国企業が参入できる産業部門（特にサービス部門）が拡大するため，以前は国家の保護下にあった部門への投資が増加すると思われる。第2に，輸入障壁および中国国内での流通と小売りをめぐる障壁が軽減されるため，これまで投資リスクの大きさから投資をためらっていた外資企業の参入が増えると思われる。

以上の貿易と投資の観点から，改革開放以降形成されてきた外資利用型組立加工貿易戦略は，WTO加盟により，さらに発展していくだろうと予想される。

11-4　中国のグローバル・システムへの移行の意味

11-4-1　「合弁しなければ死を待つだけ，合弁すれば死を急ぐ」

これは中国のある自動車メーカー経営者のことばだ。

このことばは，外資との競争が強まり，財政支援も期待できなくなったいま自企業の独力では生き残れず，座して死を待つのか，かといって生き残りをかけて外資と合弁しても技術力や資金力の差から経営主導権は握れず外資に飲み込まれてしまうというジレンマを表現したものだ。こうした状況はWTO加盟後にさらに強まると思われる。

が，さらにこのことばは，「合弁」を「開放」に読み替えて，「開放しなければ死を待つだけ，開放すれば死を急ぐ」とパラフレーズすれば，WTO加盟で世界経済とのリンクを強める中国の歴史構造的位置をも表現しているといえる。歴史を半世紀あまり遡ってみよう。新中国誕生前，中国は「半植民」状態にあり，世界資本主義の矛盾が中国において露骨に暴力的な形で現れていた。新中国はその矛盾を解決すべく，自らを世界経済から切り離し，閉鎖的な経済体制を築き上げた。が，この閉鎖的経済体制は文革の混乱とともに失敗のうちに終結する。矛盾の解決策としての閉鎖経済が失敗に終わり，再び中国は自らを世界経済と"リンク"させることになる。1978年から始まる「改革開放」路線

がそれだ。そしてその「開放」政策の一応の完成がWTO加盟である。

　しかしここで注意しなければならないのは，この「開放」政策によって中国が世界経済と再び"リンク"したとしても，それは問題の解決なのではなく，問題を解決することに失敗したために問題の振り出しに再び戻ったというにすぎないということだ。世界資本主義の矛盾という問題は結局のところ解決されたわけではないからだ。

11-4-2　賃金労働者の創出

　では，世界資本主義の矛盾という問題は，今日の中国でどのように現れているのだろうか。外資との競争にさらされて淘汰されるのは，なにも企業ばかりではない。より重要なことに，企業に勤める従業員にも選別・淘汰の波は押し寄せている。すでに90年代後半から業績が悪化した国有企業でのリストラが本格化し，多くの下崗人員[2]（レイオフ）が出ている[3]。下崗人員は日本での全共闘世代にあたる文革世代に多いが，彼らは学生時代に農村に下放され，適当な技能をもっていない。国が一生を保障してくれるだろうと暗黙に了解し，命令された下放にもまじめにつきあったが，いまとなって技術力のない不要品扱いをされ，「自己責任」といわれ，「裏切られた」という感情を抱きながら，労働市場で勝てない競争に挑むしかない。そもそも彼ら国有企業の従業員は，もともと生産関係上，賃金労働者ではなく，「封建的」隷属関係に位置していた[4]。それが87年から徐々に「契約労働者制度」が導入され，当時は単に形式にすぎなかった「契約労働者制度」が90年代半ば以降，再契約されず解雇されるケースが出てきた時点で実質化し，彼らは賃金労働者として創出されたのである。

　またWTO加盟は農業部門への打撃も大きいとみられ，1～2億人の農村余剰労働力の都市流入も加速するだろう。たとえば中国東北地方の農村は小麦などの穀類生産が主体だが，WTO加盟にともない，関税の引下げ，非関税障壁の撤廃が行われ，米国産の安い小麦が輸入されるようになった。単位当たりの価格は，米国産小麦のほうが安いので東北産の小麦は売れない。そこで一家は農業をあきらめ，父と息子はそれぞれ上海と天津に建設労働者として出稼ぎに行き，母は家政婦として娘は食堂のウェイトレスとしてそれぞれ青島と北京に

行く。そんなケースが村によっては過半を超える世帯で出現しているという（吉林省光明郷では，農民の8割が都市に出稼ぎに行っている）。彼らにしても技術や情報もなく身体ひとつで労働市場へ投げ込まれ，福利厚生などとは縁のない出来高払いで超過労働時間の低賃金労働にありつければいいほうである。

このような事態を経済学的にいえば，対外的な市場経済関係が国内の生産関係に内面化される形で，多数の賃金労働者が生みだされているということになる。かつての社会的紐帯を解体し，賃金労働者を産出する過程を，経済学では「資本の原始的蓄積」[5]過程とよぶ。いまの中国がこの過程にある。

かつて中国は「半植民」という形で具体化した世界資本主義の矛盾を解決しようと「閉鎖」経済を構築したが，それは失敗した。門は再び開かれたが，解決できなかった世界資本主義の矛盾が再び中国を襲う。それは今日では「資本の原始的蓄積」という形で現れている。中国はいま，「長くて過酷な資本の原始的蓄積」過程という苦しみの端緒にある。グローバル・システムへの移行はこの過程の進展をさらに加速させることになるだろう。

本章の冒頭で，中国一国を単独で取り上げて論じるのではなく，中国が貿易や投資などの経済活動を通じて世界と"リンク"しているそのあり方が問題だと指摘した。中国を単独で論じ，中国の問題を（グローバル・システムの現在のあり方を与件とした上で）中国が単独で解決することを期待するかぎり，「鎖国しても死を待つだけ，開放しても死を急ぐだけ」というジレンマから中国が逃れることはできない。中国の抱える問題自体が，中国と世界が繋がっている，その"リンク"のあり方に存する。そのためグローバル・システムのあり方そのものを議論の俎上に載せ，望ましいグローバル・システムを構築していくことを通じてでなければ中国の問題も解決しないと考えられる。望ましいグローバル・システムをいかに構築していくか，この問題を考えることは，グローバル時代に生きる私たちに課された共通の課題である。

[溝口由己]

注
1) 国有企業を「単位」（ダンウェイ）システムの観点からみると，「単位」が従業員を統治し，その「単位」を党のヒエラルキーに従って束ねることで，党が「単位」

を統治するという党の社会統治のためのツールとしての一面がみえてくる［趙宏偉，1998］。
2）「下崗」は「レイオフ」とも訳されるが，「レイオフ」が職場復帰の優先権をもつのに対し，「下崗」は職場復帰の可能性が閉ざされており，「レイオフ」とは違う。いわゆる「失業者」と区別されるのは，2〜3年の一定期間，再就職訓練のための「単位」に身分が所属しているためであり，期間中に再就職できなければ「失業者」となる。そのため「下崗」とは「執行猶予付きの失業者」という表現が近いだろう。
3）　公式統計での失業率は約3％であるが，ここには「下崗」は含まれていない。「下崗」を含めた失業率は約10％ほどになる。
4）　ここで「封建的」というのは，経済外的強制が働いているという点を強調して使っている。
5）「資本の原始的蓄積」（「資本の本源的蓄積」）とは，資本主義的生産様式を成立させる諸条件を形成することをいうが，ここでは重要な条件をなす賃金労働者の創出に特に注目している。

参考文献
石原享一編（1998）『中国経済と外資』アジア経済出版会。
上原一慶（1999）「改革開放の20年：計画から市場へ──現状と課題」現代中国学会『現代中国』。
中国WTO加盟に関する日本交渉チーム（2002）『中国のWTO加盟［交渉経緯と加盟文書の解説］』蒼蒼社。
趙宏偉（1998）『中国の重層集権体制と経済発展』東京大学出版会。
山澤逸平・今井健一編（2001）『中国のWTO加盟』アジア経済研究所。

第12章　現代日本の貿易と投資

12-1　日本の国際経済関係の展開

　今日の日本経済の国際経済関係は，貿易，投資，技術移転，労働力移動あるいは援助の増大などとして生じた。しかし日本は，アメリカ，EUと異なって長期にわたって経済成長率が停滞し，不況状態が継続している。日本の失業率は5％を超えている。さらに巨大銀行の不良債権処理が加速され，失業者が増加し，不況の克服どころかますます経済成長の展望を見いだすことができない状況にある。他方で日本は，多額の貿易収支の黒字を維持するという比較的経済的パフォーマンスの良好な国でもある。こうしたなかで日本経済は，ウルグアイ・ラウンドの合意，WTO発足以来，市場開放を一層推進する政策を追求してきた。

　日本の政策は，1960年代に進行した貿易の自由化，資本の自由化時にも明らかなように，アメリカをはじめとしたいわゆる「外圧」を利用して国内の経済構造の整備をはかり，企業の競争力強化策をはかってきた。1973年の「石油ショック」時も日本企業は，合理化と技術革新が国民的課題であるかのように認知させ，その後の国際的競争力を強化させてきた。また貿易・資本自由化措置は，競争力の強化過程での企業間の合併・統合を推進したのであった。IMF体制の崩壊やドル安・円高への移行，2度にわたる石油ショックは，日本の産業構造の転換を促進し，日本企業の国際的経済関係を深めていくことになった。

　先進国国民経済のすべての政策の基準は，多国籍企業の活動を拡大する内容をもっているが，同時に世界市場での「覇権」を獲得する条件もつくりだす。しかし日本の国際関係は，アメリカとの協調のもとでの展開であり，そのかぎりでは独自に覇権を獲得することはありえない。1980年代後半からの日本の対外進出拡大政策は，日本企業の多国籍企業化を促すだけでなく，新たな国際

関係を形成するものであった。国際経済構造の転換のなかで，アメリカによる覇権の維持およびEU，日本による新たな市場システムの構築は，貿易，国際通貨，金融などでの協調体制の追求を必要とした。同時に新たな市場システムは，それぞれの国・地域間の激しい競争関係をもまねくことになった。EU，NAFTAなどの地域統合は，アメリカ，ヨーロッパ企業の安定市場を提供するとともに，「覇権」の基盤を形成するという意義がある。ところが日本の場合は，EU，NAFTAのような地域経済統合基盤をもっていないがために，援助をはじめとするさまざまな対外政策を展開しなければならなくなっているのである。したがって21世紀の日本の国際関係は，アメリカ，EUとの競合と共同化を追求しながら，アジアでの安定市場を形成するという両面の政策を展開していくことになる。

12-2　日本の国際経済関係の構造

12-2-1　日本貿易の特徴

日本貿易の特徴は，原材料を輸入し，製品に加工しそれを輸出する構造といわれてきた。それは生産力水準に比べて資源の絶対量が乏しい状況のなかで見いだしてきた産業構造の選択であり，経済成長を促す要因でもあった。とりわけ第2次世界大戦後は，素材産業を基軸として生産力発展が行われてきたし，素材産業は日本の重要な輸出産業でもあった。素材産業を基軸とした加工製品の輸出を拡大するためには，アメリカ，ヨーロッパから輸入した技術を応用・発展させ，国際競争力を強める必要があった。製品は主に東南アジア，アメリカの市場に向けられた。こうした日本の貿易構造は，1970年代の国際経済の構造転換過程に歩調を合わせるように変わっていった。とくに1980年代の日本経済の「国際化」への志向，1985年のプラザ合意以降の急激なドル安・円高傾向などは，国際関係の構造転換を加速化させた。また国際貿易のシステム転換を掲げたGATTウルグアイ・ラウンドの進展と1995年のWTOの発足は，日本貿易の転換を決定づけるものとなった。日本の生産体制・貿易体制にとっては，経済成長を促す基軸を輸出から輸入に転換することであった。この転換は輸出主導型の国内生産体制・国際分業体制から，企業の海外生産への移行あ

るいは輸入の拡大などのいわゆるグローバル・システムへの移行という形態である。その海外生産を基軸とする国際分業体制は，東アジア，東南アジアさらには中国までを含むものであり，それは日本を頂点とする経済圏の建設でもある。

　戦後の日本貿易の象徴ともなっていた1960年代，70年代の輸出の大量を占めた繊維製品，鉄鋼などは今日，金額・数量ともに低下しているだけでなく，逆に輸入は大幅に増大している。さらに戦後日本の経済成長の象徴であった家庭電器製品とくにカラーテレビ，VTRなどは，輸出数量の減少が顕著であるばかりか，輸入数量が輸出数量をはるかに上回ってきている。1970年代以降の日本経済の構造転換，すなわち高付加価値・高度技術集約型産業への移行の典型である半導体生産は，日米半導体協定の影響や後発生産国の韓国，台湾の競争力強化などによって，関連企業は生産減少に転じ業績悪化をまねくことになった。半導体の貿易は，輸出数量よりも輸入数量の伸びのほうが大きくなっている。とりわけ2001年に生じた半導体不況は，貿易形態を大きく変えることになった。また日本経済の生産・雇用の10％は自動車関連産業ともいわれているが，国内の自動車生産は1992年をピークに急速に低下している。1970年代，80年代の自動車生産の伸びは，輸出の拡大が寄与していたが，その輸出は近年停滞ないしは減少傾向を続けている。自動車の輸出は減少しているが，自動車企業の生産量が減少しているわけではない。不況の影響および輸出の減少により日本国内での自動車生産は低下しているが，アメリカ，ヨーロッパなどでの現地生産の拡大により日本企業の総生産量は増大し，世界市場でのシェアも増大している。また日本企業の海外生産の増大は自動車部品の輸出拡大となっている。さらに自動車企業をはじめとした日本の主要企業の海外生産の拡大は，今日の不況の基本的要因をつくりだしているのであって，不況の長期化はいわば国際的経済関係から生じた構造的なものである。

12-2-2　貿易構造転換

　日本貿易の急速な転換は，1960年代後半から維持してきた貿易収支黒字の減少傾向としても近年現れている。それではこうした日本貿易の急速な転換は，何を要因として生じてきたのであろうか。その要因は大きく分けて二つある。

第1は，国際経済構造の転換である。国際経済は，1974–75年恐慌を契機として大きな転換点を迎えた。とくにEUの経済統合の進展，東南アジア諸国の経済発展は貿易・投資などの国際関係を転換させた。第2は，日本経済の「国際化」の進展すなわち日本企業の海外進出の増大・多国籍企業化への進展である。1980年代は日本企業の海外進出が加速度的に増大した時期であった。とりわけ東・東南アジア，アメリカ市場への進出はめざましいものがあり，その結果は海外製品の輸入促進，製品輸出の相対的低下という事態をまねいた。二つの要因は，国際的分業関係の編制替えであり，これが国内の生産構造の転換をもたらしたのである。また国内の生産構造の転換は，国際的分業関係とくに東・東南アジア諸国の経済に大きな影響を及ぼしている。アジアNIEs，ASEANの経済発展と日本の海外進出は，相互に密接な関係をもっている。あるいは中国の高度成長を促した要因の一つは，日本企業をはじめとする外資系企業の現地生産の拡大である。日本経済の動向は，それだけ国際的経済関係とくに東・東南アジアにもたらす影響が大きくなってきたことを示している。

　日本は資源のない国であるがゆえに，諸外国から原料・材料を輸入し，それを加工して輸出することに経済発展の道がある，いわゆる加工貿易国をめざすべきである，ということがながらくいわれてきた。そこに国民経済発展の課題があるとの認識であった。日本の高度成長期は，鉄鋼，アルミニウム，銅，石油化学などの素材産業の発展を軸として，電機，精密機械，繊維産業などが発展していった。生産力を発展させた産業は，例外なく輸出産業でもあった。戦後日本の輸出産業の首位を占めていた鉄鋼は，1970年代のはじめまでは世界最大の生産性と輸出競争力を有する産業であり，外貨獲得産業として君臨していた。鉄鋼産業はつねに日本の基軸産業として位置し，歴代の経団連の代表は鉄鋼高炉メーカーから選出されていたほどである。1960年代・70年代のはじめまで鉄鋼は，生産量の3分の1が輸出に向けられていた。やがて1970年代に入って生産量が低下ないし停滞する時期を迎えたが，それでも輸出は30％を超え，1973年のいわゆる石油ショック後もその水準を維持していた。とくに鉄鋼産業は，石油ショックを契機として省エネルギー，省労働力，低コスト化，高付加価値製品への移行が進み，生産性の低い高炉などは廃止されていった。その結果，高付加価値の鉄鋼製品の輸出は日本が担い，標準化された製品

の輸出は発展途上国が担うという一種の棲み分けが進行した。しかしこの鉄鋼においても国際分業関係は大きく変わりつつある。中国が世界最大の鉄鋼生産国になり，韓国，台湾およびブラジルなども生産能力・競争力を増強しているからである。

　この鉄鋼に代表される生産性の向上，労働力の削減・合理化の推進は，日本の主要な産業で実施されるようになった。OPEC諸国による大幅な石油価格引上げは，エネルギーをはじめとする原材料のコスト，部品コストおよび賃金の上昇をもたらした。石油ショック以前の日本の輸出産業は，生産力の増大と相対的低賃金に支えられて輸出競争力を維持してきたのであった。その競争力を支えてきた条件が変化したのであるから，これに対応して企業も競争力の強化と同時に生産体制，生産品目を変更しなければならない。企業の変化は，同時に日本の経済構造総体の転換をも意味していた。日本経済・企業の競争力強化は，技術革新と合理化を推し進めることであった。技術革新とは，従来の技術水準を超えること，新製品の開発，新機械を導入することであり，なによりも生産性の向上とコストの削減を意味していた。合理化とは生産体制の合理化であり，新しい生産管理・労務管理システムなどの導入による労働力の有効活用，すなわちその削減を意味していた。とくに合理化の徹底は，企業の競争力の維持をはかる過程であるとともに，労働者の意識を変革する過程でもあった。従来型の企業と労働者の関係は，利潤の極大化は労働者の利益と反比例する，という原理的対立の関係であった。それが利潤の増大は企業と労働者の両者に利益を生むという労資協調の方向に転換したのである。企業の利益は労働者の利益と一致する，いわば企業と労働者は一つの企業体を構成するものとして運命共同体にあるという考え方の徹底がはかられるようになってきた。労働者の権利としてのストライキはこの時期を境にして急速に減少する。また日本型賃金引上げシステムの典型であった「春闘」も，多くは一発回答に代表されるように資本・企業の攻勢のもとで抑えられるようになった。さらに賃金を増大するためには生産性の向上が必要である，という思想が労働運動のなかにも浸透し，労資一体化が一層進展することになる。

12-2-3 新たな国際化の展開——海外生産の増大

日本の企業の管理システムの一つとされているTQC（Total Quality Control）は、またたくまに多くの企業に浸透していった。またトヨタ自動車の生産体制として有名な「カンバン方式（JIT）」は、在庫管理を生産・労務管理にまで拡げていったものであり、労働力の削減とともに部品供給の合理化・削減、コスト低下、下請生産体制の整備という効果をもたらした。また「カイゼン」という名の生産性向上運動は、世界に浸透する日本型の経営システムであった。日本型経営の代表的産業である自動車企業の競争力強化をもたらした要因は、政府による自動車産業育成政策すなわち道路整備、交通機関の整理による需要喚起政策、所得の増大による需要増大などとともに、企業による競争力増大と品質の向上にある。さらに日本の自動車企業の生産システムは、アメリカ自動車産業の再生にも寄与することになった。したがって日本の自動車企業の生産システムは、日本自動車産業の生産増大をもたらすとともに、海外進出の拡大によって世界的に標準化される傾向をつくりだしたのである。韓国などでの自動車産業の急速な発展は、自動車生産の世界的な標準化傾向と密接な関連をもっているのである。

1970年代のこうした日本企業の国際競争力強化政策は、日本の経済構造の変更をもたらすとともに、貿易構造の変動をも生じさせることとなった。さらに経済構造の変更は、さまざまな領域に影響を及ぼした。たとえば政治の分野では、多党化への兆しと、保守回帰現象を生じさせた。労働の分野では、1950年代後半および1960年代に高揚した労働運動は、やがて企業の生産性向上運動に呑み込まれていった。旧国鉄をはじめとする国有企業の民営化もその一環であり、ストライキのない春闘も恒例化していった。労働運動は体制内運動あるいは企業内運動という性格を強くしていったのである。生活・家庭の領域では、使い捨てに代表される大量消費社会の進展があり、また高齢化、出生率の低下、核家族化なども進行した。教育の領域では、大学進学率が増大し、文部科学省の教育一元化・統制が強化されるとともに、他方ではいわゆる落ちこぼれ層の増大が社会問題化してきた。こうしたなかで日本経済には、「石油ショック」を契機にして国内の生産体系・構造の転換、社会システムの転換、さらに一層の国際的展開の必要が生じたのである。

アメリカ・ヨーロッパ諸国は，1974-75年恐慌以来，不況の長期化を余儀なくされた。これらの諸国は，日本のように技術革新・合理化の徹底という競争力の強化，生産体系の急速な転換を社会的規模で推進することはできなかったのである。その要因は，第1に，日本のように技術革新・合理化の徹底という政府の政策はもちろんのこと企業，労働者まで協力する「社会的合意」が形成されなかったことである。すなわちアメリカやヨーロッパは，日本と比べて資本主義の「成熟した段階」に入っていたということであり，日本はこれまでの高度成長政策から経済の質的転換の必要があったということである。第2に，アメリカは，国内の生産力拡大よりも企業の多国籍企業的展開をめざしていたということである。第3に，ヨーロッパは，イギリスの加盟をはじめとするEC（今日のEU）の拡大をめざしていたということ，さらに国際通貨体制の構築の必要性が強かったこと，などである。

　したがって日本の生産力の質的転換・競争力の強化政策の結果は，国際的展開を拡大する必要性としても現れたのである。1970年代後半からはじまった日本のアメリカ・ヨーロッパ諸国への鉄鋼，自動車，家庭電器，精密機械などの集中豪雨的輸出は，やがてこれら諸国との貿易摩擦を生むこととなった。アメリカとの貿易摩擦は，古くは繊維製品にはじまって，カラーテレビ，鉄鋼，自動車，半導体など広範囲にまで及ぶのである。こうした1970年代の日本の国際的経済関係は，1980年代に入るとさらに質的転換をはかる必要性を高めていく。

　1980年代になると日本の社会には，国際化，情報化，高齢化という三つのキーワードに代表されるような課題が生じてきた。国際化とは日本経済・日本企業の貿易，投資の拡大，援助の増額あるいは円の国際通貨化政策であり，日本市場の一層の開放化をめざすことである。情報化とは，コンピューターに代表される情報機器産業の発展が日本経済の基軸産業となることを期待するものである。高齢化とは，平均余命が伸びるなかで高齢者を対象とした産業の育成をはかることと，経済成長の鈍化にともなう財政の硬直化のために高齢者向けの財政支出の削減が必要になることを意味している。日本社会は，国際化，情報化，高齢化というキーワードを掲げることによって，外国市場への進出，新規産業の育成，財政支出の削減という目的を達成しようとしたのである。とく

に国際化政策では，日米構造協議を通じてアメリカに市場開放政策を約束してきた。1995年のWTOの発足も踏まえて，コメに象徴されるような市場開放は，アメリカの要求というよりもアメリカの声を利用して，農業政策の変更，国内流通体制の整備および企業の外国市場への進出をより促すという目的で行われた。さらに国際化政策は，経済的側面だけでなく社会，文化あるいは教育などの領域でも展開されてきた。政治の領域では，国際貢献という名目で自衛隊の海外派遣を行ったり，国連の安全保障理事会での常任理事国への昇格なども課題となった。文化の領域では，インターネットなどの通信システムの開発，音楽，美術あるいは文学・小説などにおける国境を超えた展開，あるいは年間2000万人近い人々が海外渡航を行うなどの現象となっている。教育の分野では，高等学校・大学でのネイティブ・スピーカーによる授業の実施，外国人留学生の増加，帰国子女教育の拡大などとして現れている。こうした国際化政策は，国内市場の開放，日本企業の多国籍企業化の促進あるいは海外市場への一層の進出を促すものである。国際化はいわば「外圧」を利用して国内市場を開放するとともに国内の産業構造の転換をはかっていくことと，日本企業の海外市場進出の条件を形成していくことを目的とするものであった。

12-3　WTO体制下での外国貿易構造

12-3-1　WTOの発足と日本の対応

　現在，世界の貿易は輸出入合計年間約13兆ドルの規模で行われている。このうちアメリカ，ヨーロッパ，日本などの先進国の貿易は，約70％を占めている。さらにアジアNIEs，ASEANを含めると全体の80％になる。貿易がいかに特定国に集中しているかを示している。日本の貿易は，輸出・輸入合計約9000億ドルで世界貿易の約8％となっている。1990年代後半から日本貿易は，輸出入とも停滞傾向にあり世界貿易におけるシェアは低下している。さらに日本貿易は1960年代とは大きく異なり，従来の加工貿易型から製品を輸出して製品を輸入するという構造に転換している。

　世界貿易はゆるやかながら拡大傾向を続けている。その担い手になっているのは，アジアNIEsであり，ASEANそして中国である。とくに1995年の

WTO の発足は，これらの地域・国の貿易拡大を促すこととなった。WTO では，GATT に比べ貿易の自由化の徹底をはかるという目的のもと，違反した国には罰則規定が設けられている。WTO は，商品貿易の自由化のみならず，直接投資の拡大，農業保護の規制緩和，サービス貿易の自由化，知的所有権の保護にまで及んでおり，資本主義国際経済関係の究極的な貿易システム構築の指針ともいうべき内容をもっている。日本政府はこの WTO 体制に対して最も積極的に対応すべく政策を実施している。日本の政策は，日本企業の海外進出を促すばかりでなく，日本市場の開放をも約束するものである。市場の開放は日本から諸外国への輸出拡大だけでなく，諸外国に進出した日本企業が，アメリカ，ヨーロッパさらには日本市場にまで進出することを目的としている。すなわち日本企業のグローバルな展開のためには，世界各国の貿易の障壁を取り除くことが必要なのであり，そのためには WTO の規約を十全に実行することが求められるとともに，日本市場の開放も求められるのである。アメリカは NAFTA によって，アメリカ企業に安定した部品供給と安価な労働力利用という競争力を強化・拡大する条件を整備した。ヨーロッパは EU 統合によって安定市場を形成し，ヨーロッパ多国籍企業の基盤を強化している。日本はアメリカ，ヨーロッパのような地域統合・地域主義が形成されていないがゆえに，WTO に頼らざるをえないのである。また日本が APEC のような環太平洋経済圏あるいは東アジア・東南アジア経済圏の形成をめざす背景には，日本の安定市場の確保および日本を中心とした国際的分業体制の構築をはかるという目的がある。さらには環日本海経済圏，環黄海経済圏などの国境を超えた地域経済圏建設は，いずれも日本の置かれた地位を象徴するような構想である。すなわちアメリカ，ヨーロッパに対抗するための経済圏を形成することによって日本経済の地位保全と日本企業の海外進出を拡大するというものである。日本経済は，一方では WTO の規約を遵守し，他方ではアメリカ，ヨーロッパに対抗する経済圏の建設が迫られるという状況におかれている。

　地域経済圏の建設は，WTO の目的に反する地域主義の台頭である。しかし世界の貿易体制は WTO を発足させながら，他方では地域主義が進展するという事態が進行している。日本は，こうした世界貿易体制の変動のなかで最も中途半端な選択を強いられており，それが東アジア経済圏の建設ということにな

る。日本の世界貿易体制・WTO 体制への積極的参加を促したものは，1980 年代に入ってからの貿易摩擦の激化であり，日本企業の海外進出の拡大の結果である。21 世紀の日本経済は，自由貿易と地域主義という二つの相反した貿易システムのなかで活路を見いだしていかなければならないという状況に置かれている。

12-3-2 製品を輸入し製品を輸出する貿易への転換

　1990 年代以降，日本貿易は輸出入とも停滞しており，近年は輸出超過の幅も縮小する傾向にある。日本の貿易は，かつての原料・材料を輸入し，それを加工して輸出するという構造から，製品を輸入し，製品を輸出するという構造に変わりつつあるからである。いわゆる製品輸入率は，1990 年代後半から 60％を超えている。自動車や半導体，カラーテレビ，VTR などは輸出商品でありながら同時に輸入商品にもなっている。VTR は 1970 年代後半から生産が開始され，国内市場よりもアメリカなどの外国市場への輸出によって生産拡大を果たしてきた。その VTR は安価な韓国製品の日本市場への浸透にもよるが，日本企業によるマレーシアなどでの海外生産の増大のために輸入商品に転換するという事態が生じたのである。VTR は生産開始・輸出開始から 15 年で輸出入バランスが逆転している。カラーテレビは，すでに 30 年以上にわたって家庭電器産業部門の主要な製品であるが，このカラーテレビも輸入台数は輸出台数をはるかに超えている。カラーテレビは，一般に高度技術集約的な高価な製品を輸出し，輸入品は安価な普及品という構造であった。しかし近年はプラズマテレビなどの最新の製品も中国で生産が行われるばかりでなく，技術開発も東アジアで行うという計画が進行している。カラーテレビの場合は日本での生産は製品が限定されるとともに，日本企業が東・東南アジアなどで生産した商品を輸入するという形態に変化してきている。日本企業の逆輸入品は，東・東南アジア諸国で生産した商品だけでなく，アメリカで生産した商品にも及んでいる。カラーテレビにかぎらず多くの製品分野で日本企業の海外生産品が輸入されるという事態が進行している。

　1960 年代，70 年代の日本貿易は，アメリカ市場への依存度が高く 30％を超えていた。ところが 1990 年代に入るとアメリカ市場への依存度は低下傾向を

示すようになってきている。アメリカとの貿易は，日本の大幅な輸出超過が日米摩擦を引き起こしてきた。貿易摩擦の激化を契機として日本の市場開放が促進され，さらにアメリカでの現地生産が飛躍的に拡大したのである。かつての日本貿易は，アメリカ，ヨーロッパに対しては，製品を輸出し，原材料および製品を輸入する構造であった。日本からの輸出品は，鉄鋼，精密機械，自動車，家庭電器，繊維品などであり，アメリカ・ヨーロッパからは航空機，機械，化学品，薬品，農産物などが輸入された。さらに東・東南アジア貿易では，日本からは製品を輸出し，食料・原料，繊維品，部品などを輸入する構造であった。ところが最近のアメリカ，ヨーロッパ，東・東南アジア貿易は製品・部品を輸出し，製品・部品を輸入するという構造に変わった。さらに日本企業が，東・東南アジアで生産した製品をアメリカ，ヨーロッパに輸出するという貿易形態も行われている。日本とアメリカ，ヨーロッパ，東・東南アジア貿易は，日本を基軸とした製品間の貿易・国際分業ともいえる構造になってきている。日本からは，アメリカ，ヨーロッパには高付加価値・高度技術集約型製品を輸出し，東・東南アジア地域には高付加価値部品および高度技術集約型産業部品を輸出する。輸入は，アメリカ，ヨーロッパからは，航空機，自動車，薬品などの高付加価値・高度技術集約型製品を，東・東南アジア地域からは，標準化された製品・普及品，安価な部品とともに一部では高付加価値・高度技術集約型製品を輸入するという構造になっている。

　東・東南アジア地域は，日本企業の進出による生産力発展だけでなく，技術導入，援助，あるいは市場も日本に依存するという構造になりつつある。それだけ東・東南アジア地域は，日本との経済関係が強くなっていることを示しているのである。こうした関係が形成されるようになったのは，日本によるアジア地域への援助，貿易，技術輸出さらには企業進出による棲み分け的政策が進行したからである。アジア地域でも日本との関係が少ない地域では，経済発展，国際的分業関係の形成も未成熟な状況になっており，とくにそれは南アジア地域に顕著である。日本との経済的関係の成熟は，東・東南アジア地域での経済発展を可能にしたことから，最近ではベトナム，カンボジア，バングラディシュなども日本との経済関係を密接にする政策を追求してきている。またインドも外国資本，技術の導入を拡大する政策に転換している。アジア地域は，従来

の「民族主義的・自立的国民経済建設」から離脱して，先進資本主義諸国との経済的関係を深めようとしているのである。しかしアジア地域が日本との経済関係を深めれば深めるほど，アメリカは国際経済における地位を後退させることなる。そこでアメリカは，APECにも積極的に参加するようになってきているし，中国の経済発展にも関与し，ASEAN地域への企業進出も拡大するという方向を示している。いわば日本のアジア地域での影響力を小さくするということは，アメリカの覇権維持が継続していくことを意味している。

12-4　直接投資の拡大と経済圏形成

12-4-1　直接投資の現状

　日本企業の海外生産額は，1995年に日本の商品輸出額を超えるようになった。1980年代の日本貿易は金額的には拡大し続けているが，数量的には微増にとどまってきた。それが1993年から輸出，輸入とも数量的な増加が続いている。日本貿易は加工貿易構造から製品を輸出し，製品を輸入するという構造に転換しつつあることの現象である。輸入品が増大しているということは，日本市場の開放化が原因となっているのではない。輸入品は，家庭電器製品，半導体，自動車関連品，繊維製品などであり，いずれも日本で生産しうるものである。こうした商品の輸入増加が1980年代後半から加速化してきている。さらにこれらの商品のうちの多くは，日本企業が外国で生産したものである。とりわけ日本企業の東・東南アジア地域での生産は，日本への逆輸入という形態をとっているのである。輸出の増大も日本企業の海外展開との関連が強い。たとえば自動車生産は，アメリカ，ヨーロッパ，台湾，タイ，中国などで行われているが，そのための生産設備の輸出，関連部品の輸出は増大傾向にある。家庭電器製品あるいはパソコンなども韓国，台湾，中国，マレーシアなどで生産した製品が日本に輸入されている。こうした地域での生産は，日本からあるいは東・東南アジア地域の生産拠点から部品が調達されるという構造になっている。いわば日本企業の海外進出は，日本を生産拠点として展開するだけでなく，アジア，アメリカ，場合によってはヨーロッパの生産拠点を基軸にして，数ヵ国で部品を生産し，完成品を生産し，さらに現地で販売するかあるいは先進国

市場へ輸出するという形態である。すなわち日本企業の直接投資とりわけ多国籍企業的進出は，東・東南アジア地域を基軸にして，アメリカ，ヨーロッパに展開するという形態である。

　日本の直接投資は1980年代に入ってから本格的に増大した。日本企業の海外展開あるいは多国籍企業化は，まさに1980年代から始まったといえる状況である。日本企業の直接投資は，1980年代はアメリカ，香港およびインドネシアなど一部の地域・国であったが，1990年代になるとアメリカ，ヨーロッパ，東・東南アジアなどに集中するようになってきた。日本企業の海外展開は，アメリカ，ヨーロッパなどの先進国とASEAN，中国などの東・東南アジア地域に二分されるようになってきているのである。日本企業は，1970年代から1980年代の初めまで韓国を主要な投資地域としてきたが，1980年代後半からは投資額が減少した。韓国の低賃金の利用を目的とした投資は1970年代までであり，その後は東南アジア地域にシフトしていったのである。日本企業の海外進出は，業種別では1970年代と80年代初めまでは鉄鋼，石油化学，アルミニウムなどの素材産業と繊維などに代表されるような労働集約的な産業が大量を占めていた。1980年代後半からは電機・電器，自動車などのいわゆる高付加価値・高度技術集約型産業の海外進出が増大する。また電機・電器，自動車などの製造業だけでなく，銀行，証券などの金融，不動産業などの海外進出も増大していく。いわば1980年代から本格化した日本企業の海外進出は，日本経済の構造転換を迫る契機となっただけでなく，経済成長の停滞もしくは低下を引き起こす要因ともなったのである。低成長・停滞化の日本経済の行き先は，さらなる経済の国際化であり，市場開放，規制緩和などの諸措置として現れる。こうした施策は経済成長を促すものとして行われているのではなく，日本企業の海外進出を一層拡大することを目的として行われている。

12-4-2　海外生産の目的

　日本企業による海外直接投資の拡大は貿易構造の変化をもたらした大きな要因であるが，それでは日本企業が海外生産を行う要因は何であろうか。海外生産の目的には，基本的に四つの要因がある。第1は，コストの側面である。この場合のコストは，労賃，原材料価格，エネルギー価格，土地・建物価格など

であり，国・地域によってそのコスト要因は異なっている。第2は，市場の問題である。生産した商品が現地で販売できるかどうかということである。市場の大きさからいえば，当然アメリカ，ヨーロッパはアジアの市場よりも大きい。第3は，先進国市場への進出は，被進出国よりも技術的に優位な産業・企業でなければならないことである。第4に，進出企業は国際金融市場での資金調達能力が大きいことである。アジア地域での生産はコスト優先であるが，現地生産を可能にするためには一定の条件が必要となる。それは，道路，鉄道，港湾，用水，電力などのいわゆるインフラストラクチャーが整備されていることであり，さらに豊富で安価な労働力が存在していること，政治体制が安定していること，外国企業を積極的に受け入れていること，などである。インフラの整備に関しては，日本はODAなどを通じて行ってきた。政治体制に関しては，東アジア・東南アジア諸国地域は，アフリカ，ラテン・アメリカに比べれば相対的に安定している。外国企業の受入れに関しては，ASEAN地域あるいは最近では中国も積極政策を展開している。こうして東アジア・東南アジアは，日本，アメリカ，ヨーロッパ企業，最近では韓国企業の進出も拡大している。

　日本企業の海外生産の要因は，東南アジアと先進国とでは異なっているが，東南アジア地域では日本を基軸とした国際的分業関係形成を目的として展開している。こうした日本企業の海外生産の拡大が，国内生産の停滞化いわゆる生産の「空洞化」現象を生んでいる。最近の日本企業の投資状況をみれば，海外進出している企業は，国内投資よりも国外投資のほうの比重が大きくなってきている。また海外生産の比重のほうが大きい企業が数多く存在する。とくに東南アジア諸国における日本・アメリカ系企業の輸出シェアは，30％を超えている。さらに中国では外資系企業の工業生産額が全体の約30％であり，輸出に占めるシェアは50％を超えている。東南アジア諸国および中国は，外資系企業の資本・技術への依存だけでなくいかに外国市場にも依存する経済構造になっているかを示している。また日本・中国間の貿易は21世紀になってからも拡大し，日本にとって中国はアメリカを抜いて最大の輸入国となった。中国からの輸入拡大は，ASEAN諸国からの輸入の相対的減少を意味しており，日本，ASEAN，中国の間の国際分業関係の変動が続いていることを意味している。

12-4-3 海外生産の今後の動向

　日本企業の海外生産の増大傾向は，今後も続いていくのであろうか。東南アジア諸国の外資導入政策は，インドネシア，タイなどは今後も継続していくし，ベトナム，ミャンマー，ラオス，カンボジアなどでも外資優遇政策を講じている。さらに中国は WTO の加盟をはじめ一層の開放政策，外資導入の拡大が市場経済化への鍵であるとして，外国企業の誘致政策を行ってきている。鎖国状態にあった北朝鮮でさえ豆満江開発のように，外資導入政策を経済発展の重要な要素として位置づけている。このように東・東南アジア地域での日本企業の誘致政策は，日本の ODA 供与とあいまって依然として各国の政策課題となっており，そのかぎりにおいて日本企業の進出可能性は大きいということになる。東・東南アジア地域の経済発展は，生産基盤の整備をはじめとして労働力の質的向上，あるいは市場規模が大きくなることを意味しており，そのことは日本企業の市場を安定的に確保することにもつながる。また東・東南アジアでの日本企業による安価な製品生産は，日本市場だけでなくアメリカ，ヨーロッパへの輸出基地として位置づけられている。したがって東・東南アジア地域では日本企業のみならずアメリカ，ヨーロッパ企業の進出も増大する傾向にある。日本企業あるいは欧米企業による現地生産の拡大は，ASEAN 諸国の経済構造を大きく転換させることにもなった。とりわけ進出企業は単に ASEAN の市場拡大を目的としているだけでなく，欧米市場あるいは日本市場への輸出拡大を目的としている。ASEAN 諸国での製品生産は，原料から部品・完成品までといった生産体系の構築ではなく，部品の一部あるいはアッセンブリーのみといった部分加工・組立生産などを余儀なくされることを意味する。いわば先進国企業の下請的生産体制をとらざるをえなくなっているのである。さらにこうした生産体制は，ASEAN 地域全体での国際分業を形成し，それぞれの国に，欧米・日本企業のまさに国際分業の一部を担っているにすぎない状況をもたらしている。多国籍企業による ASEAN 諸国間の国際分業形成は，国内での原料から完成品までという自国の生産体制・国民経済の自立性の確保という点からすれば，つねに脆弱な構造を強いられるということになる。ASEAN 諸国では，国民経済における主要な経済施策が，外国企業によって規制され，原料，部品を含む一部製品の生産という不均衡な発展を余儀なくされている。

ASEAN 諸国と同様に中国は，アメリカ，EU，日本さらには香港などの華僑系資本の投資によって生産が拡大している。アメリカ，EU 企業は，日本企業よりも出資額が大きい。アメリカの市場拡大政策は，中国市場をアジア支配の重要な位置にあるものとしているからである。日本企業の中国進出は，こうしたアメリカの戦略の後追いのような内容である。1980 年代から本格化した日本企業の海外進出は，多国籍企業的展開として生産，販売，研究開発まで含んだグローバル展開をめざしている。このことは，日本企業のみならずアメリカ，ヨーロッパ企業も同様であり，多国籍企業による世界支配の競争が激化していることを示している。中国市場は，まさに米・欧・日の多国籍企業展開の主戦場となりつつある，という状況が形成されつつある。

12-4-4　多国籍企業化への課題

　多国籍企業は，その世界支配を優位に導くために各国企業との資本・技術・販売提携などを行うとともに，国内での外資の規制と国外での外資規制緩和および国内外の市場開放政策を要求している。したがって 21 世紀の国際経済は，多国籍企業による市場，生産，技術，価格の支配が浸透することになる。多国籍企業の母国および進出した地域では，生産構造の転換がはかられることになるし，労働力配置の再編も行われることになる。日本企業にとっても 21 世紀の国際経済を見据えての国際的生産配置，市場獲得が今日的課題となっている。社会基盤形成を目的とした援助は，バラ撒き型 ODA から実効性のある，すなわち市場の獲得，企業進出を促す内容のある ODA への転換が要請されている。また内戦・紛争処理を目的とした国際的貢献は，PKO から進んで PKF あるいは国連軍への参加なども課題となってくる。あるいは安定市場形成をめざしての地域間経済協力は，APEC や東アジア経済圏を形成することによって多国籍企業的展開の基盤を確立することも課題となっている。このように日本経済・日本企業の海外進出は，1980 年代から課題となった国際化・開放化政策によって可能になったことであり，同時に国際経済の変動が進むなかで必然的にたどってきた道であるということになる。

　多国籍企業の海外進出に対応して技術貿易も拡大している。第 2 次世界大戦後の日本は，外国から技術を導入し，それを独自に応用していくことによって

国際的競争力を増大してきたといわれてきた。鉄鋼，家庭電器，自動車，化学など日本の主要産業は，いずれも外国技術の導入・応用によって生産を拡大してきたのである。しかし外国技術導入と外国への技術輸出は，1990年代になってから逆転する。技術貿易は，1990年代になって支払いよりも受取りのほうが大きくなった。とくに技術輸出が増大している産業部門は，家庭電器，自動車である。これらの部門の技術輸出の増大は，日本企業の海外生産の増大と密接に関連している。日本企業の技術輸出は，西アジアを除くアジアと北アメリカに集中している。さらに最近ではヨーロッパへの技術輸出も増大傾向にある。これらの地域はいずれも日本企業の現地生産の拡大と対応している。いわば日本の技術輸出は，日本企業の現地生産拡大にともなって増大しているのである。技術輸出の増大あるいは企業の海外生産の拡大は，先進諸国では技術優位のもとに行われるのであるが，同時に移転した技術の保護・管理も必要とする。こうした要請にこたえるべくWTOは，知的所有権の保護を加盟国に義務づけているのである。とくにアメリカは，IT産業をはじめとした情報産業部門で技術優位・新技術開発を行い，世界市場支配の体制を築いてきた。しかしアメリカ企業は，近年，新技術開発が困難になっているだけでなく，日本やヨーロッパ諸国の追い上げにあって世界市場を支配することすら困難になってきている。そこでアメリカおよび多国籍企業は，WTOを通じて技術などの知的所有権の確保を各国に義務づけることによって，技術優位の状況を維持していこうとする戦略をとっている。

12-4-5 労働力移動の現実

日本企業の国際化の進展は，労働力の国際的移動の面にもよく現れている。2000年には日本人の海外在住者は，80万人を超えた。このうち永住権を得て海外で生活している人は，約27万人ほどでそれほど大きな変動はないが，長期滞在者は，1980年代以降急速に増大している。永住者と長期滞在者の比率は1985年にほぼ同じ人数であったのが，その後は長期滞在者の増大が著しく2000年では，長期滞在者66％，永住者34％となっている。1980年代以降の日本人の海外在住者の増大は，長期滞在者の急速な増大によるものなのである。長期滞在者は民間企業での従事，留学生・研究者，および政府などの公的機関

への従事である。民間企業に従事する者の長期滞在は，企業による現地生産の拡大，技術輸出の拡大などのほかに，ヨーロッパ，アメリカなどでの生産・技術・販売などの情報収集を目的とした滞在，さらには製造業だけでなく，銀行，保険，証券，不動産，サービスなどの各産業が外国に現地法人を設置したり，海外支店，海外駐在員事務所を設置したりすることにともなって，海外在住を余儀なくされているのである。また政府などの公的機関従事者の海外在住は，日本企業あるいは留学生・研究者など日本人の現地生活者が増大したり，観光客などの増大，さらにはODAをはじめとする援助の増大などによって増加傾向にある。

　また外国人労働者の日本国内での就労は，1980年代後半から急速に増大した。日本政府はいわゆる単純労働者の日本での就労を認めていないのであるが，現実には「不法就労」という形態での外国人労働者は増加傾向にある。「不法就労」の外国人労働者は，一般に日本人労働者よりも賃金が低く，また危険性をともなうなど労働条件も悪い。一般の外国人と区別して一時期「日系」ブラジル人，ペルー人などが，自動車産業などを中心に大量に雇用された。1990年代に入ってからの日本の長期不況のもとで，「日系」人を含めて外国人労働者の雇用は停滞傾向にある。外国人労働者の雇用は，低賃金であり，労働条件も悪く，さらに景気動向に応じて雇用を調整できるという内容をもっている。日本は21世紀の後半には大幅な人口減少が見込まれている。そうなるとますます低賃金，単純労働者の不足は顕著になり，外国人労働者への依存を強めることになろう。

12-4-6　ODAの方向性

　日本経済の国際化の進展は，ODAをはじめとする援助の拡大とも密接に関連している。日本はODA供与国としては世界有数の国である。1980年代までの日本のODAは，無償供与よりも借款のほうが多く，援助とは名ばかりの高利貸しとの批判が発展途上国および欧米諸国から浴びせられた。かつてアメリカは，ODAなどの援助供与国としては世界最大の国であったが，ドル危機およびベトナム戦争の終結を契機として，日本およびヨーロッパにその肩代わりをさせる戦略に転換していった。日本やヨーロッパの資金供与の実質はアメ

リカの世界戦略に荷担するという内容であった。日本，EU 諸国が湾岸戦争の「多国籍軍」と称したアメリカ主体の軍事行動に多額の分担金の支払いを行ったことなどは典型的な事例である。さらに欧米諸国による日本の ODA の内容に対する批判から，1990 年代に入ると ODA は無償供与の比率が増大している。かつての日本の援助は，借款を主体としその内容もタイドローンであったが，無償供与の増大と多国間援助の増大は，日本の援助政策の内容転換をはからなければ国際社会での日本の地位を低くする危険性があったことによるのである。とくに日本政府は，国連の安全保障理事会での常任理事国への昇格を課題として掲げている。常任理事国への昇格は，まさに日本経済の国際化の頂点に位置する内容をもっている。日本経済の国際化には，貿易の拡大，企業による海外生産の拡大，円の国際通貨化などの現象とともに，それを支える援助あるいは人的配置などの実質化が求められているのである。

しかし日本は近年，財政事情の逼迫化により ODA の削減を余儀なくされている。そこで日本政府は ODA を日本経済の復興と結びつくような内容に転換しようとしている。それは再び多国間援助から二国間援助への移行であり，プロジェクト援助の拡大などである。いわば ODA の実行にあたっては日本企業が受注しやすい環境を形成していくとともに，被援助国の選別化・差別化を徹底していく政策である。

12-5　日本の国際経済政策の課題

日本経済・日本企業の海外進出は，1980 年代以降加速度的に進展している。いまや日本企業の海外進出は，日本経済の停滞をまねいている反面，東アジア・東南アジア地域の経済発展，国際分業の形成に重要な役割を果たすことにもなっている。こうした日本経済・日本企業の海外展開が拡大すれば，やがて日本経済はかつての 19 世紀のイギリス，20 世紀のアメリカのように世界の経済を支配する状況になるのであろうか。あるいは日本経済は世界をリードすることが必要なのであろうか。

日本経済は世界をリードするあるいは覇権国となる必要はない。また世界の覇権国となってはならないのである。むしろ日本の生産技術や生産体系を発展

途上諸国とくに中国などアジアに移転することによって，発展途上諸国の諸問題たとえば経済発展による貧困の解消，紛争などを解決する方向性を提供していく必要がある。「共生」という言葉に示されるように，アジアをはじめとする発展途上諸国との共存，先進諸国との共存は，決して覇権を求めることではない。国際的貢献とは，諸国民経済と対等・平等・内政不干渉・平和・相互協力などの諸原則を徹底するということであり，決して軍事的圧力などはかけてはならない。またWTOルールに関して日本は，農業など一部の分野を除いて全面的に開放政策を受け入れる方針である。しかしWTOルールの徹底は，既存の産業維持を困難にするばかりでなく，日本企業の海外進出を促進することにつながる。そのかぎりにおいて，WTOルールの改変を求めていくことも今後の課題となる。なぜならば，EU，アメリカにおける地域主義の台頭は，WTOルールに反する以上，日本を含むアジア地域にはそれに対抗する権利が与えられているはずだからである。日本は2002年にシンガポールとの間でFTA（自由貿易協定）を締結し発行させた。中国からは日本との間でFTA締結の提案がなされた。アジア地域との共存の関係を深める手段としてFTA締結は，日本が今後選択する方向であろう。ただし農業あるいは地場・伝統産業など自由貿易になじまない産業分野に関しては，それぞれの国・地域の実情に応じた政策を追求していくことも必要であろう。

［岩田勝雄］

参考文献

伊東光晴『日本経済の変容』岩波書店，2000年。
岩田勝雄『現代国際経済の構造』新評論，2002年。
『ジェトロ貿易投資白書』（2001年以前は『貿易白書』，『投資白書』の分冊）日本貿易振興会。
長島誠一『戦後の日本資本主義』桜井書店，2001年。
西川　潤『人間のための経済学』岩波書店，2000年。
『通商白書』経済産業省，各年次。

第13章　グローバル・システムへの挑戦

13-1　国際経済の構造変化とグローバル化の進展

13-1-1　国際経済の構造転換

　1974-75年世界恐慌以降の国際経済は，その構造変化が著しい。国際経済の構造は，もちろん恐慌を契機として瞬時に変わったというものではない。変化の内容は，第1に，アメリカの世界市場支配が崩れてきたということ。第2に，アメリカの世界市場における相対的地位の低下と関連して西ヨーロッパ，日本の生産力発展・国民経済の規模拡大である。第3に，国際通貨・金融システムが恒常的に動揺し，安定的な国際通貨システムの構築が困難になっていること。第4に，発展途上国問題の複雑化・多様化が進んでいること。第5に，旧ソ連・東欧諸国の共産党政権などによる指令的・独裁的・利権的・官僚的体制が崩れ，それらの国々に新たに資本主義的生産方法の確立が迫られていること。第6に，多国籍企業に代表されるように資本・企業の国際的展開が拡大しつつあること。第7に，国民経済間の経済統合，資本間の国際的統合などが急速に進展していることである。世界恐慌は，こうした国際経済の変化をもたらす契機となったのか，あるいは単なる通過点にすぎず，構造変化の要因は他に求めなければならないのか，今後の国際経済の動向を明らかにする上で重要なテーマとなっている。この構造変化は，世界恐慌を契機としているといっても，第2次世界大戦後の国際経済の運動あるいは各国民経済の運動によって準備されてきたのである。かつて世界恐慌の勃発は，国際経済・国民経済の運動の軋轢に対して一定の解決を行ってきた。それは新たな国際経済の構造を形成することであったが，今日の国際経済は，かつて経験してきたような形では資本主義の諸困難を解決していく方向性を見いだせない状況にある。

　現代国際経済は，1970年代後半以降に大きな構造転換をとげてきたが，その構造転換の主要な担い手は多国籍企業である。アメリカの競争力低下とドル

の国際通貨としての地位の低下は，アメリカ企業をも含めて日本とヨーロッパの企業が国境を超えて市場競争を激烈にしたのであった。グローバル化と表現されているように，企業が国境を超えて生産，流通の網の目を広げていくことが今日の特徴的形態となった。それはかつて19世紀に確立した資本主義の初期段階のように貿易を通じて国際経済の網の目を形成するという段階から，貿易，資本移動，技術・労働力移動あるいは国際的経済協力といった国際経済関係全般にわたる活動である。その主要な担い手が多国籍企業なのである。多国籍企業の活動は，国境を超えての生産，流通・販売であるが，その目的はなによりも市場問題の解決である。ここでの市場問題とは，単に製品の販売市場のみを意味するのではない。多国籍企業の活動は，投資先における内部市場の拡大，生産拠点の多角化にもとづく国際的分業の形成・貿易の拡大，本国への安価な製品輸入による生産コストの削減・販売の促進，発展途上国への投資による市場拡大などを目的としている。さらに多国籍企業は，外国為替相場の変動を利用した投資あるいは投機，技術移転による生産力水準の向上，ODAをはじめとした援助の拡大を求めることによる生産拠点の整備，労働力移動の促進などを行っていく。いわば今日の多国籍企業による市場問題の解決は，国際経済関係の諸契機を拡大していくことであり，グローバル化の進展として位置づけられるのである。

　多国籍企業によるグローバル化への歩みは，他方でEU，NAFTAなどの地域主義も進展させていく。EU，NAFTAなどの経済統合は，いわゆる統合市場として多国籍企業に安定した市場を提供することになる。多国籍企業は安定した市場を確立するなかで，生産，流通・販売のグローバルな展開を進めるのである。統合市場の形成は，保護主義的・閉鎖的な市場を求めているだけでなく，他の領域から進出する多国籍企業にも門戸を開放しなければならない。そこで統合市場は，閉鎖的な側面と開放的な側面の両面をもつことになる。さらに多国籍企業は，先進国市場だけでなく発展途上諸国，旧ソ連・東欧，中国にまで市場開放を求めている。アジア地域などの新しい市場では，アメリカ，日本，ヨーロッパの多国籍企業の進出による熾烈な競争が展開されている。こうした多国籍企業による市場の拡大のなかで依然として取り残されているのが，サハラ以南のアフリカであり，ムスリムの支配する中近東・中央アジアである。こ

うした地域においてもやがて市場開放化，資本主義的市場確立の波は押し寄せてくることになる。資本主義は絶えざる生産の拡大・市場の拡大を求めることが本性だからである。

多国籍企業による国際経済関係の形成は，なによりも世界各地における生産や流通基盤の確立を通じて大きな利潤の取得を可能にする。その際，国際通貨体制の動揺や為替相場の不安定化は多国籍企業が取得する利潤量に影響する。そこで進出した国や地域で取得した利潤は，アメリカ・ドルに交換され，さらに価値保蔵，価値交換が可能なような世界的規模でのシステム形成を必要とする。それが IMF の維持であり，WTO の貿易体制であり，地域経済統合の推進である。したがって多国籍企業にとっての IMF の再建とは，現行のドル体制を弱体化しないようにすることと，地域的通貨体制を安定させることである。多国籍企業は，いずれの方向においても利潤の取得において不利益が生じない体制を構築することを要求する。いわば今日の国際経済関係は，多国籍企業の生産，流通・販売領域を広げるためのシステムを構築する段階にあるということもできよう。

多国籍企業による国際経済社会の形成は，21世紀経済においても主要なキーワードとなっている。日本企業もますます多国籍企業化への道を進むであろう。しかし多国籍企業化する産業・企業は，日本企業のすべてではなく一部にすぎない。多くの産業・企業は多国籍企業化をめざしても成功しないか，あるいは多国籍企業化それ自体をめざすような企業規模，競争力，資本調達能力などをもたないのである。そのかぎりでは，日本企業は多国籍企業化を展開する企業とそうでない企業との二極化が進展していくことになる。同時にすべての産業・企業は，多国籍企業の生産，流通あるいは技術などとの関連をもたなければならなくなる。21世紀は日本経済や日本企業だけでなく，地球上のすべての国民経済，産業，企業が多国籍企業との連関なしに存続することはできないような経済システムが構築されていこうとしているのである。

13-1-2 グローバル化の意義

アメリカによる「覇権」システムの維持・再構築は，今日のグローバル化推進の主要動機でもある。こうしたなかで多国籍企業は国民経済，地域経済圏・

経済統合を超えての生産活動によって新たに「覇権」を獲得しようとしている。多国籍企業のグローバル化の進展を支える国際経済関係は，国際通貨体制・貿易体制すなわちアメリカ・ドルの流通とWTOの拡大である。また多国籍企業の世界大での生産拡大は，国境を超えた資本提携・合同であり国際的寡占体制の構築である。その多国籍企業の活動は，国家・国民経済の枠に必ずしもとらわれない状況をつくりだしている。多国籍企業を取り巻く関係には，歴史上かつてないほどの変化があり，あたかも資本主義の内容が変わったように見える。また18世紀末に確立した資本主義は，21世紀に入ってからもその生命力を失わず，新しい装いが形成されているようにも見える。その新しい装いの典型は，グローバル化の進展あるいは市場万能主義の進展ということになる。

グローバル化の進展は，今日の資本主義国際関係特有の現象として捉えることができる。そこでグローバル化の概念を整理すると，以下のようになる。

第1に，政治学あるいは国際関係論の領域では，グローバル化を世界市場での「覇権（Hegemony）」の獲得・支配として捉えている。「覇権」体制の確立は，かつては帝国主義支配体制と呼ばれてきた。その「覇権」支配を現代の状況におきかえれば，アメリカ支配体制の浸透として位置づけることができる。したがってアメリカが，どのようにして世界市場の「覇権」を獲得したのか，あるいは「覇権」維持政策がなされたのかということが問題となる。すなわちグローバル化とは，アメリカによる「覇権」システムの維持政策とは何か，どのような内容をもっているのかということを明らかにすることである。

第2に，世界市場における「覇権」の獲得は，自国通貨による国際通貨システムの構築と関連している。それはかつて19世紀から20世紀初めまでイギリス・ポンドが国際通貨として流通・機能していたように，自国通貨を中心とした国際通貨システムを構築することである。国際通貨は国際取引の媒介として，準備金として用いられ，資本輸出さらには投機資金としても用いられることになる。アメリカによるグローバル化を可能にしたのは，自国通貨ドルによる国際通貨システムが確立したからであり，1971年の「新経済政策（NEP）」以降アメリカ・ドルがむしろ国際通貨としての流通規模を拡大したからであった。

第3に，世界市場における「覇権」体制の維持は，国際通貨を通じた価格支配だけでなく，巨大な生産力を背景にしての生産支配，技術支配の確立である。

アメリカは，IMF・GATT体制を確立することによって，資本主義世界ばかりでなく発展途上諸国市場にまで生産と流通の網の目を拡げていった。世界市場ではアメリカ的な市場システムが浸透しているのである。

第4に，「覇権」の維持は，世界市場の同質化傾向，各国民経済の差別化・選別化を進めていくと同時に，商品生産においても標準化・共通化を進展させ，世界市場の統一化を促進する契機となる。先進国企業の商品は世界市場の隅々にまで流通し，人々の暮らしにも「標準化」が促されている。他方でこうした世界市場の統一化から排除された，あるいは受け入れることすら困難な地域もアフリカ，ムスリム諸国などで広がっている。

第5に，「覇権」を獲得したのは，19世紀はイギリス，20世紀はアメリカであった。しかし今日の国際関係における「覇権」の獲得は，必ずしも単一国家・国民経済を想定しなくても可能になりつつある。EUに代表されるような地域統合は，アメリカに替わって集団的「覇権」獲得の道を歩むこともありうることを示している。

第6に，多国籍企業による世界大での生産拡大は，自国国民経済を利用しながら国民経済の利害に反する行動もとられる。それは進出先の国民経済においても同様である。多国籍企業は，自国の国民経済に似せた市場を進出先に要請するだけでなく，世界市場全体をも変えていこうとする。それはいわば多国籍企業による世界市場支配である。多国籍企業による支配形態は生産，価格，技術であり，国境を超えての企業合同・結合・支配が行われる。多国籍企業による国際的寡占体制の確立は，国民経済という単位を超えた企業による「覇権」の確立を可能にする。

現代国際関係におけるグローバル化は，「覇権」システムの再構築による諸現象を総括的にあらわしたものと捉えることができる。したがってグローバル化は，国際関係の諸局面で異なっているのである。そしてその諸局面は，単独の現象であったり，重なり合ったりすることになる。

こうしたグローバル化の進展のもとで21世紀の国際関係をどのように構築していくかは経済学の主要な政策課題である。そこで本章では，20世紀の国際経済関係の特徴を跡づけながら21世紀を展望する。

13-2　グローバル化のなかでの現代国際経済

13-2-1　アメリカの覇権支配

　現代国際関係は，20世紀を通じて大きく転換した。第2次世界大戦後形成された国際経済・政治の仕組みは，20世紀末には枠組み自体の新たな編制を必要とするようになった。それはアメリカ中心の体制から，EUおよび日本の意向を反映した国際関係への転換であり，アジアNIEs，ASEAN諸国・地域，中国などを含めた発展途上諸国の国際経済・政治への参加を可能とする状況への転換である。

　アメリカとともに世界の政治舞台で主導権を握ろうとしていた旧ソ連・東欧諸国の政治体制の変化は，20世紀末の国際経済・政治の仕組みを変える象徴的出来事でもあった。いわゆる「冷戦体制」の崩壊は，アメリカ，ヨーロッパを中心とした資本主義国際経済・政治体制を生き返らせたばかりか，より強固なシステムを構築する契機ともなった。アメリカは「自由貿易」を旗印とした資本主義国際経済システムの構築をめざしてきた。資本主義国際経済の最も完成したシステムとしての「自由貿易」は，アメリカ支配の象徴でもあった。しかし「自由貿易」への指向は，日本，ドイツなど国際競争力増大の著しい国民経済のとるべき道であり，新たに世界市場競争へ参入する後発国民経済のとらざるをえない道であった。結果としてアメリカ自らがめざした「自由貿易」体制の構築は，国民経済間の国際競争力の変動にともなって，その原理を変えざるをえなかったのである。それは日米間の貿易摩擦に象徴されるようなアメリカ通商条約の適用，保護主義への回帰，さらにNAFTA（北米自由貿易地域）設立，地域主義への移行に示されている。またアメリカは政治・軍事的覇権を行使することで，経済的な主導権の回復をめざすということも行ってきた。さらにアメリカはアフリカ，アジア，ラテン・アメリカ，パレスチナ，東欧諸国で起きた国内戦争，民族問題に介入し，「湾岸戦争」のように多国籍軍の名目での軍事介入を行うことによって軍事的覇権を維持してきたのであった。

　旧ソ連・東欧諸国の「社会主義」社会体制の崩壊，あるいは発展途上諸国地域での内戦・民族紛争などの勃発は，資本主義ほど安定的なシステムは存在し

ないということを証明しているようにも見える。またヨーロッパ，北アメリカ，日本などの先進資本主義諸国は，経済発展，物質文明の繁栄のなかで種々な問題を解決しているようにも見える。すなわち発展途上諸国あるいは東欧諸国は，資本主義システムの確立が進展していないことにより不安定さが拡大しているのであった。こうして20世紀末は，資本主義の確立こそ各国の課題であり，資本主義こそどの政治・経済システムよりも優位性をもつシステムであることが確立した世紀として位置づけることができる。こうした資本主義体制の優位性の確保は，生産力発展，技術革新・開発さらには交通・運輸・通信・情報手段などの発展と対応している。

13-2-2 競争世界への移行

いわゆる資本主義のグローバル体制への移行は，技術革新・開発の急速な発展に対応できるような市場の整備を意味する。それは「自由な競争」を可能にする市場の形成である。「自由な競争」を前提とした市場は，価格競争だけでなく，品質，性能，デザイン，ブランドなどを含めた企業間競争を可能にすることであり，そのためには各国をして市場の整備を必要とさせた。したがってWTOの発足は，20世紀末の資本主義の優位性の確保を象徴する国際経済システムの形成を意味していた。また「自由な競争」を前提とする国際経済関係は，金融システムにおいても確立しなければならない課題であった。商品，資本の移動が自由な国際経済関係の構築こそ，これまでの資本主義が追い求めてきた「理想の世界」であった。20世紀はこうした資本主義の「理想の世界」を構築する過程でさまざまな出来事が生じたのである。

資本主義の世界市場創出傾向は，第2次世界大戦後あいつぐ新興国家の独立・個別国民経済の形成という結果となってあらわれた。資本主義は，「自由」な世界市場によって競争を主体とした経済関係を形成する。資本主義の特徴は，商品経済化の促進であり，利潤の最大化を求める競争社会であり，労働力の商品化・流動化であり，さらに自由競争である。こうした資本主義が確立されたのは西ヨーロッパであり，アメリカであった。第2次世界大戦後は日本で西欧的資本主義体制が確立し，さらに東アジア，東南アジア，ラテン・アメリカなどにも資本主義システムが拡大していった。発展途上諸国での資本主義の確立

は，欧米，日本などで採用された資本主義経済システムの移築であり，同時に政治体制，文化までも含んだ欧米的システムの構築であった。発展途上諸国にとっては欧米的な資本主義システムの確立こそ経済発展の道であり，外資導入の道であった。

他方，第2次世界大戦後，旧ソ連・東欧諸国では，いわゆる「社会主義経済体制」の構築が試みられたが成功しなかった。発展途上諸国のなかには，一時的には旧ソ連・東欧諸国の影響を受けた国も存在したが，旧ソ連・東欧諸国の共産党政権の崩壊によって，「社会主義的」社会建設は終結していく。発展途上諸国は，20世紀末に明確になった資本主義システム優位のもとで欧米的資本主義システムの構築を余儀なくされたのであった。それは先進資本主義諸国による今日の「グローバル体制」の構築過程において一層加速している。こうして今日，資本主義システムの優位のなかで，まさに国際経済は「理想的」な資本主義市場システムを形成していこうとしているのである。

13-2-3 国際関係の多様化

1960年代に高じた「南北問題」は，1971年の国際金融危機および第1次石油危機を通じて変容した。1960年代，「南北問題」が高揚した段階の北側先進資本主義諸国と南の発展途上諸国との関係は，支配と対立という図式が特徴的であった。発展途上諸国は第2次世界大戦後，植民地・従属国の地位から解放され，自立的国家の形成が最大の課題となった。1955年のアジア・アフリカ会議での平和10原則の確立，1964年のUNCTADの開催などは，高揚期の発展途上国運動の象徴であった。1973年，第4次中東戦争を契機としてアラブ諸国は，石油生産削減，輸出削減・禁止さらには石油利権の取り戻しなどの施策を講じた。発展途上国は自国の天然資源を「武器」として，先進資本主義諸国主体の国際関係を変えることができるという思想を実践したかのように見えた。しかし石油ショックは先進資本主義諸国のみならず石油を産出しない発展途上諸国にまで大きな影響を及ぼした。この石油ショックは，アラブ産油国の「自立性」を高めただけでなく，外貨収入も増大させ，経済建設の契機となるかのようにも見えたし，他の発展途上諸国の自立化運動にも希望をもたらすかのようであった。事実，石油ショック以降，発展途上諸国は自国の天然資源・

農産物を中心とした輸出国機構を設立し，先進資本主義諸国中心の市場支配に対抗することを鮮明にした。サトウキビ，バナナ，銅鉱石などの輸出国機構の設置は，その後の天然資源貿易の価格・数量決定に影響を及ぼした。ACP発展途上諸国と当時のECによるロメ協定（今日のコトヌー協定）の設立や共通基金制度の設立は，その後の国際経済関係を転換する契機となるものとして評価された。

　発展途上諸国によるこうした自立化運動は，別の側面で発展途上諸国の経済的苦悩を倍加することになった。石油価格の上昇は石油を産出しない発展途上諸国の国際収支を悪化させ，経済建設に必要な機械・機器などの輸入を困難にしただけでなく，主食農産物の輸入さえも困難にしたのである。また先進資本主義諸国は，発展途上諸国に対して種々の対抗措置を講じるようになる。さらにアメリカを中心とした先進資本主義諸国は，発展途上諸国の運動を分裂させるために，国際機関，地域間同盟あるいはODAなどを通じて発展途上諸国の政治・経済に介入するようになる。ベトナム戦争は，まさにアメリカによる発展途上諸国の自立化運動阻止の具体的な出来事であった。他方で，1970年代「漢江の奇跡」をとげた韓国あるいは台湾などは，アメリカ・日本などの発展途上諸国に対する自立化運動への対抗措置を活用することによって経済発展を可能にした。

13-2-4　1974-75年恐慌

　かつて資本主義は歴史上4度の大きな恐慌を経験してきた。1825年の恐慌は，資本主義が成立してからはじめての本格的過剰生産恐慌であった。1879年の恐慌は「大不況」と呼ばれ，この恐慌ののちは自由競争を前提とした産業資本主義段階から独占資本主義段階への過渡期となり，アジア，アフリカ，中近東諸地域の植民地領有がほぼ完了した。さらに1929年は「世界恐慌」と呼ばれているように，資本主義が経験した最も大きな恐慌であった。この恐慌ののちには，ケインズ政策といわれている財政・金融に代表される国家の経済過程への積極的介入の必要性が示された。そして1974-75年恐慌は，「石油ショック」を契機としたのであった。このように資本主義は，大きな恐慌を4度経験しているが，その周期はおおよそ50年となっている。いわば資本主義は約

50年を周期として大きな恐慌を経験し，そのたびに生産，流通，消費の形態を変えてきた。それは主として産業構造の転換として生じたのであり，独占の誕生や，国家の経済過程への介入として生じた。ところが1974-75年恐慌は，従来の大きな恐慌とは異なった状況がある。すなわちこれまでは恐慌を契機として問題の累積を一定程度克服してきたのであるが，今次の恐慌はその解決策が見いだせないまま21世紀にいたったのである。それだけ資本主義社会の混迷が続き，同時にその解決策を示すことができない経済学・政治学などの社会科学の混迷も続いているのである。

　先進国あるいはアジアNIEsなどは豊かな国になったといっても，それは国民経済の平均的な水準についていっているのであって，すべての国民が豊かさを享受しているわけではない。先進国においても所得格差は増大し，さらに今日，ヨーロッパ，日本の深刻な不況の長期化に対しても有効な処方箋を出せないでいる。不況の克服のための政策には国家の財政・金融制度の改革，種々の補助金制度の整理，小さな政府，市場原理の徹底などがあるが，その克服は依然として困難である。豊かさを経済的な指標のみで捉えようとする資本主義観は，今日の諸問題を解決する主流的な見方ではなくなってきている。すべての発展途上諸国があるいはロシア，東欧，中国などが，欧米的資本主義経済システムを採用するということになれば，すなわちアメリカ，日本，ドイツなどと同じ生産力水準の経済発展，所得をめざすことになったならば，あるいはアジア，アフリカ，ラテン・アメリカの諸国が先進国並みの経済発展，所得水準をめざすならば，いったいわれわれの住む地球規模の問題を解決することが可能なのか。たとえば水質・大気などの環境問題，発展途上国の人口増大の問題，自然と土地の制約が課せられたときの食糧問題，化石燃料に依存することによるエネルギーの絶対的不足問題，さらに物質文明の進展は伝統的な文化や生活習慣までも破壊していくといった問題である。20世紀末から顕著になった環境問題や食糧問題は，資本主義システムの構造的問題を提起している。

13-2-5 「社会主義」社会建設と挫折

　20世紀は，「社会主義」社会の建設という新しいテーマに取り組んだ世紀でもある。しかしこの「社会主義」社会システムは，1991年，旧ソ連邦が崩壊

し，新たに13の独立共同体として再発足したことによって終焉した。第2次世界大戦後いわゆる「冷戦体制」の一方の極として存在した旧ソ連の解体は，国際関係に新たな衝撃を与えることになった。旧ソ連の解体によって東欧共産党政権は，すべて独裁的政権を放棄したのであった。1989年のベルリンの壁の崩壊は，ポーランド，チェコ・スロヴァキア，ブルガリア，ハンガリー，ルーマニアなどの共産党政権による中央指令的・独裁的・官僚的・利権的体制の崩壊を意味していた。しかしこの「社会主義」社会体制の崩壊により，はたして「社会主義」とはいかなる社会形態であるのかという問題が，あらためて問われるようになった。教科書風にいえば「社会主義」社会の所有形態は，社会的所有あるいは共同体的所有であり，資本主義社会とは異なって無計画的ではなく，計画的な経済建設が行われる「搾取」のない社会である。したがって「社会主義」社会は，人類が究極的に求める社会であり，「理想」の社会形態である，と一部の人々から支持されてきた。また労働運動の終着点は資本主義体制の打破であり，新しい社会の建設であるという思想も東欧政権の崩壊にともなって後退を余儀なくされた。「社会主義」社会建設という「理想」が潰えたいま，労働運動をはじめとした社会運動は何を目標とし，さらにどのような社会を建設するのかという目的を見失ったかのようにみえる。そこで旧ソ連・東欧諸国の解体は何を原因としていたのか，あるいは「理想」の社会とどのように乖離していたのか，が今日明らかにされなければならない課題といえる。何が原因で解体前の旧ソ連・東欧諸国は，西ヨーロッパ諸国よりも経済成長が鈍化したのか，なぜ人々の暮らしが改善されなかったのか，なぜ共産党政権は維持できたのか，民主主義は浸透していたのか，などさまざまな問題を考慮しなければならない。それは20世紀に成立した「社会主義」社会は，単なる一部の国・一部の人々の実験でしかない前世紀の遺物なのか，あるいは新しい「社会主義」社会像をつくりだすことによって再生することが可能なシステムなのか，という新たな問題を含めてである。

13-2-6 国際通貨システムの動揺

　発展途上諸国における資本主義システムの採用と旧ソ連・東欧諸国の崩壊は，国際的な経済システムの転換と密接な関連がある。1960年代からの国際通貨

危機・ドル危機は，1971年のNEPいわゆる「ニクソン・ショック」によって加速的に進行した。ニクソン・ショックを契機としてアメリカ・ドルは，国際通貨の地位から後退したのではなく，逆に国際通貨としての機能を強化することになった。しかし国際通貨・金融体制は，恒常的に動揺し，依然として安定的な国際通貨体制の構築は困難な状況が続いている。今日でもアメリカ・ドルは不安定ながら国際通貨としての地位を維持している。同時に巨大な規模のドル過剰資金が国際間で流動し，一部は国際的投機資金として，1997年，アジア通貨危機を引き起こしたのであった。またニューヨーク，ロンドン，フランクフルト，アムステルダムなどの国際金融市場は肥大化し，多国籍企業の資金調達を可能にするだけでなく，投機資金を調達する市場としても拡大しているのである。安定的な国際金融体制，外国為替相場を維持するということは資本主義にとっての至上命令であり，安定的な貿易，投資を支える基礎である。IMFはなによりも安定的な国際金融体制，外国為替相場の確立をめざしたのであった。しかし1973年以来の外国為替変動相場制の採用は，安定的な国際金融体制の確立ではなく，不安定な国際金融体制のなかでの資本移動，為替投機などを誘発することになった。すなわち不安定な国際通貨体制のもとにおいても多国籍企業は国際金融市場での資金調達を拡大し投資活動を増大させたが，しかし多国籍企業は，同時に新たな金融システムの構築を望むようになってきたのである。今日の不安定な国際通貨体制は，EUのようにアメリカ・ドルから遊離した独自の通貨圏をつくりだすことにもつながった。またラテン・アメリカ発展途上国の一部では，アメリカ・ドル体制に一層依存するようになっている。さらにEUの共通通貨EUROの流通は，アメリカ・ドル支配から複数基軸通貨体制への移行を示しているようにも見える。

　1970年代後半からは，発展途上国あるいは旧ソ連・東欧，中国においても多国籍企業をどのようにして受け入れるかが課題になってきた。多国籍企業が進出しない国・地域は，経済発展が遅々として進まないという状況がはっきりしたからである。発展途上国の運動の変化，とくにNIEO運動の停滞は，多国籍企業化の進展と無関係ではない。また1990年代になって国境を超えての資本提携，技術提携あるいは合併・買収という活動が活発になってきた。いまや多国籍企業は市場支配，技術支配あるいは価格支配をめざす国際的寡占体制の

構築という状況を形成しつつある。また多国籍企業の進出拡大によりアジアとくに東アジア，東南アジア，中国は多国籍企業の国際分業体制に巻き込まれた生産基地としての役割を担いつつある。

13-2-7　多国籍企業活動の拡大

多国籍企業の海外進出の増大は，一国の経済・政治主権の確立を脅かすような事態を発生させるかもしれない。したがって発展途上諸国が自立的国民経済を形成していこうとすれば，多国籍企業を受け入れながら多国籍企業の活動を規制していく方向をとることができるかどうかが課題になる。多国籍企業の進出に対してどのように対処していくかは，発展途上諸国だけでなく先進諸国においても課題となっており，21世紀の国際経済関係の特徴的な現象である。多国籍企業の世界大での活動は，1960年代にアメリカの企業がヨーロッパ，カナダ，ラテン・アメリカでの生産展開をはじめて以来，ヨーロッパ，日本，韓国，中国などの企業にも拡がっており，国際経済の新たな構造を形成する中心になりつつある。多国籍企業はかつてのようにアメリカ企業のみによる世界市場の占有から，ヨーロッパ，日本などの先進資本主義諸国，アジアNIEsまでも含む巨大企業の世界市場への新しい進出形態としても位置づけられてきている。この多国籍企業は国際経済再編の担い手であり，多国籍企業の活動は先進国市場から発展途上国，さらには東欧・中国などにも及んできている。アメリカ企業の多国籍企業的展開を可能にしたのは，IMF・GATT体制のもとで各国をしてアメリカに似せた経済体制の構築がなされたからであり，さらにアメリカには巨大な生産力・技術優位・資本力があったからである。それはアメリカ中心の国際分業＝外国貿易体制の構築であり，ドルを国際通貨として流通させることである。アメリカ企業の国際的展開を支えた基礎は，援助あるいは貿易などを通じた資本輸出可能な条件の形成であり，外国貿易体制においては，貿易自由化の推進，各種貿易制限の撤廃，さらには関税率の引下げなど自由貿易体制の構築であった。ヨーロッパ，日本，ラテン・アメリカなどでは，アメリカの支配に呼応した市場の整備が進展した。さらにアメリカ主導の世界市場の形成は，アメリカ企業をして海外進出を促す契機ともなっていった。こうしたアメリカ企業による多国籍企業的展開は，のちにアメリカ企業のみならずヨ

ーロッパ，日本企業の多国籍企業的展開を促すことになる。多国籍企業的展開こそ現代国際経済を形成する主体であり，WTOシステム・グローバル化進展の主体となっているのである。

多国籍企業活動の拡大に代表されるような資本主義の優位性の確保，絶えざる戦争の継続，先進資本主義諸国における生産力発展を支えたのは，20世紀になってからの多くの科学技術の発展である。化学・物理学の分野では特殊相対性理論をはじめとする諸理論が提起された。さらに原子構造の解明あるいは量子力学の確立は，のちの物理学の領域での飛躍的発展をもたらしただけでなく，軍事部門にまで応用され化学兵器・核兵器の発明によって戦争形態の大きな転換をもたらした。科学技術の発展は，電気・電子技術の領域におけるテレビジョンの発明をはじめとして，ビデオ・テープレコーダー，コンピューターの発明，半導体への応用などが行われ，これらの部門は巨大な産業部門として成長し，巨大企業も生まれた。医薬品・医療機器の領域では，ペニシリンの発見をはじめとして，臓器移植技術の確立は腎臓，心臓，肝臓などの移植も可能にした。またクローン技術の確立などによる遺伝子操作，ゲノムの解明などは，未知の医学領域にまで及ぶものであった。精密機械技術の発展は，カメラなどの既存分野での発達だけでなく，電子顕微鏡などの発展によって他の生産分野にまで大きな影響を及ぼすことになった。そのほか情報機器の発展では，ファクシミリや衛星による通信手段の発明のみならず，コンピューターを利用したインターネットによる情報革命といわれるような現象を引き起こしている。またエネルギーの分野でも既存の石炭から石油，原子力などに転換し，さらには化石燃料から脱皮し自然エネルギーの応用にまで進展している。こうして20世紀における科学技術の発展は，資本主義の生産形態を転換するだけでなく，物質文明・消費文明を拡大することにつながったのである。

13-2-8　人口増大と労働力移動

20世紀は資本主義生産力の発展だけでなく急速な人口の増大をもたらした。地球上の人口は，1600年5億人，1700年6.25億人，1800年9.6億人であったのが，1900年には16億2500万人となり，1950年25億人，2000年には60億人にまで増大している。20世紀の100年間に人口は約45億人も増大したこと

になる。とくに20世紀後半の50年間で人口は，35億人も増大している。1950年代以降の発展途上諸国での人口増大は，植民地からの独立によって国民国家を形成したこと，アジアなどでの食糧生産が増大したこと，乳児死亡率が低下したことなどが主たる要因である。またこうした人口増大は，資本主義にとっての市場拡大を可能にするものであった。巨大な生産力のもとでの巨大な人口規模は，二重の意味で資本主義を支えることでもあった。巨大な生産力を支えるための科学技術の発展，生産された商品のための市場の拡大，さらに生産に直接携わる労働力の増大は，資本主義発展の基軸をなしたのである。

　20世紀は，移民などを通じて国民国家の多民族化・多人種化が進展した。世界的規模での労働力，移民の増大は，18世紀から拡大した。またアフリカからの「奴隷貿易」は，人口のアメリカ，ブラジル，カリブ海地域への移動であった。とくにアフリカからの黒人の多くは，今日でも南北アメリカ，ヨーロッパ地域で低賃金労働の担い手になっており，低コスト化による生産力発展を促す要因となっている。第2次世界大戦後のヨーロッパ諸国は，低賃金労働力の不足を南ヨーロッパ，トルコ，アルジェリアなどからの短期出稼ぎ，移民・難民の受入れなどによって補ってきた。こうした人々は，やがてヨーロッパ諸国に定住し，多民族化・多人種化国家を進展させる一因となった。さらに20世紀は，地域戦争・内戦などによる難民の増大という特徴がある。第2次世界大戦後も旧ソ連，東欧諸国を追われたドイツ追放民，旧ソ連などの共産党支配から逃れた難民，さらにはアルジェリアの独立戦争，インド・パキスタン戦争，ナイジェリアでの内戦，ルワンダの紛争，ボスニア紛争，さらにはアフガニスタンの内戦などによる難民も多数いる。これらの難民は，各国に散らばり多民族・多人種国家を形成する一因となったのである。このように今日の国民国家は，移民・労働力移動，難民受入れなどの人口構成からもグローバル化が進展しているのである。

13-2-9　科学技術発展と環境問題の深刻化

　20世紀は，交通・運輸輸送手段の発展，情報手段の発展をもたらした世紀でもあった。交通手段の発展では，自動車，航空機の発明，大量輸送手段の開発などがあった。交通手段の発展は商品の移動あるいは労働力の移動を促進す

る媒介環となった。また自動車，航空機などの発展は，これらの産業を巨大な生産部門として発展させた。20世紀にアメリカが覇権を獲得したその経済的背景は，フォードに代表される自動車産業などの拡大であった。フォードは単一車種・大量生産方式を採用し，耐久消費財の大量生産・大量消費社会形成の一端を担った。日本においても1960年代以降，自動車産業は鉄鋼にかわって基幹産業部門となり，生産力発展に多大に寄与した。自動車，航空機，船舶などの交通・輸送手段の発展は，軍事部門にも応用され，戦争拡大の基盤を形成するだけでなく，戦争形態をも変える要因となった。さらに20世紀の情報手段の発展は，労働力移動の拡大・商品貿易の拡大をもたらすとともに，情報の共有の可能性，情報独占の可能性，情報を媒介とした新たな生産，流通，消費構造の転換の可能性をももたらした。また情報手段の発展は，多国籍企業のグローバル展開と密接に結びついたものであった。

　生産力の発展，交通・運輸手段などの発展のなかで，負の遺産ともいうべき公害・環境問題が新たな課題として登場してきた。化石燃料の大量消費は二酸化窒素，二酸化炭素などの大量排出をともない，地球温暖化という現象が生じた。また生産力の発展のなかでの素材産業の拡大は，有限物資である鉱物資源の枯渇にもつながった。さらに人口の爆発的な増大，あるいは消費生活の多様化・西欧化にともなって食生活も変化した。とくに農地の拡大，畜産の拡大などにより，森林伐採が進んだ。海，湖沼，河川などでも，人口増大にともなう汚水あるいは産業汚染物質が大量に流れ込み，いわゆる環境汚染が進行している。資本主義的発展は開発をともなうが，その開発は森林伐採から土壌流失，洪水，干ばつなどを引き起こす原因となる。自然破壊にともなう「自然災害」が各国で多発しているのである。いわばこのような災害は一種の「公害」でもある。公害は20世紀初頭から資本主義発展の課題であったが，今日ほど大量に，構造的に進んではいなかった。環境問題の深刻化は，資本主義発展の桎梏になりかねない。すなわち環境問題は，生産力発展あるいは工業化の進展と表裏一体の関係にあるからである。また人口増大も環境悪化を促進している。資本主義発展・生産力発展は，人口増大という前提のもとで可能であった。したがって環境問題の解決には，生産力発展を停止すること，あるいは人口増大を抑制することが必要になる。こうした環境問題が全人類的な課題として登場し

たことによって，環境保全・回復をめざす運動も高揚してきたのである。反グローバル化を掲げる一部の市民運動，NGO・NPO運動などは，ある意味では生産力発展に対抗するものであり，資本主義的生産体制あるいは市場万能主義を否定するものとなっている。それはいわゆるアメリカ的・西欧的価値観からの乖離であり，現行の社会主義・資本主義体制の批判でもあり，生産力拡大・経済成長をめざしたこれまでの経済学の否定でもあり，企業形態を含む商品経済システムの転換でもある。

　20世紀は2度の世界戦争に見舞われた世紀であっただけでなく，地域間・民族戦争が絶えない世紀であった。1914年から始まった第1次世界大戦は，東欧諸国とりわけハンガリー・オーストリア帝国の解体，オスマン・トルコの解体を背景としていた。戦争後の中央・東ヨーロッパは，民族問題を先送りされたかたちでの国民国家形成を余儀なくされた。今日の南スラブ地域での民族紛争は，こうした旧帝国の解体にともなう国境線の設定が背景にある。第2次世界大戦後の植民地の独立過程においても，国境線の画定は必ずしも民族・部族・宗教などを配慮して行われたわけではなかった。発展途上諸国はすでに植民地として宗主国の支配に属した段階から，民族・部族・宗教などの存在を事実上無視されてきたからである。第2次世界大戦後は民族・部族・宗教問題などの対立・紛争を封じこめたままに国境を設定し，国民国家を設立したため，ひとたび国家権力の基盤が弱まればこうした問題が表面に出ざるをえない。そして内戦・紛争が拡大するたびに難民が増大するという悪循環を生んでいる。20世紀になっても19世紀の資本主義の領土拡張・帝国主義政策は継続してきた。さらに先進資本主義諸国は，発展途上諸国を独立後も市場問題解決の中心として位置づけているために，内戦，地域間戦争あるいは難民問題などが生じてもその責任を転化するという方策を堅持している。また多国籍企業によるグローバル・システムの拡大は，一部の地域では紛争を引き起こす要因もつくりだしている。

13-3　21世紀の国際政策課題
　　　──覇権への挑戦──

　20世紀は絶えることなき戦争が継続する時代であったが，その戦争は市場獲得をめぐる帝国主義戦争と民族対立・宗教対立などの地域・局地戦争であった。戦争の継続は，科学や技術の発展のもとで可能であったが，同時に多大な犠牲をはらうことになった。20世紀は，資本主義が最も急速に拡大し，その優位性を確保した世紀であった。資本主義の優位性は，生産力発展に象徴されるが，発展を促したのは科学技術の発展と爆発的な人口増大であった。人口の増大は，資本主義の生産力発展の基盤であり，一種の市場問題の解決であった。しかし資本主義の生産力発展は，発展できないあるいは発展途上の地域・国を生みだすことでもあった。こうして国際関係は，富める国と貧しい国との両極をつくることになった。また20世紀には，「社会主義」社会という人類が理想とする社会体制が創られ新たな発展が期待されたが，1991年のソ連邦解体によって，その社会形態そのものの再検討が必要になった。

　今日の資本主義は，自由で民主主義的な社会を形成しうる最良のシステムであると資本主義擁護論者がいうような状況とは異なる事態が多くの地域，多くの場面で進行している。また資本主義は，自由競争を前提とするために，人類の輝かしい未来，すなわち物質文明を謳歌できる，という期待とも異なって多くの困難を抱えているのである。19世紀以降の資本主義は，経済発展・経済成長・生産力発展を可能とする社会として位置づけられてきた。自由競争は経済成長の前提であり，その競争のゆえに新しい技術や人間の向上心が働くものと考えられてきたのである。こうした競争社会を維持・発展するために経済学は，経済成長をどのように行っていくのかということを対象として，理論・政策を提起してきた。新古典派経済学は，まさに自由競争の世界こそ経済成長を促す原動力であるとみなしてきたのであり，国家の経済過程への介入よりも企業あるいは経営者のイノベーション思想こそ重要な要素であるとも位置づけてきた。それゆえに社会主義社会は，経済発展を可能にするどころか，統制経済，指令経済，官僚支配の経済に陥ってしまい，停滞・腐敗を生みだしかねないと

したのである。旧ソ連・東欧諸国さらに中国における「市場経済化」は，経済成長を主目的とした政策転換であって，社会主義社会建設の困難性を示したものであり，新古典派経済学の論理が勝利したかのようにもみえるのである。しかし資本主義の勝利の証のような経済成長の論理は，21世紀に向かっても貫いていかなければならない永遠の真理ではないということを，あらためて確認しなければならない。すなわち経済発展・経済成長こそ「善」という発想は，混迷する社会とその解決方向が見いだせない状況のもとでは，それ自体の考え方の再考が求められている考え方のように思われる。

　20世紀の国際関係は，科学技術の発展，「社会主義」体制の建設，地域統合，国際機関の創設など，いわばこれまでの歴史にないような新しいシステムが創出された世紀であった。他方で戦争は政治・経済体制を破壊し，さらに民族・部族分断だけでなく，文化，歴史，伝統などの社会生活も破壊していく。したがってこうした歴史の反省から21世紀は，資本主義功利システムとしての市場万能主義による「創出と破壊」から，生活，文化，歴史，伝統など人間を主体とした経済主導主義でない世界にしていくことが求められる。当然のことながら資本主義グローバル・システムの進展は，生産力発展あるいは市場万能主義＝善という思想の浸透を意味している。このグローバル・システムに対して反経済主義＝反経済成長至上主義を主張する経済学体系・思想も認められなければならない。具体的にはWTOに象徴されるようなグローバル・システムから，地域社会，伝統，文化などを重視したシステムへの転換の思想である。すなわち今日のような多国籍企業によるグローバル・システム，あるいは「覇権」システムの構築では，少なくとも20世紀に累積した経済的諸課題を解決することはできないのであり，したがって新しいシステムの構築が必要なのである。それは少なくとも絶えざる経済成長・生産力発展を前提とした国民経済・国際関係の構築を意味するものではない。先進資本主義諸国は，状況によってはマイナスの成長政策の受け入れも容認しなければならないであろう。たとえ先進資本主義諸国においてはマイナス成長であっても所得分配の公平化を推進していけば，人々の生活水準の切下げを避けることができるだけでなく，むしろ生活を豊かにすることも可能であろう。

　アメリカの政治・軍事力を背景とした「覇権」の強化，あるいは多国籍企業

による国際的生産配置や新しい国際関係の形成は，20世紀に顕著になった諸問題を解決するよりもむしろ複雑化するものであった。したがって「覇権」のない国際関係を形成することは，新しい経済社会の建設であるという視角をもつ必要がある。そのかぎりで「覇権」への挑戦は，「覇権」の存在がない国際関係の形成であることになり，グローバル化の進展に対して一定の規制を施すことが必要であることを意味している。

［岩田勝雄］

参考文献

Hobsbawm, E. (1994) *Age of Extremes Michael Joseph*, London.『極端な時代（上・下）』河合秀和訳，三省堂，1996年。

Keohane, R. O. (1984) *After Hegemony: Cooperation and Discord in the World Political Economy*.

Schumacher, E. F. (1973) *Small is Beautiful*, Blond & Briggs.

デビッド・コーテン『グローバリズムという怪物』西川潤監訳，シュプリンガー東京，1997年。

J. S. ゴールドスティン（1997）『世界システムと長期波動論争』岡田光正訳，世界書院。

ロバート・ギルピン『世界システムの政治経済学』佐藤・竹内監修，東洋経済新報社，1990年。

堀中浩編（2001）『グローバリゼーションと東アジア経済』大月書店。

岩田勝雄（2002）『現代国際経済の構造』新評論。

樺山紘一・坂部恵・古井由吉・山田慶兒・養老孟司・米沢富美子編（2000）『20世紀の定義』第1巻「20世紀への問い」岩波書店。

執筆者（執筆順　＊印は編者）

堀中　浩
　　1931年生　明治大学名誉教授（外国貿易論専攻）第1章執筆

岩田勝雄＊
　　1945年生　立命館大学経済学部教授（国際経済論専攻）第2・12・13章執筆

瀬戸岡　紘＊
　　1945年生　駒澤大学経済学部教授（国際経済論，アメリカ経済論専攻）第3・8・9章執筆

板垣文夫＊
　　1948年生　横浜商科大学商学部教授（貿易論，国際経済論専攻）第4章執筆

秋山誠一
　　1954年生　國學院大学栃木短期大学商学科教授（国際経済学，貿易論専攻）第5章執筆

福田邦夫
　　1945年生　明治大学商学部教授（貿易論，国際経済学専攻）第6章執筆

應和邦昭
　　1944年生　東京農業大学国際食料情報学部教授（国際政治経済論，農業貿易論専攻）第7章執筆

小林尚朗
　　1971年生　明治大学商学部専任講師（世界経済論，アジア経済論専攻）第10章執筆

溝口由己
　　1966年生　早稲田大学産業経営研究所特別研究員（中国経済専攻）第11章執筆

グローバル時代の貿易と投資

2003年10月1日　初　版

編　者　板垣文夫・岩田勝雄・瀬戸岡紘
装幀者　林　佳恵
発行者　桜井　香
発行所　株式会社　桜井書店
　　　　東京都文京区本郷1丁目5-17　三洋ビル16
　　　　〒113-0033
　　　　電話（03）5803-7353
　　　　Fax（03）5803-7356
　　　　http://www.sakurai-shoten.com/
印刷所　株式会社　ミツワ
製本所　誠製本株式会社

© 2003 F. Itagaki, et al.

定価はカバー等に表示してあります。
本書の無断複写（コピー）は著作権法上
での例外を除き，禁じられています。
落丁本・乱丁本はお取り替えします。

ISBN4-921190-24-0　Printed in Japan

伊原亮司
トヨタの労働現場
ダイナミズムとコンテクスト
若い社会学研究者が体当たりで参与観察・分析
四六判・定価2800円＋税

二文字理明・伊藤正純編著
スウェーデンにみる個性重視社会
生活のセーフティネット
福祉社会の最新事情を7氏が多彩に報告
四六判・定価2500円＋税

エスピン-アンデルセン著／渡辺雅男・渡辺景子訳
ポスト工業経済の社会的基礎
市場・福祉国家・家族の政治経済学
福祉国家の可能性とゆくえを世界視野で考察
Ａ5判・定価4000円＋税

成瀬龍夫
総説 現代社会政策
社会政策の過去と現状，そしてこれから
Ａ5判・定価2600円＋税

佐藤真人・中谷　武・菊本義治・北野正一
日本経済の構造改革
日本経済のどこが問題か？　改革は何をめざすべきか？
Ａ5判・定価2500円＋税

長島誠一
戦後の日本資本主義
いま，どのような「構造改革」が必要か
Ａ5判・定価3000円＋税

桜井書店
http://www.sakurai-shoten.com/